高等院校全校性公共基础课精品规划教材

应用写作

Applied Writing

主　编　◎　唐慧菊　　张德胜

副主编　◎　郝　斌　　潘俊峰　　郭姗姗

　　　　　　李　敏　　李保存　　陈　强

华中科技大学出版社
http://www.hustp.com
中国·武汉

图书在版编目(CIP)数据

应用写作/唐慧菊,张德胜主编.—武汉:华中科技大学出版社,2019.9(2024.8重印)
高等院校全校性公共基础课精品规划教材
ISBN 978-7-5680-5691-5

Ⅰ.①应… Ⅱ.①唐… ②张… Ⅲ.①汉语-应用文-写作-高等学校-教材 Ⅳ.①H152.3

中国版本图书馆 CIP 数据核字(2019)第 205498 号

应用写作　　　　　　　　　　　　　　　　　　　　　　　　唐慧菊　张德胜　主编
Yingyong Xiezuo

策划编辑：周晓方　杨　玲
责任编辑：唐梦琦
封面设计：原色设计
责任校对：李　琴
责任监印：周治超
出版发行：华中科技大学出版社（中国·武汉）　　电话：(027)81321913
　　　　　武汉市东湖新技术开发区华工科技园　　邮编：430223
排　　版：华中科技大学惠友文印中心
印　　刷：武汉科源印刷设计有限公司
开　　本：787mm×1092mm　1/16
印　　张：17　插页：2
字　　数：422 千字
版　　次：2024 年 8 月第 1 版第 8 次印刷
定　　价：58.00 元

本书若有印装质量问题，请向出版社营销中心调换
全国免费服务热线：400-6679-118　竭诚为您服务
版权所有　侵权必究

前言
Preface

  应用文是机关、单位、团体或个人用以处理各项工作、办理日常事务,具有特定惯用格式的一种文体,它有特定的作者和对象,而且要在一定的时间内发挥作用。应用文写作课程是高校的一门重要的基础课程,对学生而言,学习和掌握相关的应用文写作知识,不仅能够提高学生的专业素质,而且可以为今后的工作学习和生活提供便利,拓宽他们的发展空间。

  应用文涉及的文体广泛,包罗万象,受学时的限制,利用课堂教学去完成如此庞大的实用文体写作教学任务,是不可能的,也是不必要的。本教材在编写过程中,强调教学内容的"必需性"和"够用性",所谓"必需性"是指内容的编排要以学生今后工作岗位的需要为中心,"够用性"则体现教学内容要满足学生职业能力养成的基本需要。因此,我们在编写这本教材的时候,设置了七章内容:第一章,应用文基本知识;第二章,党政机关公文写作;第三章,通用事务文书写作;第四章,日常事务文书写作;第五章,新闻传播类文书写作;第六章,经济类文书写作;第七章,学业求职类文书写作。这些内容的设置主要是方便教师和学生根据专业的需要,有针对性地进行教学和学习。

  在编写体例上,本教材不仅注重搭建较为扎实的知识基础,强化写作结构、写作技巧这些操作性比较强的知识传授,同时通过案例分析深化写作理论,使学科理论和实际运用结合在一起,例文尽量贴近学生的实际需求和认知能力,并具有鲜明的时代感。另外,从学生的实际出发,强调确立学生的主体地位,强调学、做、教一体,力求做到让学生在实训过程中消化相关文体知识,促进学生提高各种文体的写作水平。

  本教材编写工作的具体分工为:张德胜负责策划,李敏编写第一章,郭姗姗编写第二章,潘俊峰编写第三章,唐慧菊编写第四章,李保存编写第五章,郝斌编写第六章,陈强编写第七章。全书由唐慧菊统稿。

  本教材在编写过程中,参阅了大量的相关书籍、报刊及网络上的已有成果,由于时间仓促未能一一与各位作者联系,在此一并表示谢忱和歉意。由于编者水平有限,书中存在不足之处,恳请读者给予批评指正。

编 者

2019 年 8 月 19 日

目录
Contents

第一章	应用文基本知识	1
第一节	应用文概述	1
第二节	应用文的特点	8
第三节	应用文的写作要素	11
练习题		24

第二章	党政机关公文写作	25
第一节	党政机关公文概述	25
第二节	决议、决定、命令（令）	28
第三节	公报、公告、通告	36
第四节	意见、通知、通报	45
第五节	报告、请示、批复	55
第六节	议案、函、纪要	63
练习题		72

第三章	通用事务文书写作	74
第一节	通用事务文书概述	74
第二节	计划	76
第三节	总结	82
第四节	述职报告	86
第五节	简报	90
第六节	规章制度	94
第七节	会议记录	101
第八节	公示	104
练习题		108

第四章	日常事务文书写作	110
第一节	日常事务文书概述	110
第二节	条据类	112
第三节	书信类	119

第四节　礼仪类 ··· 127
  第五节　笔记类 ··· 140
  练习题 ·· 145
第五章　新闻传播类文书写作 ·· 147
  第一节　新闻传播类文书概述 ··· 147
  第二节　新闻类 ··· 149
  第三节　传播类 ··· 156
  练习题 ·· 172
第六章　经济类文书写作 ·· 173
  第一节　经济类文书概述 ··· 173
  第二节　经济合同文书写作 ··· 176
  第三节　经济宣传文书写作 ··· 193
  第四节　经济调研文书写作 ··· 198
  第五节　经济纠纷文书写作 ··· 203
  练习题 ·· 210
第七章　学业求职类文书写作 ·· 212
  第一节　学业类 ··· 212
  第二节　求职类 ··· 225
  练习题 ·· 236
附录一　党政机关公文处理工作条例 ·· 239
附录二　标点符号用法（GB/T 15834—2011） ······································ 245

第一章
应用文基本知识

第一节 应用文概述

随着社会的不断发展,现代社会的各种交际、交往越来越频繁。现代社会中各部门都要用到应用文,应用文在社会生活中无处不在。大至党政机关处理政治、经济、军事、外交等各方面国家事务,小至寻常百姓处理日常工作、学习、生活的各项事务,均离不开应用文。应用文的使用范围非常广泛,几乎涉及各个领域、各个部门、各个阶层,甚至每个人。比如,科研单位的人员,需要写学术论文;政府机关指导工作,需要写公文;工商企业经营,需要写合同;打官司,需要书写诉状;即使个人今天生病了,不能上课,也需要写请假条……相对于其他文体来说,应用文的使用频率要高得多,许多人可以一辈子不写小说、剧本、诗歌、散文,但他在工作、生活、学习中却免不了要写应用文。正如著名的教育学家叶圣陶先生说过:"大学毕业生不一定要能写小说、诗歌,但一定要能写工作和生活中实用的文章,而且非写得既通顺又扎实不可。"这种实用的文章就是应用文。

大学毕业生在进入社会后,不管是信息传递,还是工作管理、业务交流等都与应用文写作密切相关。应用文写作水平的高低已经成为衡量工作能力大小的一个重要标准了,所以社会对大学毕业生的应用文写作能力的要求也是越来越高。如申论考试中就引入了应用文写作,是申论命题密切结合公务员工作和生活实际的体现,是对考生处理具体问题的能力和应用文写作能力的考查。因此,大学生须掌握一些常见的应用文写作方法和技巧。下面首先向大家介绍关于应用文和应用文写作的基本概念、作用以及分类等内容。

一、应用文的概念与沿革

"应用文"作为一种文体概念最早是清代学者刘熙载在《艺概·文概》中提出来的:"辞命体,推之即可为一切应用之文。应用文有上行,有平行,有下行。重其辞乃所以重其实也。"后来,徐望之在《公牍通论》中对此做了进一步阐述:"有用于周应人事者,若书札、公牍、杂记、序跋、碑志、箴铭、颂赞、哀祭等类,我名之曰'应用之文'。"在这里,他强调了应用文的"用",也就是实施使用、付诸实用的功能特点。中国香港地区的陈耀南教授在《应用文概说》

一书中说："应用文，就是'应'付生活、'用'于实务的'文'章，凡个人、团体、机关之间，公私往来，用约定俗成的语言和术语写作，以资交际和信守的文字，都叫应用文。"他抓住了应用文的"用"于实务、有惯用格式等特性，并大体将应用文分为公务文书和私务文书两大类。

关于应用文的概念，目前学界比较一致的看法是：应用文，又称实用文或应用文书，凡机关、团体、企事业单位和个人在工作、生产、学习和日常生活中，为处理公务或私务所使用的具有实用价值和相对固定格式的文字信息载体，均可称为应用文。

人类自从有了文字就开始了写作活动。人类最早的写作就是为了解决各种实际需要而开始的。就写作的目的而言可以分成两大类，一类是文学写作，另一类是应用写作。文学写作主要用于抒发作者主观情感，反映社会现实，是为了让人们欣赏而进行的艺术创作，如诗歌、小说、戏剧、散文等。应用文写作，又叫应用写作，是为了公务和个人事务而写的，用于解决实际问题，是指国家机关、企事业单位、社会团体以及广大群众在公务活动和日常生活中，为达到解决具体问题、传递实用信息等应用目的而进行的一种写作活动。

我国应用文写作历史悠久，源远流长。早在 3000 多年前，殷商时期的甲骨"卜辞"，就记录了当时有关天文、气象、祭祀、征伐等方面的情况，那是我国最早的应用文。商周时期的钟鼎铭文，《周易》中的卦辞、爻辞等，都可以看作是应用文的原始形态。所以，如果说神话是中国文学的"祖先"，那么甲骨文则是应用文的"祖先"了。从殷墟甲骨文中可以发现，其多数是对生活、生产中某些事项的记载，主要内容是占卜记录（占卜的时间、原因、应验之类），这可以算是我国最早的实用文。可以说，从有文字开始，就有了应用文写作。

《尚书正义·尚书序》中说："古者伏牺氏之王天下也，使画八卦，造书契，以代结绳之政，由是文籍生焉。""书契"即文字，"文籍"就是指"实用文"。《尚书》记载了上至尧舜下至秦穆公这一历史时期的大量史料，所收录的文章约一半是应用文。《尚书》历来被认为是我国第一部散文总集，但同时也可以说是我国最早的应用文集。书中不仅记载了大量属于应用文体例的祝辞、誓词、诰言、法令等文书，还有反映各诸侯国之间关系的盟约文书等。

春秋战国时期，应用文的写作已大致走向成熟。秦汉时期，公文文体分类和公文格式已基本形成，皇帝制作的公文"命曰制，令曰诏"，有了上行文和下行文的区别，臣下向皇上呈递的文书有：章、奏、表、议，其作用是"章以谢恩，奏以按劾，表以陈请，议以执异"（《文心雕龙·章表》）。皇上向臣发布的"圣旨"有：制、诏、策、戒。秦始皇时期对公文格式作了许多具体规定，例如上行文开头用"臣××言"，结尾用"臣××诚惶诚恐，顿首顿首，死罪死罪"；当遇有"皇帝"字样时，另起一行，顶格书写，称之为"抬头"。这些有明显等级观念的公文格式，后来被历代王朝沿用。

汉以后的魏晋南北朝时期，公文无论从写作实践上还是从理论上看，都有明显的进步和发展，主要代表人物首推曹操、曹丕父子。曹操亲自写过不少公文，代表作有《让县自明本志令》、《求贤令》等。曹丕的《典论·论文》，把文章分为 4 类 8 种："盖奏议宜雅，书论宜理，铭诔尚实，诗赋欲丽。"这 4 类 8 种，多属应用文体。南朝梁人刘勰的《文心雕龙》中，把文章分为 33 类，其中属于应用文的就有 21 类之多。萧统组织文人编选的《昭明文选》，选文 37 类，其中属于应用文的有 20 多类。这些都对应用文写作理论的研究作出了突出贡献，成为后人研究文体的重要理论依据。

唐宋以后，文学创作日趋发展，不少文人致力于诗、词、曲、小说的创作，但应用文写作仍处在"政事之先务"的主导地位上。著名的"唐宋八大家"就有不少可称为"应用文"的闻名作品。

明清时期,文体分类日趋详细、繁杂。清代学者刘熙载正式提出"应用文"这一名称。

纵观古代应用文写作,佳作如林。如西汉时期邹阳的《狱中上梁王书》,晁错的《论贵粟疏》,司马迁的《报任安书》;三国时期曹操的《让县自明本志令》,诸葛亮的《前出师表》、《后出师表》,嵇康的《与山巨源绝交书》;西晋时期李密的《陈情表》,张载的《剑阁铭》;唐代韩愈的《祭十二郎文》,刘禹锡的《陋室铭》,魏徵的《谏太宗十思疏》;宋代欧阳修的《答吴充秀才书》,王安石的《答司马谏议书》,李清照的《金石录后序》,文天祥的《指南录后序》;明代宗臣的《报刘一丈书》;清代林觉民的《与妻书》等,都是历代应用文写作中的奇花异葩,至今仍熠熠生辉。

1911年爆发的辛亥革命,推翻了清王朝,结束了长达2000多年的封建帝制,中国进入了一个新的历史阶段。巨大的社会变革,必然也推动了应用文新的发展。1912年,南京临时政府颁布了《新公文程式》,规定政府公文为令、谕、咨、呈、批、示、公布、状、照会等;并取消了"老爷"、"大人"等称呼,代之以"先生"或以职务相称。1916年7月26日,北洋政府公布了《新公文程式》类增至13种,并明确规定:"凡处理公事之文件曰公文",对公文概念作出了明确界定。

中华人民共和国成立后,我国的应用文更是有了长足的发展并逐步建立起现代应用文体制。从1951年到1981年,党和政府先后发布了10多个关于机关公文写作的文件,使我国公文写作逐步走上了规范化、科学化、系统化的道路。1987年,国务院办公厅公布了《国家行政机关公文处理办法》,1993年11月对此又作了修订,规定国家行政机关的公文为12类13种,这是对中华人民共和国成立后40多年公文写作系统的全面总结。1996年5月3日,中共中央办公厅颁布了《中国共产党机关公文处理条例》,规定了党的机关公文共14种;2000年8月24日,国务院发布《国家行政机关公文处理办法》,规定了行政机关公文13种;2012年4月16日中共中央办公厅和国务院办公厅印发了《党政机关公文处理工作条例》,规定了党政机关公文15种,标志着我国应用文写作进入了一个崭新的阶段。

二、应用文的作用

应用文的出现,是社会生活的需要,是社会管理活动的需要,是任何阶级都使用的,也是任何社会都不可缺少的。在不同的历史时期,应用文对社会的发展都起着极其重要的作用,任何一种社会都希望自身是一个和谐有序的社会,都需要出台宣传国家的路线、方针、政策、道德法律等有关文书来规范人们的行为,使人们遵守共同的规则,最终实现对社会的管理。如政府要施行某项针对社会公共管理方面的行政措施,必须发布有关命令、决定、公告等行政文件。企事业单位也会根据自身的管理需要,制定各种规章制度。再如,按照教学计划,毕业班学生需要参加毕业实习,在此之前要制订实习计划,返回之后必须上交学习总结。应届大学毕业生在找工作时也要写求职信,投送给自己想应聘的单位。这些命令、决定、公告、规章制度、计划、总结、求职信等都是应用文。

应用文以实际应用为目的,是传递信息、处理事务、解决问题、交流经验的一种必不可少的工具,上至中央机关,下至基层单位,应用文的使用范围几乎涉及社会生活的各个方面。随着社会的发展和科学技术的进步,应用文也将发挥越来越重要的作用。应用文作为文书

的载体,它发挥着交流沟通、实施管理、宣传教育、凭证依据的作用,具体表述如下。

(一)交流沟通作用

社会生活中存在着多种多样的公共关系,人类社会就是人际关系的联络网,如政府与公众、单位与个人、单位与单位、个人与个人等,其间都需要运用各种方式进行交往与联络,而沟通诸多关系的重要的文字媒体便是应用文。应用文是上下左右进行沟通协调的重要工具,许多应用文发挥着沟通双方思想、互通有关信息、协调各方面关系等重要作用。例如在工作中,上下级关系、平行关系、不相隶属的关系需要行政公文来进行沟通和联系,或制定政策、发布规章、商洽工作、交流经验,或请示汇报、答复事项,或向有关团体、组织、个人发出邀请,或传递信息、情况等都需要运用应用文。应用文写作的交流沟通作用一般表现为两种形式:专门联系与公众传播,前者如报告、请示、批复、函以及合同协议等有特定的联系对象、联系范围,具有一种固定的联系功用;后者如公告、通告、广告启事、消息报道等具有一种公众传播作用,目的在于让广大人民群众知晓、了解有关事务。又如书信类应用文,例如家书、情书等,人们通过这种应用文相互交换信息和交流情感,以及向对方表示祝贺、感谢、慰问等的致辞、书信或邮件等都体现了应用文的交际功能。

(二)实施管理作用

应用文在社会管理中发挥着重要的作用,它是人们管理社会事务的有效工具,它是各级政府、各企事业单位、各种组织实施领导、管理、指导的有力工具,是国家和执政党方针、政策具体化的书面形式,各项管理工作都离不开应用文的指导。没有规矩,就不能成方圆,各级单位、各种组织都要制定规章制度,这些规章制度就是应用文发挥管理作用的典型例证。而且许多应用文特别是公务文书承载着大量的管理信息,担负着将路线、方针、政策信息逐层传达下去,以及部署任务、指导工作、协调关系等职责,而下级单位、部门也可以通过公务文书等形式向上级反映情况、汇报工作、寻求指导、请示帮助等。因此可以看出,应用文在上传下达、统一认识、一致步调、平衡利益等方面,都具有实际功用。应用文的这些功能,对于实施管理活动、稳定工作秩序、提高管理效率等都有重要的意义。

(三)宣传教育作用

党和政府通过应用文下达各种文件,向广大干部群众宣传党和国家的方针政策;各地区、各单位、各部门也通过应用文宣传产品、推广经验、表彰先进、揭露和批评不良现象;个人也能通过应用文广泛告知有关信息,如寻人寻物启事。应用文的宣传作用主要体现在以下几方面:第一,宣传党和国家的方针政策。国家的重大决策、立法都要通过应用文颁布,以便让社会团体、人民群众知晓。如政府颁布的《教育法》《建筑法》《野生动物保护法》《医疗事故处理条例》等,它们不仅传达有关的政策、法律,而且还指导人们应当如何做,如何执行,其宣传作用是非常明显的。第二,传播科技文化知识。知识是人类进步的阶梯,正是由于知识的积累和传播,人类社会才不断向高度的物质文明和精神文明发展进化,而应用文正是记录和积累人类知识并使之传播的载体,科技报告、学术论文、各类专著都是对文化知识的传播。

（四）凭证依据作用

应用文的凭证依据作用，在不同的文种中会有不同程度的表现。就行政公文而言，下级机关要根据上级机关下达的公文来传达方针、政策，安排工作任务，部署开展工作。而上级机关则要根据下级机关的公文所提供的情况、反映的问题来进行决策，以便更科学、更合情合理地指导下级工作。平行机关和不相隶属的机关之间，可以根据往来的公文知照情况、商洽工作。由此可见，公文是施政的依据和准绳。它可以约束行政行为，使管理工作的各个环节得以正常有序的开展。就凭据文书而言，其凭证作用更为明显，如协议书、合同书等都规定了当事人双方的权利与义务，以此为凭证，如有任何一方违约，都要以此追究责任。概而言之，应用文是用来办事的，有着极强的时效性，在某件事处理之后，其作用也随之消失。但是有些应用文，它不仅有现实的作用，而且还是真实的历史记录，并根据有关规定立卷、整理、归档，作为文献资料供后人参考，起到了凭证作用。具体而论，应用文的凭证依据作用，主要表现在两个方面：一是上级机关在制定方针、政策或作出决定、规定、计划时，有关领导人除了亲自深入实际工作中调查研究外，一个重要的方面，就是依据下级机关上报的总结、报告、纪要、简报和秘书部门撰写的调查报告等应用文来进行决策。二是下级机关在开展工作、处理问题、解决矛盾时，上级机关发布的有关"决定"、"决议"、"条例"、"办法"等应用文，不仅成了他们办事的重要依据，而且成为他们解决矛盾、判断是非的凭证。

三、应用文的种类

经过长期的发展，应用文变得体系庞大，种类繁多，出现了许多文种。

文种是内容性质、具体功用相同的同类应用文的规范化名称，在应用文上标注文种可以为撰写者和阅读者带来某些便利：一是撰写者会有所遵循，可以更加有针对性的采用不同的原则、方法和手段去创制能有效解决特定问题的应用文，并将其迅速准确地投入生效过程中。二是可以帮助阅读和处理应用文的人们一目了然地了解和把握具体应用文的性质以及某篇应用文对自己行为的影响，从而迅速确定办理该应用文所述事务的基本方法、程序与须采取的有关措施。

随着社会的发展和科学技术的进步，人们的社会活动领域不断拓宽，应用文的使用范围日益扩大，新的文体不断涌现。应用文的分类标准目前尚难统一，目前通用的分法是按应用文的适用范围，将其分为公务文书和私务文书。公务文书分为通用文书和专用文书。通用文书是指人们在日常的各种生活、学习、工作和生产活动中普遍使用的应用文，被分为法定公文和事务文书。法定公文即《党政机关公文处理工作条例》规定的15种公文文种。事务文书则如计划、总结、调查报告、简报等。专用文书是指具有一定专业性的应用文。它包括：传播类，如新闻、广告、演讲稿等；财经类，如经济合同、市场预测报告、经济活动分析报告等；科技类，如学术论文、科学实验报告、毕业论文等；司法类，如诉状、答辩词、公证书等。

为了便于授课，本书将应用文分为以下六类。

（一）党政机关公文

公文，顾名思义，即公务文书。自古以来对公文的定义甚多，取其共识，公文乃公务活动的产物和工具，是公事所用之文。"公"字泛指一切公共事务，严格来讲是指党和国家机关的

事务。"文"字是指按一定程序表达的书面文字。广义的公文指称范围包括国家机关、政府组织、社会团体、企事业单位在公务活动中形成且具有规范格式的应用文,其中包括行政管理公文、普通事务文书、各类专用文书等。狭义的公文原来一般指行政机关在施行公共管理行为时使用的公文,现在也将党政机关使用的具有管理意义的文书看作公文。

党政机关公文是为领导活动和社会实践服务的,是决策的载体,上呈下达的纽带,与党的路线、方针、政策和国家的政策以及法律、法规密切相关,体现了较强的政治性、政策性。党政机关发布的公文,代表政府部门的职权和意图,因而,它具有行政领导、行政指挥的权威性。公文一般都是针对正在办或将要办的事情,以及已经出现的问题制发的,因此,时效性很强。公文是一种以说明为主的文章体例,它通常以说明性表达方式为主,以叙述议论的表达方法为辅,具有统一规定的文种和格式。公文的作者是依法成立并能以自己名义行使权力和承担义务的组织和个人。如:主席令是以主席的名义作为公文的作者,而不是以拟文人的身份出现。公文的读者范围也是特定的,在公文格式上有专门规定,即"主送机关"、"抄送机关"和"传达(阅读)范围"。因此,党政机关公文是党政机关实施领导、履行职能、处理公务的具有特定效力和规范体式的文书,是传达贯彻党和国家方针政策,公布法规和规章,指导、布置和商洽工作,请示和答复问题,报告、通报和交流情况等的重要工具。

(二)事务性文书

事务性文书又称"通用文书",是机关、团体、企事业单位在处理日常事务时用来沟通信息、安排工作、总结得失、研究问题的实用文体,如工作计划、工作总结、调查报告、述职报告、简报、规章制度等。由于这类管理类文体处理的日常事务亦为公务,所以事务性文书属于广义的公文范畴。它与狭义公文的区别在于:一是无统一规定的文本格式;二是不能单独作为文件发文,需要时只能作为公文的附件行文;三是必要时它可公开面向社会,或提供新闻线索(如简报),或通过媒体宣传(如经验性总结、调查报告等)。

事务性文书依其性质与作用的不同,可以分为如下几类:①计划类,包括计划、规划、方案、设想、安排等,其共同点是对未来工作的内容、步骤、措施与方案等进行的设想;②报告类,包括总结、调查报告、述职报告等,其共同特点是归纳某种工作的主要内容、成绩与经验、问题与不足等,并写成文字,向社会、上级或本单位所作的报告;③规章类,包括规则、章程、制度、条例、守则等,其共同点是为了更好地开展工作而订立的某些制约性措施;④信息类,包括简报、大事记、照会等,其共同点是向他人传递或长或短的各类信息;⑤会议类,包括会议报告、会议记录等,是为会议的召开而准备的有关文件及对会议内容进行的记录。

事务性文书具有很强的实用性、事务性,要求使用某种惯用格式。它们最为突出的特点是具有很强的广泛通用性,不仅具有社会管理职能的组织经常使用它们,而且其他社会团体甚至个人也可以使用其中的一部分。同时它们不仅可以运用于公务活动,也可以使用于私人事务。从使用的范围和频率上看,这类文书具有极强的通用性。因此,事务性文书是应用写作的重要组成部分。

(三)经济文书

经济文书是经济应用文的通称,是法人单位或个人在经济活动和经济交往过程中反映经济情况,处理经济事务,研究、解决经济实际问题的一种具有特定格式的专业应用文体。

经济文书在经济领域的应用非常广泛,常见的种类有:①报告类,用于总结或分析经济工作的现状或发展趋势,包括经济工作总结、市场调查报告、经济活动分析报告等;②方案类,用于为决策者提供决策依据,包括经济决策方案、可行性报告、市场预测报告、经济计划等;③契约类,用于确定经济活动当事人双方的关系,彼此的权利与义务,如经济合同、合作意向书、协议书等。

为了使各个部门各个环节的活动协调一致,就必须借助于经济文书,它能及时地将党和国家的方针政策以及上级部门的指令、决策、任务、要求、计划等传达给下级部门,对基层单位的工作进行具体领导和指导,以便统一思想、统一行动、步调一致,用以维护正常的经济秩序,实现经济活动的有效管理。同时,基层单位要通过经济文书向上级部门汇报工作、反映情况、提出建议,主动接受上级机关的领导。单位之间、部门之间也要通过经济文书交流信息,加强横向联系,相互沟通,取长补短,促进竞争,获得支持和帮助。经济文书可以对错综复杂的经济现象进行科学的研究与分析,以便总结经验、揭示规律、抓住典型、指导一般,对经济工作进行正确指导。企业可以通过经济文书及时发布关于商品产、供、销方面的信息,加速商品流通,开拓市场,扩大销售,提高效益。来自上级部门的经济文书常常是下级单位作出决策、开展工作的政策依据,来自下级单位的经济文书常常是上级机关制定政策、部署工作的依据。与有关方面发生权益关系而形成的经济文书则是维护自身合法权益的凭证,一旦发生经济纠纷,它们就会从法律的角度出现,成为处理纠纷、分清违约责任的依据。在完成了特定的任务后,有些经济文书还需要归档保存,以备查考。

(四)新闻传播类文书

新闻传播类文书是指在日常生活中,用于报道新近发生事件的专用文书,是指为配合一定时期、一定主题的中心工作和任务,借助于一定的媒体向社会公众介绍某些人物、事件或相关知识,以实现让人知晓为目的的一类文书。新闻传播类文书包括消息、通讯、启事、海报、简报、新闻评论等。新闻传播类文书是应用文体系中的一个分支。它对社会公众的思维方式、行为习惯及生产生活等各方面都能产生重要的影响。

新闻传播类文书所承载的是各类信息,从信息传递的角度看,要保证其价值的有效性,就必须讲究时效,否则,信息的价值会随着时间的推移而递减。时效性要求新闻传播类文书的作者要有敏锐的洞察力和快速的反应能力;对政治、经济及社会生活各个方面有相当强的敏感性和嗅觉,并能及时地捕捉。新闻传播类文书依附于一定的媒体,面向公众实现其传播任务,因此,对于受众而言,传播类文书具有共享性的特征。新闻传播类文书以信息传播为己任,真实是其价值的体现,只有以客观真实的面貌面对社会公众,才能保证其在社会公众面前的权威性。因此,新闻传播类文书的写作者应该对自己选取的材料去粗取精、去伪存真,科学有效地筛选、鉴别,才能保证其真实性。新闻传播类文书的对象是社会公众,它所传播的信息必须能为社会公众所接受,可读性就是要求传播文书以其特有的灵活手段亲近公众,以其独特的眼光和角度吸引公众,以其独特的魅力引导公众,进而达到并实现预期的目的和社会效果。

总之,这类文书形式灵活,报道事件及时快捷,能很快地传播当前发生的事件,让人们知晓事件的来龙去脉,起到沟通传播的作用。

(五)日常事务文书

日常事务文书是国家、单位、集体或个人在喜庆、哀丧、欢迎、送别以及其他社交场合用以表示礼节,并具有规范写作格式的文书。随着社会文明程度的提高,社交中的礼仪活动日益丰富,在比较盛大或重要的活动中使用礼仪应用文,可使气氛更加热烈或隆重。

日常事务文书的种类很多,常用的是机关、团体、人民群众在节日和红白喜事中使用的各种请柬、欢迎词、祝词、题辞、欢送词、悼词、祭文、贺信、贺电、讣告、唁电、碑文、对联等。

作为社会交往、礼仪活动的文体,日常事务文书主要体现交际双方的愿望、喜好、情感,反映的是一种"双边"关系,只不过它是用书面的形式来进行互相接触、互通信息、交流情感,以便能达到相互了解、彼此吸取对方的长处和积极因素的目的,为增进友谊、加强合作、促进人际关系的和谐起着催化作用。因此,日常事务文书具有交际性的特性。日常事务文书亦注重"以礼相待",强调因人、因事、因地、因时地待人接物。另外,日常事务文书一般都具有比较固定的格式和用语,是一种比较规范化的文体,有时要特别注意。比如书信,不仅称谓语、开头结尾的应酬和问候祝颂语有很多讲究,而且也要注意行文中书写的款式,如以抬头表示尊敬,如果用错了对象、用错了场合或不合于情境名分,就会伤及感情,影响交际效果。当然,日常事务文书的写作要求,并非像机关正式公文一样有法规的规定,它是全凭民间约定俗成,习惯成自然,社会上都遵循这类做法而已。

(六)求学、求职类文书

大学生在完成学业的过程中,须学会写作实习报告、学术论文、毕业论文、毕业设计报告等文书。依照《学位论文编写规则》(GB/T 7713.1—2006),论文写作由以下四部分组成。

1. 前置部分:封面、题名页、序和前言、摘要、关键词、目录等。
2. 正文部分:引论、本论(一般包括实验和理论分析、结果和讨论)、结论、注释、参考文献等。
3. 附录部分:问卷调查原件、数据、图表及其说明等。
4. 结尾部分:致谢、作者及科研成果简介。

毕业生为了求职,递交给用人单位的自荐书、推荐信、应聘信、个人简历、毕业生推荐表、大学生活总结等统称为求职文书。求职文书是求职者实现自我推荐和用人单位了解和筛选人才的重要媒介,对劳资双方而言都是必要的。

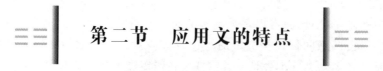

第二节 应用文的特点

随着社会经济的不断发展和信息时代的到来,人们相互间的交往更加频繁,需要传递的信息日益增加,人们离不开应用文这个记录、传递信息,商洽、处理问题的工具。可以说,在各种文体中,应用文是使用范围最广、使用频率最高的文体。应用文同别的文体比较,有共性,也有个性。共性是它们都是对客观事物的反映,都要谋篇布局,用词造句,使用标点符号,讲究条理性、逻辑性,但同时必须体现其个性特征,具体表现在以下六个方面。

一、突出的实用性

应用文的主要工具是文字。只有成熟的文字,才使应用文的产生有了不可缺少的客观条件。从历史上看,应用文的载体是竹简、缣帛、钟鼎和纸张。欧阳修在《与陈员外书》中云:"古之书具,惟有铅刀、竹木。而削札为刺,止于达名姓;寓书于简,止于舒心意,为问好。"我们的先辈无论大事小事,必先"率民以事神,先鬼而后礼",从而形成了以神、鬼、上天、祖先为精神依托的神权政治统治模式,而掌握刀笔并把神事活动的情况记录下来,便成了我们最早的应用文,这些刻在龟甲和兽骨上的应用文,从一开始就体现出其显著的实用性。

毛泽东同志在《反对党八股》一文中指出:"任何机关做决定、发指示,任何同志写文章……要靠有用。"应用文从一开始产生,就表现出很强的实用性。众所周知,文学作品给人以审美愉悦,用来陶冶人们的性情;理论文章给人以知识,用来提高人们的认识,拓展知识面;而应用文却不同,它用来处理公私事务,其功效是在人类各种活动中通过取得直接的实用价值而体现出来。失去了实用性,也就失去了应用文本身存在的价值。应用文为办事而写,写公务文书是办公事,写私务文书是办私事。

因此,实用性是应用文区别其他文章的根本属性,作为临民治事的工具,它的功能是通过直接的实用价值体现出来的。

二、内容的真实性

应用写作是以"应"付生活、"用"于事务为目的,它必须以事实为依据,不允许虚构、虚拟、合理想象,应用文材料的真实,是一种完全的真实。应用文是处理事务的文章,它的内容取材必须真实准确,反映社会生活中客观事物的本质。不管是公务文书还是私务文书,都应以事实为依据来筛选写作素材。

应用文内容的真实性,显然不同于文学创作的"艺术真实",它必须是一板一眼,容不得半点虚构和夸张。应用文要做到完全的真实,至少要做到"三真":一是选用的材料本身必须是真实的,是符合客观实际和社会生活现实的。二是写作时运用材料的方式是得当的,反映给阅读者即受众的材料必须是真实可靠、准确无误的。有的材料是真实的,是生活中发生的,但使用是不得当的,如移花接木、张冠李戴。三是材料的选用与事实的核心或实质是一致的,即材料的取舍与应用文主旨之间的关系是紧密的,材料必须充分地支撑观点。如一份表扬某村是计划生育模范村的文稿,使用的材料是:该村在 15 年间只生育了一个人口。而事实情况是:该村是贫困村,小伙子无法找到对象,15 年只有一位小伙子结了婚生了子。这段材料是真实的,使用起来也是真实的,但这段材料只能说明该村的贫困现象,不能说明该村是计划生育模范村。材料的实质与表达主旨之间不能出现悖反情况。

三、格式的规范性

格式的规范性指文本形式、习惯用语和制发程序的规范性。写作格式的规范性是应用文的显著特点。它的形成,一方面是因为约定俗成,是历史留传、人们习以为常、共同遵守的,任何人不可随意违反它的固定的格式,否则就是不伦不类的,就达不到应用文的写作目

的。应用文在长期使用过程中,逐渐形成了比较规范的文本形式,并且还有某些约定俗成的习惯用语,在制发程序上也有一定的要求,使之成为区别于其他文体的显著特点之一。如书信、合同等都有自己的体式和惯用词语。行政公文、司法文书等有的文种,是由权力机关以法规形式对文种格式加以认定,并在其管理范围内普遍遵照执行。当然随着社会的进步和发展,一些陈旧的约束人们的精神甚至是反映封建尊卑压迫关系的繁文缛节的格式,我们要敢于突破,敢于创新。

另一方面,应用文格式规范性的形成是法规使成,即国家相关法规对文件的格式进行规范,公文的格式就是法定使成的。《党政机关公文处理工作条例》第九条规定:"公文一般由份号、密级和保密期限、紧急程度、发文机关标志、发文字号、签发人、标题、主送机关、正文、附件说明、发文机关署名、成文日期、印章、附注、附件、抄送机关、印发机关和印发日期、页码等组成。"《党政机关公文处理工作条例》是专门对公文的格式和规范进行规定的国标文件,并对公文格式作了明确规定,个人无权任意更改或不按规定办事;否则,便违反了规定。计划、总结等类的应用文,写法自然可以灵活些,也提倡创新,但不管怎么写,其体式也离不开特定的要求。规范的体式,是应用文长期写作经验的结晶,它便于写作、阅读与处理,有利于提高办事效率以及分类归档和查询等。

应用文格式规范性的形成正是以上两个方面的原因,一是"约定俗成",二是"法定使然"。这种规范性与应用功能、社会效益、工作效率密切相关,是其在形式上的一个突出特性。

四、较强的时效性

应用文为实用而作,为解决实际问题、应对突发事件、迅速及时传递信息情报而作,所以务必及时迅捷,否则贻误时机,错过解决问题的最佳时间,将会给学习、工作和生活带来诸多不利。例如,会议通知就一定要在开会前发出,若会后再写通知,就失去了它的效用。请假要先写请假条,入党、入团要先写申请书等。应用文的处理,即传递、阅读、办理的整个过程都要讲究时效。严格的现代管理和快节奏的现代生活,要有强烈的效益观念。应用文总是针对工作、学习或生活中所出现的具体事情而写的,往往是问题已摆在眼前或即将发生,必须要想办法处理或解决时才使用的,强调这种及时性是日常应用文的基本特征。因此作为现代化管理手段和交际手段的应用文,必须写得及时、发得及时、办得及时。如果拖拖拉拉,势必降低工作效率,甚至会造成严重的损失。应用文时效性的另一含义,就是它发挥效力有一定的时间限定。一般说来,事务按一定的步骤完成之后或履行完毕,它就失去了效力。

五、语言的简约性

应用文不是文学作品,应用文的写作目的是处理或解决实际问题,它的语言在保证准确得体的基础上必须做到简洁明快、通俗易懂,不能堆砌辞藻、滥用修辞。语言一般要求朴实、简明、表达准确,让人一看就懂,不拖泥带水,要条理清晰。一般应用文无须作什么修饰,也要少用形容词或描述性的句子,更不可用类似比拟或夸张等修辞方法。它要求用最精炼明快的文字准确说明事由,解说事理,陈述办法。现代应用文提倡开门见山,强调长话短说,依据事实加以分析,提出相应的意见、办法、措施,以形成庄重、朴实、明快简练的语言风格。比如,总结是日常生活中常用的应用文体,一个中学生写一篇个人小结似乎是不成问题的,但问题并不那么简单。如一位散文写得不错的同学在学期总结中这样开头:"逝者如斯夫,不舍昼夜。转眼之间,花开花落,才见万紫千红,今又瑞雪霏霏,时间如流水悄悄流逝,一学期很快过去了,为了美好的明天,必须总结今天的得失。下面就本学期的学习生活情况作如下总结。"这段文字孤立地看,似乎写得不错,较有文采。但如果把整个总结一读,便能感到这个开头与正文很不协调,十分别扭,这是因为它不符合应用文的语体要求。不少学生在写文章时总爱"努力"增添一些抒情色彩,但如果不考虑文章是否适合不同题旨情景的需要,就往往显得不得体。

六、受众的明确性

在社会生活、工作和学习中,应用文是普遍使用的文体,是所有文体中使用频率最高、应用面最广的重要文体。特别是在当今社会里,人们交往日趋频繁,信息传递日渐增多,应用文被广泛使用。如联系工作、个人往来、反映意见和情况要靠信函,开展工作、制订计划、总结经验、管理政务等要靠行政管理文书。应用文的读者对象基本上是明确的,文学作品的对象模糊不清,作家在写作时确立的读者对象也是宽泛的,并没有特定的读者。而应用文则不同,它的对象十分明确,需要写给谁看,行文者一清二楚。一般的书信类自不必说,就是海报、启事也是以其特定的读者为写作对象的。就写作目的而言,日常应用文也是明确的,它就某一个事件为其主要内容,发文所希望达到什么样的目的也是明确的。因此,日常应用文写给谁、写些什么、达到怎样的目的,事先是已知的。应用范围是确定的,一般是写给特定人员看的,而且这些特定人员也非看不可。如学生上课期间因事因病需要请假,就要送请假条给老师,而老师也必须看学生送来的请假条,并根据有关规定和实际情况,对学生的请假请求作出批准或不批准的决定,并将意见及时、明确地告知当事学生。

第三节 应用文的写作要素

应用文写作包含作者、读者、文本(主旨、材料、结构、表达方式、语言)、语境等基本要素。它们相互依存、相互渗透、相互作用,形成了动态的整体性联系。

一、作者和读者要素

作为应用文话语活动的主体之一,应用文的作者并非一般意义上的作者,严格地说,应用文的作者应该被称为"说话人",包括体现在应用文文本中的叙述者角色和作者因素。所谓"作者因素",即文章的署名者和实际写作人等相关因素。而应用文话语活动的另一个主体——"读者",则相应地成为"受话人",包括阅读文本的接受者角色和读者因素,而非单纯的读者。所谓读者因素是指阅读者的身份和阅读者本人等相关因素。

（一）作者

应用文的作者构成复杂，有群体作者、个人作者、法定作者、代言作者等多种类型。

群体作者是指由两人或两人以上的作者，基于某一实际需要，共同研究写作意图，进行调查研究，经过商讨共同完成某项写作任务的作者类型，如大型调查报告、会议报告、规章制度、中长期远景规划等，写作时往往由几个作者分工合作，每人承担一部分写作任务，或是每人承担相同内容的写作任务，然后进行讨论集合，取长补短，最终合为一篇文章。群体作者相互沟通合作是写作的基础，彼此之间要包容，既不固执己见，又不放弃原则，要求作者善于人际交往。贯彻共识，共识包括对象、目的、分工内容、文本规范等，共担责权，不争名利，不推诿责任。群体作者的署名，应按承担任务的多少和责任大小由主到次排列。创作完成后，要根据主题需要，统一文字和写作风格。

个人作者是指代表个人意志能独立完成文本任务，并承担文本全部责任的人，譬如求职书、请假条、申请书、日记、书信、个人计划、个人总结等的作者。个人作者要在文本上签署个人姓名。

法定作者是指依法成立并能以自己名义行使权利和承担义务的组织或法人代表。法定作者一般不是指代言人，而是指机关，署名时也常常签署发文机关单位的名称。即使有时签署领导人姓名，也只是代表其所在机关、所任职位赋予的行政法定权利。法定作者虽不一定行文，但最终要对文本内容和后果承担全部责任。以法定作者身份写作，要充分体现法人立场、口吻、理论与政策水平。以非法定代表人身份执笔时，要充分体现法定代表人的意图，对问题要多汇报，抑制个人表现的欲望，善于当好参谋。

代言作者是指以撰稿人身份承担文本写作活动，但不承担文本内容责任的作者。代言作者一般分两类：一类是被代言人指定以助手身份参与写作，如秘书代领导拟写公文、讲演稿，这是一种领导与被领导的关系。一类是代言作者受雇于被代言者，进行执笔服务，如代写书信、诉状、合同、申请书等。两类情况均要签署被代言人姓名。第一种情况，代言人要吃透领导意图，进行越位思考，了解其讲稿风格。第二种情况，要充分尊重当事人，耐心倾听其意见，准确表达其意图，并根据自己的专业知识，提出合理意见和建议，最后生成能最大限度实现当事人愿望的文本。

1. 应用文作者的修养

修养是一个人后天学习所获得的学养，写好应用文需要以下三个方面的修养。第一，理论政策修养，党政机关公文要特别重视政治理论、方针政策修养；专用文书要对相关领域的政策、法规及其变化有充分掌握。第二，业务知识修养，包括自然科学知识、社会科学知识和实践知识，并精通本专业业务知识，熟悉行业术语，了解行业规范，以求有针对性，能从新角度认识问题。应用写作中的专业文书，行业性术语的专业性较强，更需要专业修养。第三，辞章文体修养，用语严谨，简明平实，用语不仅要符合语法逻辑，更要突出简明平实的特点，应培养文体感，熟悉应用文各类文种的法定和约定俗成格式，了解各文种具体特点，把握其写作要求，力求做到写什么像什么；选择规范的应用文进行阅读，模仿其结构、用语等技巧，反复揣摩练习，不断提高辞章修养。

2. 应用文作者的写作能力

应用文作者的写作能力包括以下四种能力：调查能力、信息处理能力、词章建构能力和把握读者心理的能力。

（1）调查能力

调查能力是指作者根据应用写作需要，使用适当的调查方法，快速、有效地获取材料，了解事实真相的能力。作者应掌握各类调查方法，如普通调查、重点调查、典型调查、抽样调查等，挖掘第一手材料，为写好应用文做好准备工作。

（2）信息处理能力

信息处理能力是指作者对通过调查获取的各类信息材料，进行认真核实、分析、归纳、综合，进行由此及彼、由表及里、去粗取精、去伪存真的处理的能力。它能使材料反映事物的特点和本质，提炼出新颖而深刻的主旨。

（3）辞章建构能力

辞章建构能力的培养要通过多模仿学习，多读多写，掌握写作技巧。培养应用文语体感，应掌握应用文语言特征，力求词能达意。

（4）把握读者心理的能力

把握读者心理的能力是指作者要有强烈的读者意识。要考虑读者特点、阅读需要、阅读习惯，使读者易懂，而且乐于接受，便于承办。

3. 应用文作者的思维方式

应用文作者因身份不同，其思维方式各有差别，主要有对象化思维、模式化思维、换位思维和逻辑思维。

（1）对象化思维

对象化思维与围绕主体情思展开的主体化思维不同，指思维被对象全部占有，并围绕对象形状、性质、规律来进行思维活动的思维方式。

（2）模式化思维

模式化思维与创造性思维相对应，指在特定文化规范、模式下构思并进行遣词造句的思维方式。公文写作是一种创造性较弱的写作行为，跟文学创作不同。虽然公文写作也要求有独到见解，但并不刻意求新求异。在结构、表达、语言、风格等方面，更多地要求按既定模式展开，如公文写作有一个结构的"基本型"，即开头、主体、结尾。开头一般写行文根据、目的、意义；主体部分叙述基本事实、阐明性质意义，或者提出措施、要求，排列法规条文；结尾部分则是执行要求或申报请求。

（3）换位思维

换位思维又称替代思维，指站在他人立场上，设身处地替他人思考的一种思维方式。思维目的、方向、内容都不是代言作者的主动选择，思维被限制在一个特定范围内。在内容上，代言作者的思维必须无条件地循着法定作者的规定行进。代言作者的思维成果只能在结构的组织、表达方式的选择、遣词造句上有一定体现。

（4）逻辑思维

逻辑思维是指借助于概念、判断、推理来认识对象本质的思维方式。公文写作首先要注意概念、判断的准确性，还要大量运用推理方法。要保证推理结论的正确，必须遵守两个条件：前提真实，形式正确。一些常用的推理方式，如演绎推理、归纳推理、类比推理等，在公文写作中被大量运用。

（二）读者

读者类型一般分为法定读者、专业读者和普通读者三类。

法定读者是指能代表某一级组织的领导，他们是法定行政公文、某些事务文书和专用文书阅读者。阅读上级来文，可明了上级方针政策；阅读下级呈文，可了解工作情况，为正确决策、果断指挥提供重要参考依据。

专业读者是指以读专用文书为主的读者。他们有较高的专业理论、专业技术和文化水平，往往要求专业应用文内容丰富、分析透彻、论述深刻，对内容的科学性和表达的规范性要求很高。

普通读者是指基层普通群众，其文化程度参差不齐，阅读有选择性，对与己相关的信息非常关心，对无关信息往往一览而过，接受状态自由灵活。

应用文阅读是一种功用性阅读，即以获得某种信息为目的。作者要了解读者的阅读特点，把握各类读者的不同要求，以写出主旨明确、理由充足、格式规范的应用文。

1. 读者是功用性读者

应用文因"需要"而写作，读者也是因"需要"而阅读，阅读的功用性与应用文本身的功用性一致。例如，写"请示"必须把要办事项写清楚，理由写充足，上级才方便答复。上级出台一个"规定"，每项条文必须符合民情民意，符合基层工作实际，才更容易被贯彻实施。

2. 读者是近距离接受者

应用文是为处理公务、私务而写的，而处理事务总有时间限制，因而应用文写作和阅读的时效性很强。读者的近距离产生于：一是读者与作者时代、地域、心理距离贴近；二是读者与作者是上下级关系，或一个系统，一个单位。

3. 读者是文本功能实现者

读者阅读应用文应带有某种目的，不仅要了解文本信息，而且往往是文本功能的实现者。例如，某一通知下发，读者可能是某一责任人，也可能是直接实践者。功用性阅读则要求作者在写作时，要处处考虑到读者的实践者特点，应用文内容层次要分明，信息要明了，做法要明确，易于被读者接受和进行实践。

二、文本要素

应用文的文本要素包括主旨、材料、结构、语言及表达方式。

（一）主旨

何为公文的主旨？主旨即主题，指通过公文的全部内容所表述或体现出来的行文的用意、目的和意义。主旨是作者通过文章的具体材料所表达的中心思想或基本观点，是作者的意图、主张或看法在文章中的体现。主旨是统帅全篇文章的灵魂，它决定文章是否有价值，衡量写作是否成功。对于应用文而言也是如此。既然主旨是应用文的统帅和灵魂，那么一篇应用文的材料选择和取舍、结构的安排、语言的运用及文体的选择、表达的方式等，都要受到主旨的制约。这样，应用文的各种要素才能在主旨的统领之下，整合为一个互相协调的统一体。尽管应用文的主旨随文种的不同有不同的要求，但对所有的应用文都有共同的要求，即正确、鲜明、集中、深刻。

1. 正确

正确就是要符合党和国家的方针政策,符合有关的法律法规,符合客观实际情况,能够正确反映客观事物的本质规律,对工作起积极指导作用,经得起实践的检验。一篇应用文稿,首要的问题是主旨正确,它决定着文稿的质量和价值。如果主题错误,会给工作带来损失。

2. 鲜明

鲜明就是文章的基本思想、作者的态度须表达得明确清楚。赞成什么,反对什么,肯定什么,否定什么,都要表述和交代得一清二楚,绝不含糊其词、模棱两可。这就要求应用文写作者头脑要清楚,思维要敏捷,对事物要有明确的认识,在表达时不出现歧义。

3. 集中

集中就是应用文的主旨要单一、突出,即"一意贯底",把文章的基本观点集中、突出地表达出来,把中心思想写深写透,就是要求一篇应用文的主题要相对单一、重点突出。对于某些篇幅短小的应用文,如请示,要做到一文一事,不能表达多种意图。对于那些内容比较复杂、篇幅较长的应用文,主题也要集中,就是说,虽然其具体观点可能不止一个,但这些观点在一篇文章中应存在一种内在的逻辑联系,它们共同表达一个中心思想。比如,一篇经验总结,具体经验可以有好几条,但这几条经验须围绕一个核心,共同表达某种观点。

4. 深刻

深刻就是要求应用文的主旨不能停留在对表面事实的罗列上,要从事实中归纳出观点,提炼出思想。这当然是对那些思想内容比较复杂、篇幅较大的应用文而言,如总结、调查报告、学术论文、可行性研究报告、市场预测及经济活动分析报告等。此类应用文的主旨要做到深刻,要能反映某种规律性的问题,帮助人们完成对某一客观事物的深刻认识。

总之,应用文的主旨在表达上应该采取直截了当的方式,开门见山,直奔主题。它要求单一、正确,意多则文乱,应集中表述一个事件,围绕一个主题,否则将不知所云。

【实例1-1】

反腐败斗争涉及面较广,特别是行业不正之风,几乎侵蚀到各行各业以及这些行业的许多方面。因此要抓好面上的思想教育,从根本上提高干部队伍的素质,坚决制止以手中的职权谋利的歪风,大力发扬全心全意为人民服务的精神,表彰为国家、集体、社会作出奉献的优秀人物,切忌鼓吹"一切向钱看"。要大力加强思想道德教育,特别是职业道德教育,树立良好的社会风尚,清理产生不正之风的社会环境条件。

【实例评析】

上面这段文字的主旨具有很强的针对性,明白、显露,只有一个主旨即要加强政治思想工作,提高干部素质,积极开展反腐败、反行业不正之风的斗争。

(二)材料

何为公文的材料?材料指公文制作者为了表现公文的主旨,从现实公务活动中摄取并写入公文的一系列内容。它是提炼公文主旨的基础和依据,也就是写进文章的事实、依据以

及相关背景资料。

材料既不同于议论文中证明论点的论据,也不同于记叙文以及文学作品中的题材。犹如一幢建筑物,主旨是设计者的建筑理念和风格,材料便是符合设计风格的砖瓦水泥。材料是构成文章内容,形成、支撑并表达主旨的各种事实与理论。善于从材料出发,注意让材料说话,才能言之有据、言之有物,写出内容充实、有较强说服力的文章。

从材料本身的形态来看,事实与理论是材料的两大类型。如果再作进一步划分,事实包含事件与情况、实物与现象等,理论则包含方针、政策、规定及概念、原理、学说等。

从材料的来源来看,有第一手材料和第二手材料之分。不同类型的材料往往要通过不同的途径获取,观察、实验和调查是在实践中获取事实材料的主要途径,是得到宝贵的第一手资料的重要渠道。查阅文献则能够集中获取理论材料,第二手材料主要由此或通过调查得到。

材料真实是实用型文章的生命,而材料的真实又是使文章具有真实性的首要条件。有力是实用型文章的材料所应具备的另一个特点。有力首先是指材料要能为主旨所统率,而不是游离于主旨之外,或同主旨相悖。其次要求所用材料为主旨的表达所必需的,而不是可有可无。材料是为体现主旨而准备的,主旨必须依靠材料来进行说明和支撑,两者必须高度统一。

(三) 结构

应用文的结构,是根据表达观点的需要,对材料进行处理安排。其作用就是将各个部分统一起来,把内容和形式统一起来,使文章成为一个有机的整体,实现其实用的目的。

应用文体常见的层次安排有总分式、并列式、递进式三种。

1. 总分式

总分式的文章开头先对全文的内容作简要概述,然后依次分别对其展开叙述。总分式结构可分为先总后分式和先分后总式。总分式通常适用于篇幅较长的应用文,如调查报告、经济活动分析报告、科技论文等。

2. 并列式

并列式亦称横式结构。文章中几个层次之间的关系是平行的,这样的结构方式通常按空间或场面的转换安排层次,如综合简报、通讯报道中的事件通讯,常把不同地区、不同部门的动态情况,按同一主题,采用并列结构方式进行综合报道。按材料的性质归类安排层次,在计划、规划、合同等文体的写作中,多采用此种类型。按中心论点的若干侧面,提炼各个分论点,从不同角度共同论证论点,许多说理性文体常用此种方式。

3. 递进式

递进式也叫纵式结构。文章是以时间推移或从因到果等逻辑关系逐层深入展开的结构形式,情况通报、事件通讯、经济诉状等文体常用此种方式。

应用文常用的开头方式有以下六种。

(1) 原因目的式

原因目的式交代写作动机、缘由和目的,常用"为了……"、"……为此"、"因为……"、"由于……"、"鉴于……"等介词作为文章开端之语,公文中常用这种开头。

(2) 根据式

根据式交代写作根据,增加文章的权威性,常用"根据……"、"按照……"、"遵照……"、"经……决定"、"经……通过"等介词组成的介词短语作为文章开端之语,在公文、规章制度、计划、调查报告中多用这种开头方式。

(3) 引述式

引述式即引述对方的来文或来函,作为拟写文章的依据,公文中的复函、批复常用此方法开头。

(4) 提问式

提问式用提问方式将论述或叙述的问题提出,让读者首先对全文要说明的问题做到"心中有数",并引起对问题的注意和思考,科技论文、调查报告、某些新闻类文章等常用此方法开头。

(5) 结论式

结论式即开头先提出结论性意见,下文再作具体解释、说明、阐述。

(6) 概述式

概述式将全文主要内容在开头部分简要介绍出来,便于读者了解文章的基本内容,新闻、总结、调查报告、经济活动分析常用此方法开头。

应用文常见的结尾方式有以下四种。

(1) 总结式

总结式即运用简洁明了的语言,概括全文内容或得出结论,进一步加深读者印象。

(2) 要求式

要求式即向受文者发出指示,提出要求和希望。

(3) 祈请式

祈请式即请求有关部门予以批准、支持或协助。

(4) 号召式

号召式即发出希望和号召,指明方向,激励读者。

(四)语言

应用文的语言,明显不同于文学作品的语言。应用文的语言强调准确、简明、朴实和庄重。

1. 准确

准确是指努力使语言的表达更加符合客观实际,保证准确无疑、确凿无误。事实、数字甚至细节都必须确实可靠,遣词造句要求语意明确,所叙述的概念,只能作单一的解释,不能让人产生歧义,也不能让人作出多种理解。正确地记载与传递信息是撰写应用文的基本要求。遵循这一要求,应用文的语言表述必须符合客观实际,符合逻辑,既要概念准确、恰当,又要符合语法修辞的规范。

词语的信息容量与信息的确定性成反比例,如果一个词语的信息容量太大,就会使人们对词语所含内容认识模糊,从而影响对文章的准确理解,甚至因为主观因素的不同而产生误解。因此,在撰写公文和科技文章时,要避免使用词义不确定的词语,如"最近他表现不好"这句话,就很难给人以准确的认识。首先,"最近"是指什么时间,而"表现不好"又缺乏明确

而具体的衡量标准。在公文和科技文章中表述事物状态时,宜用含义单一、意义确定的数量词、名词、动词和代词,尽量不用或少用副词与形容词。如:说明一项工作任务已"基本完成",不如说"已完成80％"更为确定。若表述事件发生的时间,应确切地写出"×时×分",而不要写"太阳已经落山"或"时近黄昏",因为后者会使读者对时间产生模糊认识。在表述事物的性质时,也应选用词义确定的词汇,若因事物性质复杂,无确切的词语表示,就要增添附加词语,作必要的修饰与限定,使概念得以明确。如《中华人民共和国刑法》第八十六条中对于"首要分子"的界定是"在犯罪集团或聚众犯罪中起组织、策划、指挥作用的犯罪分子"。"首要分子"的概念,经如此说明之后,就非常明确了,有利于在执行时划清政策界限。与此相反,如果使用词义不确定的词语,则无法准确地反映客观事物的本质属性、形态以及作者的意图。

2. 简明

简明即简洁明了,就是说要浮词净尽、不蔓不枝,要求在使用规范化书面语言的同时,应讲求实用,不仅让人准确理解、掌握,还要惜墨如金,讲究简洁明快,所谓"文约事丰"、"字字千钧"。毛泽东就曾指出:"报告文字,每次一千字左右为限,除特殊情况外,至多不要超过两千字。"应用文语言的简明性主要体现在以下几个方面。

首先,文字要平实、得体。一般来说,不需要描写、抒情,只要朴实明白地把问题说清楚即可。例如前面那篇总结的开头,只需这样写:"本学期在老师的辛勤教育下,经过自己的努力,在学习生活等方面取得了一点进步,当然还有一些不足之处。为了在今后取得更大的进步,现就本学期的情况作如下小结。"这样和下文的风格就吻合了,显得非常得体,读起来就更加自然。

其次,应用文的语言必须准确精练,没有歧义。应用文是用文字来联系工作、反映情况、解决问题的,如果用语不准确,就会影响信息的传递、交际的效果。例如,在写记叙文时可以说,在桃花盛开的季节,他回到了久别的故乡;但如果是发电报,用这样的语言就不够准确。据说某地一位高中毕业生和一位商人签订借款合同,这位高中毕业生要求对方必须在一年内归还借款,可那位商人说,两个月以后就可还清,结果合同上就写上了"两个月后归还借款",可是一年之后商人也没还。问题就在"两个月以后",这是个弹性时间,对于合同来说,这是不准确的,可作多种理解。

3. 朴实和庄重

应用文是处理事务的工具,又是沟通信息的基本方式,因此,强调用语朴实和庄重。朴实,即文风朴实无华,语言实在,强调直接叙述,不追求华丽辞藻,也不作形象描写,更不用含蓄、虚构的写作技巧。庄重,指应用文语言应适应不同文体的需要,说话讲究分寸、适度。这就要求应用文应使用通俗易懂而又规范化的语言,不拿腔作调,不滥用形容词和堆砌词语,力求朴实自然、质朴无华。否则,就会冲淡主旨,不伦不类。例如,有一份通报是这样叙述事故的发生和经过的:"当起吊后,撬棍突然飞出,其速度非常之快,以致在场的人们一时弄不清去向。撬棍以迅雷不及掩耳之势穿破南窗两层玻璃,飞入室内,先粉碎了第一张桌子上的烟灰缸,继而砸碎了下面的玻璃砖。然后越过第二张桌子落到西窗下第三张桌子上。室内的人被这突如其来的事件吓得目瞪口呆,手足无措。所幸,此时三张桌子的主人都因事离开,不在其位,未遭此难,否则,后果不堪设想,真是幸运、幸甚!"这种描写用在应用文体《通报》里,显然不够妥当,缺乏严肃性和科学性。

朴实和庄重,要求在写应用文时,无论是叙述、说理,还是议论、说明,都要实事求是,朴实确切,严肃规范。这不仅是使用语言的要求,也是树立良好文风的途径。

【实例 1-2】

无证驾驶机动车者予以罚款 500 元;酒后驾驶机动车者予以罚款 500 元;驾驶无牌证机动车者予以罚款 500 元。

【实例评析】

这是一份通告的部分内容,采用了顺列几个同类型结构的句子,这些多次重复的语言,貌似加重强调,实则啰嗦拖沓,与明晰、简朴的公文语言相去甚远。这里应用例列法,将同类型句子中的主语例列于后,应该作如下修改。

下列违章者,一律处以罚款 500 元:

1. 无证驾驶机动车者;
2. 酒后驾驶机动车者;
3. 驾驶无牌证机动车者。

【实例 1-3】

<h3 style="text-align:center">2015 学年我的个人总结</h3>

炎日当空,天上没有一丝云彩,火辣辣的太阳简直让人不敢出门,空中没有一点风,只有知了在树上不停地叫着,好像在说:"放假啦,放假啦。"又一学年过去了,我应该利用暑假对这一学年的学习情况作一些总结,以迎接新学年的到来。

在这一学年里,我学习了成本会计、管理会计、审计原理、经济法、计算机应用、外贸会计、大学英语、应用文写作、体育、职业道德、概率论等学科。其中成本会计 82 分,管理会计 86 分,审计原理 77 分,经济法 89 分,计算机应用 90 分,外贸会计 90 分,大学英语 72 分,应用文写作 68 分,体育是中,职业道德是优,概率论是中。总的来说,成绩还是可以的,在班上属中等水平。其中计算机应用和外贸会计成绩好一些,而大学英语、概率论和应用文写作差一些。下一学期,我要继续努力,争取取得更好的成绩,最好各科都在 80 分以上,这样就可以获得奖学金,减轻家庭的经济负担,更可以在择业时增加自己的实力。

文秘(1)班　×××

【实例评析】

本文有以下错误:

1. 正文内容不当,应该分为前言、主体、结尾三步写。前言开门见山,切入主旨内容,不应当过多描写。主体应写成绩和经验,问题和教训。结尾应写今后的打算及努力方向。
2. 语言表达不当,正文开头两行文字未体现出应用文体"朴实"的语言风格,口语运用过多。
3. 落款没有日期。

(五)表达方式

文章的表达方式有记叙、描写、抒情、说明、议论五种,应用文通常使用的是记叙、说明和

议论,描写和抒情除了在一些通讯报道、广告语中使用外,其他应用文基本不用或很少使用。

1. 记叙

记叙也叫叙述,主要用来交代事物的基本情况,事件发生、发展与变化的过程,介绍人物的经历和事迹,说明问题的来龙去脉、原因与结果等。完整的叙述包括时间、地点、人物、事件、原因、结果六要素。叙述是应用文写作中最常用的表达方式,应用文书对叙述的要求是:只注重对事件的整体勾画,不要求细节的具体、内容的详尽。只叙述与表达主旨、说明和问题有直接关联的部分,或者只是综合地、概括地叙述若干人或事的共同点。

叙述的方式有很多,如概叙、详叙、顺叙、倒叙、插叙、补叙等。叙述时以顺叙为主,有时也可用倒叙和分叙,一般不用插叙、平叙等方法。此外,叙述还要注意对人称的选择。应用文写作的叙述主要使用第一人称和第三人称。第一人称是指作者以当事人、见证人的身份进行叙述,如我、我们、笔者、本局(部门)等。第一人称的叙述,常见于书信、报告、总结、计划等。第三人称的叙述是指作者在文章中以局外人的身份进行叙述,如他(她)、他们等。第三人称常见于通讯、报道、会议纪要等文体。

2. 说明

说明即阐述和解说。在应用文写作中,说明往往在陈述或议论过程中出现,主要用于解说事物的形态、构造、性质、特征、成因、关系、功用等。应用文中的说明方法主要有以下几种。

(1) 定义说明

定义说明就是下定义,它用简练的语言对某一事物的本质属性或某一概念的内涵和外延作出确切的说明。这种方法常用于科技说明书、新产品介绍等。例如,《现代汉语词典》给"人"下的定义:"人是能制造工具并使用工具进行劳动的高等动物。"定义说明揭示事物本质,前面和后面的内容可以互换。

(2) 分类说明

分类说明就是将被说明的对象,按照一定的标准划分成不同的类型,根据其不同类别进行分门别类说明的方法。例如,刺绣是我国的传统技艺之一,我国的刺绣品种主要有苏州的苏绣、湖南的湘绣、四川的蜀绣和广东的粤绣等。这段话用分类的方法对"刺绣的品种"进行了说明。

(3) 举例说明

举例说明就是用具体事例来说明事物的特点、本质及其规律。所用事例必须有代表性、典型性,能体现事物的本质特征,便于读者理解和接受,如:地震是一种破坏性最惨烈的地质灾害。例如,1976年我国发生的唐山大地震,整个城市的地面建筑基本被毁,数十万人死亡;1923年日本发生的关东大地震,整个东京市被夷为平地,死伤人数难以统计。这段话是通过列举唐山大地震、关东大地震的例子,来说明地震这一破坏性最惨烈的地质灾害。

(4) 引用说明

引用说明就是引用有关文献资料或作品片段来说明事理,一般引用的是文献或他人原话。例如,蔡远福《盛夏倍觉西瓜好》一文的开头:西瓜,这种夏令佳品,历来为人们所喜爱。宋代范成大有诗曰:"碧蔓凌霜卧软沙,年来处处食西瓜。"清人纪晓岚赞美它道:"凉争冰雪甜争蜜,消得温暾倾诸茶。"……据《本草纲目》记载:唐五代时期,有人从西北带回瓜种,取名西瓜,表示来自西边。从此全国各地都种,至今已有1500多年的历史。这里引用了范成大与纪晓岚的诗句与《本草纲目》的记载来说明西瓜的特点与来历,是恰当的。

(5) 比较说明

比较说明就是把两种或两种以上的事物放在一起对照,以突出说明对象的特质、构造等。例如,苏州园林建筑布局不讲究对称,而我国古代宫殿和近代住房都讲究对称,这可谓是苏州园林建筑布局的一大特点。这段话,把苏州园林与古代宫殿及近代住房相比较,说明了苏州园林在建筑上的特点。

(6) 数字说明

数字说明就是用数字来说明事物的特点、性质等。这种定量描述的方法,能使行文表述大大简化,从而使立意更加清晰。例如,中国是一个缺水较严重的国家,淡水资源总量为28000亿立方米,占全球水资源的6%,但人均只有2200立方米,仅为世界平均水平的1/4,美国的1/5,在世界上名列121位,是全球13个人均水资源贫乏的国家之一。这段话用一系列数字说明了我国是世界上人均水资源贫乏的国家之一,从而呼吁人们节约用水。

(7) 图表说明

图表说明就是用图像或表格来说明事物。表格能显示事物的某种体系,图像能辅助文字说明并使之形象化,使行文大大简化。

以上所述,是应用文常用的说明方法。在具体写作实践中,要根据文种的需要选择合适的方法加以运用。

3. 议论

议论,指对客观事物进行分析,作出评价或判断,表明立场、观点和态度。议论有"三要素",即论点、论据和论证。议论要言之有理,以理服人,就必须做到论点正确,论据充分,论证严密。

论点是作者在实践基础上明确提出对事物的观点与见解,它是议论的出发点和归宿。论点的成立与否,需要论据来证明。在应用文中,论点可以在开头出现,开宗明义,让读者先明确议论的中心;也可以在结尾点明,即开头提出问题,然后分析问题,最后得出结论,顺理成章。

论据是证明论点的根据,也是议论的基础。在应用文中,论据有事实论据和理论论据两种。事实论据包括作者调查研究得到的事实以及文献检索获得的事实、数据等;理论论据包括已被证实和公认的原理、定律、结论和观点等,在某些应用文体中,也包括已被公布、实施的法律和法规。

论证是提示论点与论据之间的逻辑关系,也就是用论据证明论点的过程和方法。论点和论据本是各自独立存在的,只有通过论证的过程,才能将两者联系起来,构成一段完整的议论。在应用文写作中,议论是叙述和说明的补充手段,处于从属地位,往往只是点到即止。在实际写作中,论证经常要使用下列七种方法。

(1) 例证法

例证法即运用具体事例或统计数字作为论据证明论点的方法。下面使用例证法来证明"勤出成果"的观点。例如,马克思在写《资本论》时,艰苦奋斗了40年,阅读了数量惊人的书籍和刊物,其中做过笔记的书刊就有1500种以上;我国历史巨著《史记》的作者司马迁,从20岁起就开始漫游生活,足迹遍及黄河、长江流域,收集了大量的社会素材和历史素材,为《史记》的创作奠定了基础。这里用了马克思与司马迁的例子作论据来表明勤奋可以出成果。

(2) 引证法

引证法即引用名人名言、权威性的论述、科学上的公理和定律、生活中的道理以及国家公布的权威性统计数据等文字资料等作为论据证明论点的方法。下面使用引证法来证明"要做出成绩,就得不避辛劳,艰苦奋斗"的观点。例如,马克思说得好:"在科学上没有平坦的大道,只有不畏劳苦沿着陡峭山路攀登的人,才有希望达到光辉的顶点。"在这段话里,论点是"要做出成绩,就得不避辛劳,艰苦奋斗",论证的方法即引用马克思的论述。

(3) 对比法

对比法即把两个截然相反的事物或观点进行横向对比,辨明是非、优劣,或进行过去与现在的纵向对比。例如,我们党执政以后,特别是在新的历史条件下,能不能成功地解决党内监督问题,尤其是对高中级干部的监督问题,是加强党的建设需要解决的一个重要问题。从党的建设的实践上看,这方面既有经验也有教训。哪个地方、部门什么时候党内监督工作抓得比较紧,民主集中制执行得比较好,个人专断、滥用职权和"有令不行、有禁不止"的情况就比较少,消极腐败现象也会受到抑制,出了问题一般也能得到及时解决。反之,监督工作薄弱,民主集中制受到破坏,权力被滥用而又得不到制止,往往就会出问题,甚至出大问题。

(4) 反证法

反证法即从相反的角度分析问题,假设一个与正面论点相反的观点,并通过论证推翻该观点,从而肯定正面论点的方法。例如,打开国门的做法是完全正确的,如果依然走闭关锁国的老路,在国际上我们将没有任何朋友,我们甚至连联合国都进入不了,更别说实现经济上的突飞猛进了。在这段话中,正面论点是"必须打开国门",通过假设并推翻反面观点"闭关锁国",从而论证了正面论点。

(5) 喻证法

喻证法即通过打比方来证明论点的方法。例如,调查就像"十月怀胎",解决问题就如"一朝分娩"。

(6) 因果法

因果法即通过分析事物的前因后果,并以此证明论点的方法。可由因及果,也可由果溯因。例如,我们系统内的大多数老企业,多年来负担很重,有些厂的福利性开支竟占年收入的20%;有些老厂,离退休人员工资占全厂年收入的30%以上,这些企业的亏损是体制造成的。有些企业没有市场意识,产品几年不变,质量低劣,大量库存积压,造成投资无法回收,从根本上说,这些企业的亏损也是体制造成的。因此我们要走出困境,就必须深化体制改革。

(7) 归谬法

归谬法即把错误的观点进行合乎逻辑的推理,引出其荒谬的结论,从而间接证明论点的方法。例如,阶级斗争不是推动历史的唯一动力,因为如果阶级斗争是推动历史的唯一动力,那么蒸汽机就一定是阶级斗争的产物,科学技术的进步也一定是阶级斗争的产物,而人类的发展史证明,并不是这样。

三、语境要素

应用文的"沟通"过程不是孤立的,而是依赖于或受制于特定的语境。广义的语境是使用语言的环境,包括上下文语言环境和更广泛的社会生存环境。

其他文体的作者也特别注意语境,但在他们的话语活动中,如果过多考虑自己的身份和地位、读者的阅读品位和水平、外部环境的复杂和压力等因素,人为地束缚自己,很容易导致失败,这一点在文学创作中尤其明显。而应用文作者的写作情况恰好相反,作者既要明确自己的说话人角色和应把握的作者因素,也要特别注意受话人角色和相应的读者因素,更要关注社会关系、现实政治等生存环境问题,否则难以达到良好的沟通效果,也难以成功实现文本价值。在应用文话语活动中,只有说话人和受话人双方都拥有了共同的语境,沟通才能实现,这就对应用文作者在互动性中的主动性提出了更高的要求。作者只有掌握沟通的主动权,才会较少受客观因素干扰,写出自己的风格特色来。

应用文产生的语境决定了应用文虽受制于创造性思维,但并不排斥创造性思维。创造性思维是人们在已有经验的基础上,发现新事物、创造新方法、解决新问题的高级思维过程。创造性思维来源于创造能力,包括创造精神和实际创造能力。自信心是成功创造的必要条件,创造必须充满自信。联想为我们进行创造性思维开辟了道路,是引导我们进入写作的第一个境界——构思的必要途径。联想包括发散性思维、逆向思维等。

与其他话语活动相比,应用文并非单纯的个人或集体的话语行为,而是由许多因素或关系相互作用的社会话语活动,"沟通、语境和受话人"在活动中对实现文本价值更具有重要意义。

【实例1-4】

下面哪段话更能说明"我县教育事业蓬勃发展"这个观点,为什么?

材料一:

中华人民共和国成立以来,我县教育事业发展很快,不但办起了中小学,还办起了中专、技校,甚至大学;在校学生人数已经占全县人口的四分之一,专职教师已逾两千,学校还聘请了不少有实践经验的兼职教师。在全县乡级以上领导干部和科技人员中,百分之八十是中华人民共和国成立后的学校培养出来的。

材料二:

中华人民共和国成立以来,我县教育事业蓬勃发展,中华人民共和国成立前全县仅1所中学,十几所小学,现在已有小学635所、普通中学40所、职业中学4所、中专技校10所、高等学校4所;各级各类在校学生已达23万人,专职教师共2300多人,适龄儿童入学率达99.6%,全县于1986年已普及初等教育;幼儿教育、特殊教育、成人教育也都有较大发展。

【实例评析】

材料二更能说明"我县教育事业蓬勃发展"这个观点,在这篇应用文材料中,就是用数字来说明事物的特点、性质等。这种定量描述的方法,能使行文表述大大简化,从而使立意更加清晰。

练 习 题

一、填空题

1. 应用文对语言的基本要求是_____、_____、_____。
2. 应用文书常用的说明方法有 _____、_____、_____、_____、_____、_____、_____七种。
3. 应用文书常用的论证方法有 _____、_____、_____、_____、_____、_____、_____七种。
4. 应用文通常使用的表达方式有_____、_____、_____、_____。
5. "应用文"这一名称是_____在_____中正式提出的。
6. 我国最早的应用文写作是随_____的出现而产生的。

二、简答题

1. 如何理解"应用文"这一概念?
2. 怎样理解应用文的实用性和真实性?
3. 应用文主题的表达要注意哪些问题?

三、写作训练

就如何学好应用文写作给任课老师写一封信,把你的愿望、要求、建议提出来,要主题鲜明,要求具体,建议明确。字数在600字以上。

四、阅读下面这篇公文

关于建宿舍楼的请示

区人民政府:

我局下属的单位多、职工多,老职工更多。过去因无资金从未建过一间职工宿舍。职工的住房非常困难,再不解决就会影响职工的工作积极性。但是过去我们无条件建房,现在我局在党的正确路线指引下,经过改革,企业有了活力。自去年,我局除了向国家上缴利税外,还有一些盈余。我们准备用这笔钱,将一处商店撤销,并入附近商店,自筹资金、地皮,建一栋三门六层的职工宿舍楼。这样可以解决职工的住房问题,安定职工的工作情绪,也不会因撤销商店影响附近居民购买商品。

以上请示,恳请批准。

××区××局
××××年六月四日

这篇公文的主旨是否明确?理由是否具体、充分、有力?试推测若上级领导看到这篇公文,可能会产生哪些想法?请提出修改思路。

第二章 党政机关公文写作

第一节 党政机关公文概述

一、党政公文的概念

2012年4月16日,中共中央办公厅、国务院办公厅印发了中办发〔2012〕14号文件《党政机关公文处理工作条例》(下文简称《条例》),从2012年7月1日起施行。这一文件指出,党政机关公文,是中国共产党机关和国家行政机关使用的公文。《条例》第三条给党政机关公文下了一个定义:党政机关公文是党政机关实施领导、履行职能、处理公务的具有特定效力和规范体式的文书,是传达贯彻党和国家方针政策,公布法规和规章,指导、布置和商洽工作,请示和答复问题,报告、通报和交流情况等的重要工具。

二、党政机关公文的分类

《条例》规定:我国现行的党政机关公文种类有15种,分别为:(一)决议;(二)决定;(三)命令(令);(四)公报;(五)公告;(六)通告;(七)意见;(八)通知;(九)通报;(十)报告;(十一)请示;(十二)批复;(十三)议案;(十四)函;(十五)纪要。

这15种公文,可按不同的角度,将它们进行分类。

1. 按行文方向划分

按行文方向划分,它们主要可分为三类。

①上行文,即下级机关向上级机关报送的公文,如请示、报告。

②下行文,即上级机关向下级机关发出的公文,如命令(令)、决定、公告、通告、通知、通报、批复等。

③平行文,即同级机关或不相隶属机关之间的公文,如函。

2. 按秘密等级划分

按秘密等级划分,它们主要可分为四类。

①绝密文件,即涉及党和国家最核心机密的文件。
②机密文件,即涉及党和国家重要机密的文件。
③秘密文件,即涉及党和国家一般秘密的文件。
④一般公文。
前三种,统称为涉密文件。

3. 按紧急程度划分

按紧急程度划分,它们可分为三类:①特急公文;②加急公文;③平件公文。
《条例》未对上述公文的办理时限作具体说明,发文机关可根据工作需要明确提出办理的时限。

三、党政机关公文的特点

1. 法定性

党政机关公文的法定性体现在三个方面。

(1) 作者的法定性

党政机关公文的作者是指各级党政机关,或依法成立并能以自己的名义行使职权、承担义务的机关或组织及其领导人。以领导人名义发布的公文,不应视为领导者个人的意见,而是领导者行使职权的体现。总之,党政机关公文的制发不是个人行为,而是组织行为。

(2) 内容的法定性

党政机关公文的内容是合法的,它不与各项党纪国法相冲突,并且它本身也具有法定的效力,即具有强制性、权威性与制约力,任何受文机关与个人都不得违反。

(3) 程序的法定性

党政机关公文的制发必须符合一套法定的程序。这套程序在《条例》中有明确的规定,不得违反。

2. 规范性

党政机关公文的规范性,主要体现在两个方面。

(1) 体式的规范性

党政机关公文要使用标准的书面语言和规范的简化字,使用规范的格式。

(2) 运作的规范性

公文的运作,即它的传递和执行也要符合一些具体的规定,如,上行文、下行文、联合行文等,都要执行各自的具体行文规则;公文的整个执行过程也都要符合相关的规定。

3. 时效性

党政机关公文时效的产生,除文件中明确规定生效的时间外,所有文件都以"成文日期"为生效时间。文件时效的丧失,一般有两种情况:一是明确宣布被某一新的文件所代替,从新的文件产生之日起,原某一旧文件的时效即行停止;二是随着客观形势的变化,有些文件的时效自然地被终止。

四、党政机关公文的写作格式

党政机关公文分为版头、主体、版记、页码四部分。

1. 版头

版头包括份号、密级和保密期限、紧急程度、发文机关标志、发文字号、签发人等项。

（1）份号

份号是指公文印制份数的顺序号。涉密公文应当标注份号。如须标注份号，一般用6位3号阿拉伯数字，顶格编排在版心左上角第一行。

（2）密级和保密期限

密级和保密期限即公文的秘密等级和保密的期限。涉密公文应当根据涉密程度分别标注"绝密"、"机密"、"秘密"和保密期限。如需标注密级和保密期限，顶格编排在版心左上角第二行；保密期限中的数字用阿拉伯数字标注。

（3）紧急程度

紧急程度是指公文送达和办理的时限要求。紧急公文应当分别标注"特急"、"加急"。

（4）发文机关标志

发文机关标志由发文机关全称或者规范化简称加"文件"二字组成，也可以使用发文机关全称或者规范化简称。

（5）发文字号

发文字号由发文机关代字、年份、发文顺序号组成。

（6）签发人

上行文需标识签发人姓名。

2. 主体

公文主体部分包括公文标题、主送机关、公文正文、附件说明、发文机关署名、成文日期、印章、附注、附件等项。

（1）公文标题

公文标题由发文机关名称、文件的事由（文件主题）及文种（文件种类）三部分组成。

（2）主送机关

主送机关是指公文的主要受理机关，应当使用机关全称、规范化简称或者同类型机关统称。

（3）公文正文

公文正文即公文的主体，用来表达公文的具体内容。因各文件的发文目的不同，其写作要求也有所不同。

（4）附件说明

附件说明一般是说明公文附件的顺序号和名称。

（5）发文机关署名

发文机关署名应署发文机关全称或者规范化简称。

（6）成文日期

成文日期即会议通过或者发文机关负责人签发的日期。用阿拉伯数字将年、月、日标全，年份应标全称。

（7）印章

公文中有发文机关署名的，应当加盖发文机关印章，并与署名机关相符。

(8) 附注

附注为公文印发传达范围等需要说明的事项。

(9) 附件

附件即对公文正文的说明、补充或者参考资料。附件应当另面编排,并在版记之前,与公文正文一起装订。如附件与正文不能一起装订,应当在附件左上角第一行顶格编排公文的发文字号,并在其后标注"附件"二字及附件顺序号。

3. 版记

版记主要由抄送机关、印发机关和印发日期等组成。

(1) 抄送机关

抄送机关即除主送机关外需要执行或者知晓公文内容的其他机关,应当使用机关全称、规范化简称或者同类型机关统称。

(2) 印发机关和印发日期

即公文的送印机关和送印日期。用阿拉伯数字将年、月、日标全,后加"印发"二字。

4. 页码

编排在公文版心下边缘之下,数字置于内侧,左右各放一条一字线,一字线上距版心下边缘 7mm。

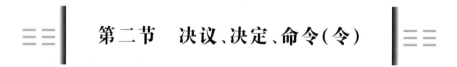

第二节　决议、决定、命令(令)

一、决议

(一) 决议的概念

决议是指党的领导机关就重要事项,经会议讨论通过其决策,并要求进行贯彻执行的重要指导性公文。

(二) 决议的特点

1. 程序性

决议是在重要会议上通过的。它要经过会议的充分讨论并通过表决之后才能形成,故具有严格的程序性。

2. 权威性

决议作为党政机关用于重要决策事项的公文,代表着发文机关的意志,一经发布,其下属组织和成员必须严格遵守,认真落实,不得违背,故具有很强的权威性。

3. 指导性

决议是针对重大问题和重大事项所作出的决策,一旦形成,就会在特定范围内影响并指导下级机关开展工作,因此,具有较强的指导性。

(三)决议的分类

决议一般分为公布性决议、批准性决议和阐述性决议三种类型。公布性决议是为公布某种法规、提案而写作的决议;批准性决议是指肯定或否定某种议案的文件;阐述性决议是对某些重大结论的具体内容加以展开阐述的文件。

(四)决议的写作格式

决议的内容由标题、成文时间、正文三部分组成。

1. 标题

标题有三种写法。

第一种是由发文机关、主要内容、文种组成,如《中共四川省委关于认真学习、坚决贯彻〈中共中央关于加强党同人民群众联系的决定〉的决议》。

第二种是由会议名称、主要内容、文种组成,如《中国共产党第十九次全国代表大会关于十八届中央纪律检查委员会工作报告的决议》。

第三种是省略发文机关,由主要内容和文种组成,如《关于收购××水泥厂的决议》。

2. 成文时间

成文时间即决议正式通过的日期。一般放在标题下,在括号内注明会议名称及通过时间,也可只写年、月、日。具体写法有两种情况:如果公文标题中已包括会议名称,括号内只须写明"×年×月×日通过"即可;如果公文标题中没有会议名称,括号内要写明"××委员会第×次会议×年×月×日通过"。

3. 正文

正文是由决议根据、决议事项和结语三部分组成。

(1)决议根据

决议根据一般会简要说明有关会议审议决议涉及事项的情况,陈述作出决议的原因、根据、背景、目的或意义。如:中国共产党第十四次全国代表大会通过十三届中央委员会提出的《中国共产党章程》(修正案),决定自通过之日起,经修正后的《中国共产党章程》即行生效。

(2)决议事项

这部分写法比较灵活多样。一般可以写明会议通过的决议事项,或会议对有关文件、事项作出的评价、决定,或对有关工作作出的部署安排和要求、措施。

(3)结语

一般紧扣决议事项有针对性地提出希望、号召和执行要求。有的决议可不单列这部分,主体结束,全文也就自然结束了,不必再专门撰写结尾。

(五)决议的写作要求

内容相对简单的决议,语言要准确、简洁,有概括性;内容丰富、复杂的决议,事实叙述要清楚,数据要准确,逻辑性要强,层次要清晰,要能做到以理服人。

【实例 2-1】

中国共产党第十九次全国代表大会关于十八届中央纪律
检查委员会工作报告的决议

(2017年10月24日中国共产党第十九次全国代表大会通过)

中国共产党第十九次全国代表大会审查、批准十八届中央纪律检查委员会工作报告。大会充分肯定了十八届中央纪律检查委员会的工作。

大会认为,党的十八大以来,在以习近平同志为核心的党中央坚强领导下,中央纪律检查委员会和各级纪律检查委员会牢固树立政治意识、大局意识、核心意识、看齐意识,坚定中国特色社会主义道路自信、理论自信、制度自信、文化自信,自觉同党中央保持高度一致,尊崇党章,忠实履职,推动全面从严治党不断向纵深发展,反腐败斗争形成压倒性态势并巩固发展,坚定维护了党中央权威和集中统一领导,厚植党执政的政治基础,建设一支忠诚干净担当的纪检监察队伍,向党和人民交上了优异答卷。

大会要求,高举中国特色社会主义伟大旗帜,以马克思列宁主义、毛泽东思想、邓小平理论、"三个代表"重要思想、科学发展观、习近平新时代中国特色社会主义思想为指导,全面落实党的十九大作出的战略部署,统筹推进"五位一体"总体布局和协调推进"四个全面"战略布局,增强"四个意识",坚定"四个自信",不忘初心、牢记使命,紧紧围绕党的领导、党的建设、全面从严治党、党风廉政建设和反腐败斗争,推动党内政治生态实现根本好转,履行党章赋予的监督执纪问责职责,为决胜全面建成小康社会、夺取新时代中国特色社会主义伟大胜利提供坚强保证,为实现中华民族伟大复兴的中国梦不懈奋斗。

【实例评析】

这是一篇审批性决议,语言简洁,条理清晰,结构严谨。

【实例 2-2】

第十三届全国人民代表大会第一次会议关于2017年中央和地方预算
执行情况与2018年中央和地方预算的决议

(2018年3月20日第十三届全国人民代表大会第一次会议通过)

第十三届全国人民代表大会第一次会议审查了国务院提出的《关于2017年中央和地方预算执行情况与2018年中央和地方预算草案的报告》及2018年中央和地方预算草案,同意全国人民代表大会财政经济委员会的审查结果报告。会议决定,批准《关于2017年中央和地方预算执行情况与2018年中央和地方预算草案的报告》,批准2018年中央预算。

【实例评析】

本决议结构短小,内容集中,格式规范。

二、决定

(一) 决定的概念

《条例》指出决定是"适用于对重要事项作出决策和部署、奖惩有关单位和人员、变更或者撤销下级机关不适当的决定事项"的公文。决定可由机关作出,也可由会议作出。决定对领导机关而言,发挥着领导作用;对公民而言,有着行动凭据的作用。

(二)决定的特点

1. 权威性

权威性体现在它的发布机关是党和国家的权威机关,并且是对重要事项所作的决策和部署,在党内和社会上会产生相当大的影响。因此,决定具有很高的权威性。

2. 严肃性

严肃性体现为决定的内容十分严肃、重大,并非什么事项都可发布决定,只有涉及党和国家的大事,以及对为国家作出突出贡献的人员实行嘉奖时,才可发布决定。

3. 强制性

强制性体现为它在执行过程中的高度制约作用。一旦发布,在其有效范围之内,任何单位或个人必须绝对服从,不得违抗与抵制,也不得作出变通性的处理。

(三)决定的种类

根据决定的主要用途的不同,将决定分为以下三类。

1. 事项类决定

事项类决定用于对重大事项或行动作出安排。

2. 奖惩类决定

奖惩类决定用于奖惩正负面影响较大的人员。

3. 变更性决定

变更性决定用于变更或者撤销下级机关不适当的决定事项。

(四)决定的写作格式

决定的结构,一般由标题、正文和落款三部分组成。

1. 标题

标题有两种形式:一种是由发文机关名称、事由和文种组成的单一式标题;另一种是正副标题形式,这种标题的正题同第一种形式一样,副题须写明什么时间、什么会议通过的本决定。

2. 正文

一般由发布理由(包括根据、原因、目的等)、决定事项、结尾三部分组成。

发布理由是决定正文的开头部分,其内容主要是交代为什么发布决定或根据什么发布决定,以便使人们明白发布决定的必要性。

决定事项,是决定的主体部分,不同的决定在写法上不尽相同。法规性决定,着重写明针对不同性质、不同类型的问题,应采取什么样的处理方法或对解决所决定的问题提出具体的要求;部署性决定,着重写明部署任务的原则或为完成任务而应该采取的具体措施;表彰性决定,要写出表彰对象的名称、先进事迹和贡献、表彰的形式(授予称号、授勋、奖章、证书、物质奖等);批评性决定,应写出违纪人员的简历、所犯错误的主要事实、对错误的定性以及处理决定;任免性决定及宣告性决定,内容都比较简单,前者只需写明对何人任免何种职务即可,后者将告知人们的重要事情叙述清楚即可。如果内容复杂、涉及的问题较多、篇幅较

长的决定,写主体部分时可将内容分条列项,逐一写出。

结尾往往是围绕所决定的事项提出要求、希望或号召。这一部分并非所有决定都有,通常多用于表彰性决定。

3. 落款

落款包括发布决定的机关名称及发布日期。

(五)决定的写作要求

决定的写作要求主要有两点:第一,原因要写得简洁明白,有法可依,有理有据;第二,所决定的事项要写得具体明确,具有可操作性。

【实例2-3】

中共中央　国务院关于表彰改革开放杰出贡献人员的决定

(2018年12月18日)

今年是我国改革开放40周年。1978年12月,党的十一届三中全会作出把党和国家工作中心转移到经济建设上来、实行改革开放的历史性决策,动员全党全国各族人民为社会主义现代化建设进行新的长征。这是新中国成立以来我们党和国家历史上具有深远意义的伟大转折,是决定当代中国命运的关键抉择。40年来,我们党团结带领人民,艰苦奋斗、顽强拼搏,坚决破除阻碍国家和民族发展的思想束缚和体制障碍,开辟了中国道路,释放了中国活力,凝聚了中国力量,实现了从赶上时代到引领时代的伟大跨越,书写了国家和民族发展的壮丽史诗,党的面貌、国家的面貌、人民的面貌、军队的面貌、中华民族的面貌发生了前所未有的变化。我国改革开放的伟大创举,也深刻影响了世界,为世界各国带来巨大机遇。党的十八大以来,以习近平同志为核心的党中央以巨大的政治勇气和强烈的责任担当,全面深化改革,扩大对外开放,党和国家事业取得历史性成就、发生历史性变革,推动中国特色社会主义进入新时代,掀开了改革开放新的历史篇章,中华民族正以更加崭新的姿态屹立于世界东方。

人民是改革开放伟大奇迹的创造者,是推动改革开放的力量源泉。改革开放在认识和实践上的每一次突破和深化、改革开放中每一个新生事物的产生和发展、每一个经验的取得和积累,都来自亿万人民的实践和创造。40年波澜壮阔的改革开放伟大进程,涌现出一大批勇立时代潮头、锐意改革创新、敢于实践探索的先锋模范。在隆重庆祝改革开放40周年之际,为表彰先进、鼓舞斗志,弘扬敢闯敢试、敢为人先的改革精神,激励全党全国各族人民坚定不移听党话、跟党走,将改革开放进行到底,党中央、国务院决定,授予于敏等100名同志改革先锋称号,颁授改革先锋奖章;同时,为感谢国际社会对中国改革开放事业的支持和帮助,向阿兰·梅里埃等10名国际友人颁授中国改革友谊奖章。

这次受到表彰的改革先锋,为推动改革开放作出了杰出贡献,发挥了突出的示范引领作用,是人民群众的优秀代表。他们拥护中国共产党领导和我国社会主义制度,拥护改革开放,坚持正确改革方向;他们冲破思想观念的束缚,突破利益固化的藩篱,敢于啃硬骨头,敢于涉险滩,奋斗在改革开放一线,引领思想观念和体制机制变革,推动改革开放和社会主义现代化建设;他们带头践行社会主义核心价值观,大力弘扬以爱国主义为核心的民族精神和以改革创新为核心的时代精神,爱岗敬业,无私奉献,作风优良,赢得人民群众广泛赞誉。受到表彰的国际友人,是中国人民的老朋友。他们长期致力于促进中外交流合作,深度参与中国改革开放进程,为支持中国改革开放事业作出了杰出贡献。

当前,中国特色社会主义进入新时代,开启了实现中华民族伟大复兴新征程。伟大时代呼唤伟大精神,崇高事业需要先锋引领。党中央、国务院号召,全党全国各族人民要以习近平新时代中国特色社会主义思想为指导,以这次受到表彰的先进个人为榜样,增强"四个意识",坚定"四个自信",坚决做到"两个维护",不忘改革开放初心,继续高举改革开放旗帜,坚定改革开放再出发信心和决心,更加紧密地团结在以习近平同志为核心的党中央周围,汇聚推进改革开放的磅礴力量,在新时代新起点上把改革开放不断推向深入,为决胜全面建成小康社会、夺取新时代中国特色社会主义伟大胜利、实现中华民族伟大复兴的中国梦、实现人民对美好生活的向往,为维护世界和平、促进共同发展、推动构建人类命运共同体不懈奋斗!

附件:1. 改革先锋名单
     2. 中国改革友谊奖章获得者名单

国务院
2018 年 12 月 18 日

【实例评析】

这是一篇表彰决定,正文是多层式,第一部分阐述改革开放 40 年来我国各方面取得的辉煌成就;第二部分宣布对改革开放杰出贡献人员表彰缘由和表彰决定;第三部分号召全国各族人民学习他们的精神,作出新的贡献。全文结构严谨,层次分明,语言精练,授奖内容明确,让人一目了然。

三、命令(令)

(一) 命令(令)的概念

命令(令)是国家政权中特定机关发布的有强制性、领导性、指挥性的下行公文。主要适用于依照有关法律规定公布行政法规和规章、宣布施行重大强制性行政措施、奖惩有关人员、撤销下级机关不适当的决定等。

(二) 命令(令)的特点

命令(令)与决定具有基本相同的特点,因此它与决定一样,也具有权威性、严肃性与强制性。但与决定相比,命令(令)使用范围要比决定窄一些,具体来说,有以下三个特点。

1. 权威性

权威性体现在它的发布机关是国家的权威机关,具有很高的权威性。根据《中华人民共和国宪法》的规定,中华人民共和国主席、国务院总理,国务院各部部长、各委员会主任以及县以上各级地方人民政府首脑,才有权发布命令(令)。党的领导机关不单独使用此文种,其他机关人员无权发布命令(令)。

2. 严肃性

严肃性体现在命令(令)的内容十分严肃、重大,并非什么事项都可发布命令(令),只有国家大事,如国家法律、法规的颁布,重大强制性行政措施的发布以及对为国家作了突出贡献的人员实行嘉奖,才可发布命令(令)。

3. 强制性

强制性体现在它在执行过程中的高度制约作用。命令(令)一旦发布,在其管辖范围之内,任何单位或个人必须绝对服从,不得违抗与抵制,也不得作出变通性的处理。

(三)命令(令)的种类

1. 发布令

发布令用于发布行政法规与规章,赋予所发布的文件以立即生效施行的法定效力。

2. 行政令

行政令用于宣布施行重大强制性行政措施,实施行政领导与指挥。

3. 任免令

任免令用于发布重要的任免事项。

4. 嘉奖令

嘉奖令用于嘉奖有关人员。

5. 授衔令

授衔令用于晋升衔级。

(四)命令(令)的写作格式

命令(令)的结构分标题、发文号、正文和落款四部分。行政令还带有附件。

1. 标题

命令的标题有三种形式:一是由发令机关名称、事由加文种构成,如《国务院关于贯彻保护侨汇政策的命令》;二是由文种前面冠以发令机关全称或领导人职务构成,如《四川××人民政府令》等;三是事由加文种构成,如《向全国进军的命令》。

2. 发文号

命令(令)的发文号不同于一般公文的发文号,它不是由机关代字、年号、顺序号组成,而是只标顺序号,并且按某发令机关或某发令人在该届任期内所发的命令(令)流水编序号,直至换届再重新编号。

3. 正文

命令(令)的正文从结构上讲,主要分为两类。

(1)单层式

单层式由一个自然段组成,如国务院发布的一些任免令,以国家元首名义发布的某些法律法规。

(2)多层式

多层式由几个自然段构成,段落的多少由命令的内容决定,如各级政府发布的某些嘉奖令。

4. 落款

落款包括发布命令的机关名称、发布日期。

(五)命令(令)的写作要求

1. 结构严谨紧凑

以讲清内容为准,不必进行解释与说理,有时只需一个自然段,有时用几个最必要的段落,表达相关的内容。不要有任何多余的成分。

2. 语言严肃庄重,准确简洁

不能出现有歧义、模棱两可、含糊不清的情况,以便于命令的执行。

【实例 2-4】

中华人民共和国主席令
第九号

《全国人民代表大会常务委员会关于修改〈中华人民共和国个人所得税法〉的决定》已由中华人民共和国第十三届全国人民代表大会常务委员会第五次会议于 2018 年 8 月 31 日通过,现予公布,自 2019 年 1 月 1 日起施行。

中华人民共和国主席　习近平
2018 年 8 月 31 日

【实例评析】

这是一篇发布令,用单层式结构阐明了决定通过的依据和时间,行文简洁明确,是一篇规范的命令。

【实例 2-5】

湖北省人民政府对省农业厅的嘉奖令

各市、州、县人民政府,省政府各部门:

粮食是事关国计民生的重要战略物资。2015 年,全省粮食总产达到 54066 亿斤,比原历史最高年份 1997 年的 52688 亿斤高出 1378 亿斤,再创历史新纪录;粮食总产增量居全国第 4 位,增幅居全国第 5 位,为保障国家粮食安全作出了积极贡献。"十二五"期间,我省粮食连年增产,农业综合生产能力稳定增强,走出了一条现代农业发展之路,为加快推进工业化和城镇化,保持全省经济社会持续稳定发展起到了重要支撑作用。

2015 年,全省农业部门认真贯彻落实国家和省强农惠农政策,充分保护和调动农民种粮积极性;积极调整粮食结构,发展双季稻、再生稻,扩大玉米和马铃薯生产;全面加强高标准粮田建设,开展优质高产创建,配套应用优良品种、先进技术和高效模式,提高粮食生产质量效益;加强病虫害防控,防范各类自然灾害,有效减轻了粮食灾害损失。省农业厅在发展粮食生产中组织有方,措施得力,成绩显著。为表彰省农业厅的突出贡献,省人民政府决定予以通令嘉奖。

"十三五"期间,是我省加快推进农业现代化、全面建设农业强省的关键时期。希望省农业厅以此作为新的起点,再接再厉,加强措施,深入贯彻落实党的十八大和十八届三中、四中、五中全会精神,牢固树立"创新、协调、绿色、开放、共享"的发展理念,认真实施"藏粮于地、藏粮于技"战略,调整优化农业结构,加快转变农业发展方式,在湖北"建成支点、走在前列"的征程中再创佳绩,再立新功,为实现让更多人"吃湖北粮、喝长江水、品荆楚味"的目标作出更大贡献。

湖北省人民政府
2016 年 1 月 13 日

【实例评析】

这是一篇嘉奖令,用单层式结构阐明了决定通过的依据和时间,行文简洁明确,是一篇规范的命令。第一部分是"受令的原因",即为什么要嘉奖,用多个突出事例及多项数据概括性地说明湖北省农业厅取得的成就和作出的贡献;第二部分是受令的内容,即"省人民政府决定予以通令嘉奖";第三部分提出希望和号召。文章结构严谨,内容丰富。

第三节 公报、公告、通告

一、公报

(一)公报的概念

公报是党政机关和人民团体公开发布重大事件或重要决定事项的报道性公文,是党和国家经常使用的重要文种。

(二)公报的特点

1. 新闻性

公报强调所报事实的新鲜、及时、真实,是新近发生的重要事项。

2. 准确性

公报所报事实应该准确无误。

3. 庄严性

公报无小事,它所报道的都是党和国家的重大事项,故涉及的内容以及行文必须庄重、严肃。

(三)公报的种类

1. 会议公报

会议公报是用以报道重要会议或会谈的决定和情报的公报。这种公报一般用于党中央召开的会议。

2. 事项公报

事项公报是党的高级领导机关用以发布重大情况、重要事件的公报。高层行政机关、部门向人民群众公布重大决策、重要事项或重大措施,有时也沿用此类公报。

3. 联合公报

联合公报是一种特殊用途的公报,用以发布国家之间、政党之间、团体之间经过会议达成的某种协议,如《中俄联合公报》。

(四)公报的写作格式

公报通常由标题、成文时间、正文、落款四部分构成。

1. 标题

公报的标题常见的有三种形式。第一种是直写文种,如《新闻公报》;第二种是由会议名称和文种构成;第三种是联合公报,由发表公报的双方或多方国家的简称、事由、文种构成。

2. 成文时间

成文时间一般用括号在标题之下正中位置注明公报发布的年、月、日。

3. 正文

正文包括开头、主体两部分。

开头即前言部分。事件性公报要求用最鲜明、最精练的语言概述事件的核心内容,即何时、何地、发生了什么重大事件;会议性公报要求概述会议的名称、时间、地点、参加人员等;联合公报要求概述公报的来由,即在何时、何地、谁与谁举行了什么会谈或谁对谁进行了什么性质的访问等。

主体是公报的核心内容,要求把公报的内容完整、系统、有序地表达清楚。常见的有三种写作:第一种是分段式,即每段说明一层意思或一项决定;第二种是序号式,多用于内容复杂、问题较多的公报;第三种是条款式,多用于联合公报。

4. 落款

事件性公报和会议性公报一般没有尾部;联合公报要在正文之后写明双方签署人的身份、姓名、年、月、日,并写明签署地点。

(五)公报的写作要求

公报的写作要求主要有三点:①语言要凝练、概括、准确;②要能突出重点,抓住主要内容;③结构要层次分明,逻辑性强,要能给予读者清晰的感觉。

【实例2-6】

中国共产党第十九届中央纪律检查委员会第三次全体会议公报
(2019年1月13日中国共产党第十九届中央纪律检查委员会第三次全体会议通过)

中国共产党第十九届中央纪律检查委员会第三次全体会议,于2019年1月11日至13日在北京举行。出席这次全会的有中央纪委委员132人,列席221人。

中共中央总书记、国家主席、中央军委主席习近平出席全会并发表重要讲话。李克强、栗战书、汪洋、王沪宁、赵乐际、韩正等党和国家领导人出席会议。

全会由中央纪律检查委员会常务委员会主持。全会以习近平新时代中国特色社会主义思想为指导,全面贯彻落实党的十九大精神,回顾2018年纪检监察工作,总结改革开放40年来纪检监察工作经验,部署2019年任务,审议通过了赵乐际同志代表中央纪委常委会所作的《忠实履行党章和宪法赋予的职责,努力实现新时代纪检监察工作高质量发展》工作报告。

全会认真学习、深刻领会习近平总书记重要讲话。一致认为,讲话站在新时代党和国家事业发展全局的高度,充分肯定党的十九大以来全面从严治党取得新的重大成果,深刻总结改革开放40年来党进行自我革命、永葆先进性和纯洁性的宝贵经验,对领导干部特别是高级干部贯彻新形势下党内政治生活若干准则提出明确要求,强调坚定不移推进全面从严治

党,巩固发展反腐败斗争压倒性胜利,为决胜全面建成小康社会提供坚强保障。讲话高瞻远瞩,思想深邃,直面问题,掷地有声,充分彰显了我们党自我净化、自我完善、自我革新、自我提高的高度自觉,具有鲜明深刻的政治性、思想性、理论性,对于推动全面从严治党向纵深发展具有重大指导意义。习近平总书记对纪检监察机关和纪检监察干部寄予殷切期盼,提出明确要求。学习贯彻习近平总书记重要讲话精神是全党的重要政治任务,要同学习贯彻习近平新时代中国特色社会主义思想和党的十九大精神紧密结合起来,统一思想认识,忠诚履职尽责,确保党中央各项决策部署落实到位。

全会指出,2018年,以习近平同志为核心的党中央统揽伟大斗争、伟大工程、伟大事业、伟大梦想,统筹推进"五位一体"总体布局,协调推进"四个全面"战略布局,党和国家各项事业取得新的重大成就。在党中央坚强领导下,各级纪检监察机关牢固树立"四个意识",深入学习贯彻习近平新时代中国特色社会主义思想,联系实际学、持续跟进学、融会贯通学,贯彻落实党的十九大全面从严治党战略部署,推动纪检监察工作取得新成效。把党的政治建设摆在首位,坚决维护习近平总书记党中央的核心、全党的核心地位,坚决维护党中央权威和集中统一领导,检查党的路线方针政策和党中央重大决策部署贯彻落实情况,确保党中央政令畅通。一体推进党的纪律检查体制改革、国家监察体制改革和纪检监察机构改革,全面完成各级监委组建和人员转隶,实行纪委监委监督检查和审查调查部门分设,创新派驻监督体制机制,加强法规制度建设,推动纪法贯通、法法衔接。深化政治巡视,坚持发现问题与整改落实并重,常规巡视与专项巡视结合,探索建立巡视巡察上下联动监督网。持之以恒落实中央八项规定精神,抓住重要时间节点正风肃纪,集中整治形式主义、官僚主义,巩固拓展作风建设成果。提高纪律建设的政治性、时代性、针对性,带头学习贯彻新修订的党纪处分条例,深化运用监督执纪"四种形态",强化日常监督,精准追责问责。保持惩治腐败高压态势,"打虎"、"拍蝇"、"猎狐"多管齐下,推动改革、完善制度、强化教育,不断深化标本兼治。专项治理扶贫领域腐败和作风问题,严查民生领域违纪违法行为,严惩黑恶势力"保护伞"。加强纪检监察机关党的政治建设,增强履职本领,强化自我监督,以过硬作风和本领扎实推动各项工作。在肯定成绩的同时,全会分析了纪检监察工作面临的形势和存在的问题,要求高度重视、认真解决。

全会总结改革开放40年来纪检监察工作,形成以下认识和体会:一是始终坚持强化党的全面领导的根本原则,坚决维护党中央权威和集中统一领导,保证党的路线方针政策和党中央重大决策部署贯彻落实。二是始终坚守协助党委推进全面从严治党的职责定位,坚定不移推进党的建设新的伟大工程,不断以党的自我革命推动党领导的社会革命。三是始终坚持以人民为中心的政治立场,着力解决群众反映强烈、损害群众利益的突出问题,不断厚植党执政的政治基础和群众基础。四是始终肩负起推进反腐败斗争的重大任务,坚持标本兼治、固本培元,构建不敢腐、不能腐、不想腐的有效机制。五是始终铭记打铁必须自身硬的重要要求,以改革创新精神加强纪检监察机关自身建设,当好党和人民的忠诚卫士。

全会提出,2019年是中华人民共和国成立70周年,是全面建成小康社会、实现第一个百年奋斗目标的关键之年。纪检监察工作要以习近平新时代中国特色社会主义思想为指导,深入贯彻党的十九大和十九届二中、三中全会精神,不忘初心、牢记使命,增强"四个意识",坚定"四个自信",坚决维护习近平总书记党中央的核心、全党的核心地位,坚决维护党中央权威和集中统一领导,坚持稳中求进工作总基调,忠实履行党章和宪法赋予的职责,以党的政治建设为统领,协助党委推进全面从严治党,坚持纪严于法、纪在法前,执纪执法贯通、有效衔接司法,取得全面从严治党更大战略性成果,巩固发展反腐败斗争压倒性胜利,一体推进不敢腐、不能腐、不想腐,健全党和国家监督体系,努力实现新时代纪检监察工作高质量发展,确保党的十九大精神和党中央重大决策部署坚决贯彻落实到位,以优异成绩庆祝中华人民共和国成立70周年。

全会要求,各级纪检监察机关要一以贯之用习近平新时代中国特色社会主义思想武装头脑、指导实践、推动工作,一以贯之坚定践行"两个维护",一以贯之贯彻落实全面从严治党的方针和要求,把握"稳"的内涵、强化"进"的措施,持续深化转职能、转方式、转作风,使各项工作思路举措更加科学、更加严密、更加有效。

第一,持之以恒学习贯彻习近平新时代中国特色社会主义思想,深入开展"不忘初心、牢记使命"主题教育。坚持边实践边学习,坚持学懂弄通做实,在学深悟透、务实戒虚、整改提高上持续发力,把教育成果转化为坚定理想信念、砥砺党性心性、忠诚履职尽责的思想自觉和实际行动。

第二,以党的政治建设为统领,坚决破除形式主义、官僚主义。强化对践行"四个意识"、贯彻党章和其他党内法规、执行党的路线方针政策和决议情况的监督,督促党员领导干部把"两个维护"落实在实际行动上。严明政治纪律和政治规矩,深化集中整治形式主义、官僚主义成果,严肃查处空泛表态、应景造势、敷衍塞责、出工不出力等问题。修订《中国共产党问责条例》。

第三,创新纪检监察体制机制,切实把制度优势转化为治理效能。强化上级纪委对下级纪委的领导,建立健全查办腐败案件以上级纪委领导为主的工作机制。履行对党委全面从严治党的协助职责,推动主体责任、监督责任贯通协同、形成合力。分类施策推进派驻机构体制机制创新,提高派驻监督全覆盖质量。持续深化国家监察体制改革,把增强对公权力和公职人员的监督全覆盖、有效性作为着力点,把法定监察对象全部纳入监督范围,健全和完善监督体系。

第四,做实做细监督职责,着力在日常监督、长期监督上探索创新、实现突破。把日常监督实实在在做起来、做到位,形成监督与接受监督的浓厚氛围和良好习惯。坚持问题导向解决党风问题,持续督查落实中央八项规定及其实施细则精神,一个节点一个节点盯住,坚持不懈,化风成俗。认真执行党纪处分条例,严格依法行使监察权,贯通运用监督执纪"四种形态",使监督常在、形成常态。

第五,持续深化政治巡视,完善巡视巡察战略格局。统筹安排常规巡视、专项巡视、机动巡视,把巡视巡察与净化政治生态相结合,与整治群众反映强烈的问题相结合,与解决日常监督发现的突出问题相结合,增强监督实效。持续夯实整改主体责任,完善纪检监察机关、组织部门加强整改日常监督的工作机制。加强对省区市巡视巡察工作的领导和指导督导,推动全面从严治党在基层见到实效。

第六,有力削减存量、有效遏制增量,巩固发展反腐败斗争压倒性胜利。紧盯重大工程、重点领域、关键岗位,强化对权力集中、资金密集、资源富集部门和行业的监督,加大金融领域反腐力度,依法查处贪污贿赂、滥用职权、玩忽职守、徇私舞弊等职务违法和职务犯罪,坚决防范利益集团拉拢腐蚀领导干部,推动构建亲清新型政商关系。深度参与反腐败国际治理,一体推进追逃防逃追赃工作。发挥中央和各级反腐败协调小组作用,增强反腐败工作

合力。

第七,持续整治群众身边腐败和作风问题,让人民群众有更多更直接更实在的获得感、幸福感、安全感。深入推进扶贫领域腐败和作风问题专项治理,以作风攻坚促进脱贫攻坚。开展民生领域专项整治,聚焦群众痛点难点焦点,解决教育医疗、环境保护、食品药品安全等方面侵害群众利益问题。严查基层干部违纪违法行为,严查黑恶势力"保护伞",严查"村霸"、宗族恶势力和黄赌毒背后的腐败行为。

第八,按照政治过硬、本领高强要求,从严从实加强纪检监察队伍建设。带头加强党的政治建设,带头自觉同以习近平同志为核心的党中央保持高度一致,带头建设让党中央放心、人民群众满意的模范机关。坚持党管干部原则,优化干部结构,提高素质能力。加强作风和纪律建设,落实"三严三实"要求,依规依纪依法履行职责,严格执行监督执纪工作规则,把执纪执法权力关进制度笼子。对执纪违纪、执法违法者"零容忍",坚决防止"灯下黑",自觉接受党内监督和其他各方面监督,严格约束家属、子女和身边工作人员,打造忠诚坚定、担当尽责、遵纪守法、清正廉洁的纪检监察铁军。

全会按照党章规定,选举卢希同志为中共中央纪律检查委员会常务委员会委员。

全会号召,要紧密团结在以习近平同志为核心的党中央周围,奋发进取、砥砺前行,扎扎实实推进全面从严治党、党风廉政建设和反腐败斗争,为深入贯彻落实党的十九大精神和党中央重大决策部署、决胜全面建成小康社会、实现中华民族伟大复兴的中国梦不懈奋斗!

【实例评析】

本篇会议公报先回顾了2018年纪检监察工作,总结了改革开放40年来纪检监察工作的经验,并对2019年任务做出部署。全文文字精练,层次清晰,重点突出。

二、公告

(一)公告的概念

公告是指政府、团体对重大事件当众正式公布或者公开宣告、宣布,它包含两方面的内容:一是向国内外宣布重要事项,公布依据政策、法令采取的重大行动等;二是向国内外宣布法定事项,公布依据法律规定告知国内外的有关重要规定和重大行动等。

(二)公告的特点

1. 发文权力的限制性

由于公告宣布的是重大事项和法定事项,发文的权力被限制在高层行政机关及其职能部门的范围之内。具体说,国家最高权力机关(人大及其常委会)、国家最高行政机关(国务院)及其所属部门,各省市、自治区、直辖市行政领导机关,某些法定机关,如税务局、海关、铁路局、人民银行、检察院、法院等,有制发公告的权力。其他地方行政机关,一般不能发布公告。党团组织、社会团体、企事业单位,不能发布公告。

2. 发布范围的广泛性

公告是向"国内外"发布重要事项和法定事项的公文,其信息传达范围有时是全国,有时是全世界。

3. 题材的重大性

公告的题材,必须是能在国际国内产生一定影响的重要事项,或者依法必须向社会公布的法定事项。公告的内容庄重严肃,体现着国家权力部门的威严,既要能够将有关信息和政策公之于众,又要考虑在国内国际可能产生的政治影响。一般性的决定、指示、通知的内容,都不能用公告的形式发布,因为它们很难具有全国和国际性的意义。

4. 内容和传播方式的新闻性

公告还有一定的新闻性特点。所谓新闻,就是对新近发生的、群众关心的、应知而未知的事实的报道。公告的内容,都是新近的、群众应知而未知的事项,在一定程度上具有新闻的特点。公告的发布形式也有新闻性特征,它一般不用红头文件的方式传播,而是在报刊等媒体上公开刊登。

(三)公告的种类

1. 重要事项公告

凡是用来宣布有关国家的政治、经济、军事、科技、教育、人事、外交等方面需要告知全民的重要事项的,都属此类公告。常见的有国家重要领导岗位的变动、领导人的出访或其他重大活动、重要科技成果的公布、重要军事行动等。

2. 法定事项公告

依照有关法律和法规的规定,一些重要事情和主要环节必须以公告的方式向全民公布。例如,《中华人民共和国专利法》第三十九条规定:"发明专利申请经实质审查没有发现驳回理由的,由国务院专利行政部门作出授予发明专利权的决定,发给发明专利证书,同时予以登记和公告。发明专利权自公告之日起生效。"

(四)公告的写作格式

公告一般由标题、正文、落款三个部分组成。

1. 标题

公告的标题由"发布机关+事由+文种"构成,如《国家测绘局关于启用珠穆朗玛峰高程新数据的公告》。

2. 正文

公告的开头一般是"开门见山"式,直奔主题,写发布公告的缘由、根据、目的、意义等。公告的主体从结构上讲,主要有以下两类。

(1)单层式

单层式公告由一个自然段组成。这类公告的内容比较集中,形式上虽只有一层,但其内涵仍可能有多层。

(2)多层式

多层式公告由几个自然段构成。段落的多少由内容决定,其内容的层次性更清晰。公告的结尾常用"现予公告"、"特此公告"等习惯性用语,但也有公告用一个自然段来写执行要求,或事完文止,收束得干净利落。

3. 落款

落款即在正文右下方标注公告的发布单位及成文时间。

（五）公告的写作要求

公告的写作要求主要有两点：①注意公告的使用权限，只有国家领导机关有权使用这一文种，地方机关、一般企事业单位不能用此文种；②公告公布的是重大事项，受众广泛，语言要通俗易懂、准确简洁。

【实例 2-7】

中国人民银行公告

〔2019〕第 15 号

为深化利率市场化改革，提高利率传导效率，推动降低实体经济融资成本，中国人民银行决定改革完善贷款市场报价利率（LPR）形成机制，现就有关事宜公告如下：

一、自 2019 年 8 月 20 日起，中国人民银行授权全国银行间同业拆借中心于每月 20 日（遇节假日顺延）9 时 30 分公布贷款市场报价利率，公众可在全国银行间同业拆借中心和中国人民银行网站查询。

二、贷款市场报价利率报价行应于每月 20 日（遇节假日顺延）9 时前，按公开市场操作利率（主要指中期借贷便利利率）加点形成的方式，向全国银行间同业拆借中心报价。全国银行间同业拆借中心按去掉最高和最低报价后算术平均的方式计算得出贷款市场报价利率。

三、为提高贷款市场报价利率的代表性，贷款市场报价利率报价行类型在原有的全国性银行基础上增加城市商业银行、农村商业银行、外资银行和民营银行，此次由 10 家扩大至 18 家，今后定期评估调整。

四、将贷款市场报价利率由原有 1 年期一个期限品种扩大至 1 年期和 5 年期以上两个期限品种。银行的 1 年期和 5 年期以上贷款参照相应期限的贷款市场报价利率定价，1 年期以内、1 年至 5 年期贷款利率由银行自主选择参考的期限品种定价。

五、自即日起，各银行应在新发放的贷款中主要参考贷款市场报价利率定价，并在浮动利率贷款合同中采用贷款市场报价利率作为定价基准。存量贷款的利率仍按原合同约定执行。各银行不得通过协同行为以任何形式设定贷款利率定价的隐性下限。

六、中国人民银行将指导市场利率定价自律机制加强对贷款市场报价利率的监督管理，对报价行的报价质量进行考核，督促各银行运用贷款市场报价利率定价，严肃处理银行协同设定贷款利率隐性下限等扰乱市场秩序的违规行为。中国人民银行将银行的贷款市场报价利率应用情况及贷款利率竞争行为纳入宏观审慎评估（MPA）。

中国人民银行

2019 年 8 月 16 日

【实例评析】

这是一篇事项性公告，全文条理清晰，层次分明，表达准确规范。

【实例 2-8】

国家税务总局关于修改部分税收规范性文件的公告
国家税务总局公告 2018 年第 31 号

根据《第十三届全国人民代表大会第一次会议关于国务院机构改革方案的决定》《全国人民代表大会常务委员会关于国务院机构改革涉及法律规定的行政机关职责调整问题的决定》《国务院关于国务院机构改革涉及行政法规规定的行政机关职责调整问题的决定》(国发〔2018〕17 号)有关规定,税收规范性文件规定的国税地税机关的职责和工作,调整适用相关规定,由新的税务机关承担。

国家税务总局依据《税收规范性文件制定管理办法》(国家税务总局令第 41 号公布),对税收规范性文件进行了清理。清理结果已经 2018 年 6 月 5 日国家税务总局局务会议审议通过,现将《修改的税收规范性文件目录》予以公布。

本公告自发布之日起施行。国税机构和地税机构合并前,需要适用本公告公布的税收规范性文件的,按照修改前的规定执行。

特此公告。

附件:修改的税收规范性文件目录

国家税务总局
2018 年 6 月 15 日

【实例评析】

此公告属于重要事项公告,其标题是"发布机关+事由+文种"式。公告正文告知修改部分税收规范性文件的事宜及其依据,并请大家遵照公告内容执行,最后以"特此公告"结尾。文章结构完整,格式规范。

三、通告

(一)通告的概念

通告是适用于在一定范围内公布应当遵守或者周知事项的周知性公文。通告的使用面比较广泛,一般机关、企事业单位甚至临时性机构都可使用,但强制性的通告必须依法发布,其限定范围不能超过发文机关的权限。

(二)通告的特点

1. 具体性

通告常常是发文机关针对本单位的一些实际业务活动而制发的,所以其内容较为具体。

2. 广泛性

通告的广泛性特点一般体现在两个方面:一是制发单位的广泛性,国家权力机关、地方普通机关或企事业单位均可使用此文种;二是内容的广泛性,可以包括政策法律的执行、地方的某些重要规定,以及单位的一些较为具体的工作事务。

3. 制约性

某些通告涉及的事务要求受文者遵照执行，因而具有一定的制约性。

（三）通告的种类

通告按用途可分为周知性(事务性)通告、规定性(制约性)通告两大类。

1. 周知性(事务性)通告

周知性(事务性)通告即在一定范围内公布需要周知或需要办理的事项，政府机关、社会团体、企事业单位均可使用，如建设征地公告、更换证件通告、施工公告等。

2. 规定性(制约性)通告

规定性(制约性)通告用于公布应当遵守的事项，只限行政机关使用，如《关于禁止燃放烟花爆竹的通告》。

（四）通告的写作格式

通告一般由标题、正文、落款三个部分组成。

1. 标题

标题由"发布机关＋事由＋文种"构成。

2. 正文

通告的正文包括开头、主体两部分。开头一般用一句话或一小段话写通告发布的缘由、根据、目的、意义等。通告的主体从结构上讲，主要有以下三类。

（1）单层式

单层式通告由一个自然段组成。这类通告的内容单纯集中，把有关事项说明则止。

（2）多层式

多层式通告由两个或两个以上自然段构成，分别讲通告的内容和相关的事项，如执行时间、奖惩规定等。

（3）条文式

条文式通告全篇以条款方式组成，各种规定讲得比较细致。通告的结尾常用"特此通告"等习惯性用语。

3. 落款

落款一般在正文右下方标注通告的发布单位及成文时间。

（五）通告的写作要求

通告和公告都是知照类下行文，两者行文风格大体相同，语言要做到通俗易懂、准确简洁，便于受文者知晓和执行。

【实例 2-9】

××市供电局通告

为方便群众监督，抵制以电权谋私的不正之风，××市供电局规定，凡从事营业、工程安装设计以及一切与用户有工作联系的职工均应佩戴员工证。员工证印有本人的照片、姓名、工作部门、编号。凡有不佩戴员工证而从事供电业务者,市民可视为非供电局人员。如发现供电局员工有侵犯用户利益的行为,欢迎直接向××市供电局举报。监督举报电话:××××××。

××市供电局
2018年10月11日

【实例评析】

这是一则知照性通告。正文首先写发文缘由,其次写事项,最后写要求。行文简洁、庄重,文字、语态与内容相统一。同公告相比,通告的发布范围具有明显的区域限制性。

第四节 意见、通知、通报

一、意见

(一)意见的概念

意见,是党的领导机关和国家行政机关对重要问题提出见解和处理办法的一种公文。作为一种公文文体的意见,与一般会议上或公开场合个人发表的口头意见是有区别的。它的内容涉及现实工作中重大的和亟须解决的问题,要有可行性的充分论证。

意见可用于上行文、下行文和平行文。作为上行文,意见类似于请示,应按请示性公文的程序和要求办理。上级机关应当对下级机关报送的意见作出处理或给予答案。作为下行文,意见具有指示、指导和规范作用,可对下级机关布置工作,下级机关应当遵照执行。作为平行文,收文机关对文中提出的意见可作为决策、行动或工作的参考。

(二)意见的特点

1. 内容的多样性

它既可以对工作作出指导、提出要求,又可以对工作提出建议,或者对工作作出评估、提出批评。它主要用于党政机关,但也可用于人民团体、企事业单位;既可用于上级,又可用于下级甚至基层组织。

2. 行文方向的多向性

它既可以用作下行文,表明主张,制定计划,阐明工作原则、方法和要求;又可以用作上行文,提出工作建议和参考意见;还可以用作平行文,就某一专门工作向平行的或者不相隶属的有关方面进行评估、鉴定和咨询。

3. 内容的针对性

意见的制发往往是针对工作中亟须解决的问题或必须克服的情形,因此它提出问题要及时,分析问题要结合实际,提出见解、办法,要对症下药,具有可操作性。

4. 作用的多重性

有的意见具有指导、规范作用,如《中共中央、国务院关于进一步加强社会治安综合治理的意见》;有的具有建议、参考作用,如《关于深化机关后勤改革的意见》;有的具有评估、鉴定作用,如《关于成都市创建国家卫生城市工作的考核鉴定意见》。

(三)意见的种类

可以根据意见的行文方向和用途分为以下三类。

1. 建议性意见

建议性意见属于上行文,它须待上级批准后正式执行。

2. 指导性意见

指导性意见属于下行文,它用于上级机关对重大问题提出建议,以指导下级更好地开展工作。

3. 实施性意见

实施性意见用于机关内部,对某些具体问题提出实施性构想,便于职能部门进行操作。

(四)意见的写作格式

意见的内容由标题、主送机关、正文、落款四个部分组成。

1. 标题

意见的标题有两种常见写法:一种是由"发文机关＋主要内容＋文种"组成,如《山东省政府关于推进智慧农业发展进程的指导意见》;另一种由"主要内容＋文种"组成,如《关于加快农业现代化发展步伐的意见》。

2. 主送机关

关于意见的主送机关,分为两种情况:一种是需要转发的意见,没有主送机关这一项,但转发该意见的通知,要把主送机关写清楚;另一种是直接发布的意见,要标注主送机关。

3. 正文

正文包括开头、主体和结尾三部分。

(1) 开头

开头部分主要写出发布意见的背景、根据、目的、意义等。文字根据具体情况可长可短,最后以"现提出以下意见"、"特制定本实施意见"等过渡性语句转入下文。

(2) 主体

主体部分要把对重要问题的见解或处理办法一一写明。

(3) 结尾

有些意见需要对贯彻执行提出一些要求,可以列入条款,也可单独在正文最后写一段简练的文字予以说明。如无必要,此项免除。

4. 落款

落款即在正文右下方标注意见的发布单位及成文时间。

(五)意见的写作要求

意见的写作要求主要有两点:一是原因与根据要写得概括、简洁;二是建议的内容要写得明确具体,具有可操作性。

【实例 2-10】

国务院关于建立统一的城乡居民
基本养老保险制度的意见
国发〔2014〕8 号

各省、自治区、直辖市人民政府,国务院各部委、各直属机构:

按照党的十八大精神和十八届三中全会关于整合城乡居民基本养老保险制度的要求,依据《中华人民共和国社会保险法》有关规定,在总结新型农村社会养老保险(以下简称新农保)和城镇居民社会养老保险(以下简称城居保)试点经验的基础上,国务院决定,将新农保和城居保两项制度合并实施,在全国范围内建立统一的城乡居民基本养老保险(以下简称城乡居民养老保险)制度。现提出以下意见:

一、指导思想

高举中国特色社会主义伟大旗帜,以邓小平理论、"三个代表"重要思想、科学发展观为指导,贯彻落实党中央和国务院的各项决策部署,按照全覆盖、保基本、有弹性、可持续的方针,以增强公平性、适应流动性、保证可持续性为重点,全面推进和不断完善覆盖全体城乡居民的基本养老保险制度,充分发挥社会保险对保障人民基本生活、调节社会收入分配、促进城乡经济社会协调发展的重要作用。

二、任务目标

坚持和完善社会统筹与个人账户相结合的制度模式,巩固和拓宽个人缴费、集体补助、政府补贴相结合的资金筹集渠道,完善基础养老金和个人账户养老金相结合的待遇支付政策,强化长缴多得、多缴多得等制度的激励机制,建立基础养老金正常调整机制,健全服务网络,提高管理水平,为参保居民提供方便快捷的服务。"十二五"末,在全国基本实现新农保和城居保制度合并实施,并与职工基本养老保险制度相衔接。2020 年前,全面建成公平、统一、规范的城乡居民养老保险制度,与社会救助、社会福利等其他社会保障政策相配套,充分发挥家庭养老等传统保障方式的积极作用,更好保障参保城乡居民的老年基本生活。

三、参保范围

年满 16 周岁(不含在校学生),非国家机关和事业单位工作人员及不属于职工基本养老保险制度覆盖范围的城乡居民,可以在户籍地参加城乡居民养老保险。

四、基金筹集

城乡居民养老保险基金由个人缴费、集体补助、政府补贴构成。

(一)个人缴费

参加城乡居民养老保险的人员应当按规定缴纳养老保险费。缴费标准目前设为每年 100 元、200 元、300 元、400 元、500 元、600 元、700 元、800 元、900 元、1000 元、1500 元、2000 元 12 个档次,省(区、市)人民政府可以根据实际情况增设缴费档次,最高缴费档次标准原则上不超过当地灵活就业人员参加职工基本养老保险的年缴费额,并报人力资源社会保障部备案。人力资源社会保障部会同财政部依据城乡居民收入增长等情况适时调整缴费档次标准。参保人自主选择档次缴费,多缴多得。

（二）集体补助

有条件的村集体经济组织应当对参保人缴费给予补助,补助标准由村民委员会召开村民会议民主确定,鼓励有条件的社区将集体补助纳入社区公益事业资金筹集范围。鼓励其他社会经济组织、公益慈善组织、个人为参保人缴费提供资助。补助、资助金额不超过当地设定的最高缴费档次标准。

（三）政府补贴

政府对符合领取城乡居民养老保险待遇条件的参保人全额支付基础养老金,其中,中央财政对中西部地区按中央确定的基础养老金标准给予全额补助,对东部地区给予50%的补助。

地方人民政府应当对参保人缴费给予补贴,对选择最低档次标准缴费的,补贴标准不低于每人每年30元;对选择较高档次标准缴费的,适当增加补贴金额;对选择500元及以上档次标准缴费的,补贴标准不低于每人每年60元,具体标准和办法由省(区、市)人民政府确定。对重度残疾人等缴费困难群体,地方人民政府为其代缴部分或全部最低标准的养老保险费。

五、建立个人账户

国家为每个参保人员建立终身记录的养老保险个人账户,个人缴费、地方人民政府对参保人的缴费补贴、集体补助及其他社会经济组织、公益慈善组织、个人对参保人的缴费资助,全部记入个人账户。个人账户储存额按国家规定计息。

六、养老保险待遇及调整

城乡居民养老保险待遇由基础养老金和个人账户养老金构成,支付终身。

（一）基础养老金。中央确定基础养老金最低标准,建立基础养老金最低标准正常调整机制,根据经济发展和物价变动等情况,适时调整全国基础养老金最低标准。地方人民政府可以根据实际情况适当提高基础养老金标准;对长期缴费的,可适当加发基础养老金,提高和加发部分的资金由地方人民政府支出,具体办法由省(区、市)人民政府规定,并报人力资源社会保障部备案。

（二）个人账户养老金。个人账户养老金的月计发标准,目前为个人账户全部储存额除以139(与现行职工基本养老保险个人账户养老金计发系数相同)。参保人死亡,个人账户资金余额可以依法继承。

七、养老保险待遇领取条件

参加城乡居民养老保险的个人,年满60周岁、累计缴费满15年,且未领取国家规定的基本养老保障待遇的,可以按月领取城乡居民养老保险待遇。

新农保或城居保制度实施时已年满60周岁,在本意见印发之日前未领取国家规定的基本养老保障待遇的,不用缴费,自本意见实施之月起,可以按月领取城乡居民养老保险基础养老金;距规定领取年龄不足15年的,应逐年缴费,也允许补缴,累计缴费不超过15年;距规定领取年龄超过15年的,应按年缴费,累计缴费不少于15年。

城乡居民养老保险待遇领取人员死亡的,从次月起停止支付其养老金。有条件的地方人民政府可以结合本地实际探索建立丧葬补助金制度。社会保险经办机构应每年对城乡居民养老保险待遇领取人员进行核对;村(居)民委员会要协助社会保险经办机构开展工作,在行政村(社区)范围内对参保人待遇领取资格进行公示,并与职工基本养老保险待遇等领取记录进行比对,确保不重、不漏、不错。

八、转移接续与制度衔接

参加城乡居民养老保险的人员,在缴费期间户籍迁移、需要跨地区转移城乡居民养老保险关系的,可在迁入地申请转移养老保险关系,一次性转移个人账户全部储存额,并按迁入地规定继续参保缴费,缴费年限累计计算;已经按规定领取城乡居民养老保险待遇的,无论户籍是否迁移,其养老保险关系不转移。

城乡居民养老保险制度与职工基本养老保险、优抚安置、城乡居民最低生活保障、农村五保供养等社会保障制度以及农村部分计划生育家庭奖励扶助制度的衔接,按有关规定执行。

九、基金管理和运营

将新农保基金和城居保基金合并为城乡居民养老保险基金,完善城乡居民养老保险基金财务会计制度和各项业务管理规章制度。城乡居民养老保险基金纳入社会保障基金财政专户,实行收支两条线管理,单独记账、独立核算,任何地区、部门、单位和个人均不得挤占挪用、虚报冒领。各地要在整合城乡居民养老保险制度的基础上,逐步推进城乡居民养老保险基金省级管理。

城乡居民养老保险基金按照国家统一规定投资运营,实现保值增值。

十、基金监督

各级人力资源社会保障部门要会同有关部门认真履行监管职责,建立健全内控制度和基金稽核监督制度,对基金的筹集、上解、划拨、发放、存储、管理等进行监控和检查,并按规定披露信息,接受社会监督。财政部门、审计部门按各自职责,对基金的收支、管理和投资运营情况实施监督。对虚报冒领、挤占挪用、贪污浪费等违纪违法行为,有关部门按国家有关法律法规严肃处理。要积极探索有村(居)民代表参加的社会监督的有效方式,做到基金公开透明,制度在阳光下运行。

十一、经办管理服务与信息化建设

省(区、市)人民政府要切实加强城乡居民养老保险经办能力建设,结合本地实际,科学整合现有公共服务资源和社会保险经办管理资源,充实加强基层经办力量,做到精确管理、便捷服务。要注重运用现代管理方式和政府购买服务方式,降低行政成本,提高工作效率。要加强城乡居民养老保险工作人员专业培训,不断提高公共服务水平。社会保险经办机构要认真记录参保人缴费和领取待遇情况,建立参保档案,按规定妥善保存。地方人民政府要为经办机构提供必要的工作场地、设施设备、经费保障。城乡居民养老保险工作经费纳入同级财政预算,不得从城乡居民养老保险基金中开支。基层财政确有困难的地区,省市级财政可给予适当补助。

各地要在现有新农保和城居保业务管理系统基础上,整合形成省级集中的城乡居民养老保险信息管理系统,纳入"金保工程"建设,并与其他公民信息管理系统实现信息资源共享;要将信息网络向基层延伸,实现省、市、县、乡镇(街道)、社区实时联网,有条件的地区可延伸到行政村;要大力推行全国统一的社会保障卡,方便参保人持卡缴费、领取待遇和查询本人参保信息。

十二、加强组织领导和政策宣传

地方各级人民政府要充分认识建立城乡居民养老保险制度的重要性,将其列入当地经

济社会发展规划和年度目标管理考核体系,切实加强组织领导;要优化财政支出结构,加大财政投入,为城乡居民养老保险制度建设提供必要的财力保障。各级人力资源社会保障部门要切实履行主管部门职责,会同有关部门做好城乡居民养老保险工作的统筹规划和政策制定、统一管理、综合协调、监督检查等工作。

各地区和有关部门要认真做好城乡居民养老保险政策宣传工作,全面准确地宣传解读政策,正确把握舆论导向,注重运用通俗易懂的语言和群众易于接受的方式,深入基层开展宣传活动,引导城乡居民踊跃参保、持续缴费、增加积累,保障参保人的合法权益。

各省(区、市)人民政府要根据本意见,结合本地区实际情况,制定具体实施办法,并报人力资源社会保障部备案。

本意见自印发之日起实施,已有规定与本意见不一致的,按本意见执行。

国务院
2014 年 2 月 21 日

【实例评析】

这是一份指导性的意见,属下行文。正文采用总分结构,先写意见制定的依据,再提出十二条具体意见。行文条理清晰,层次分明,在理论上能帮助下级提高认识,在实践上有助于指导下级搞好工作。

二、通知

(一)通知的概念

通知是知照性公文,用来发布法规、规章,转发上级机关、同级机关和不相隶属机关的公文,批转下级机关的公文,要求下级机关办理某项事务等。

(二)通知的特点

1. 使用面广

通知是各级机关和企事业单位使用最频繁的一种公文,有各种各样的用途,既可用于批转或转发公文,又可向下级传达多种信息,与人们日常工作和生活密切相关,是各级机关和广大群众非常熟悉的公文。

2. 知晓性强

与那些制约性较强的公文不同,通知主要传达需要让人知晓的各种事项。因此,它的内容具体,有较强的时效性,可让人们及时获取相关信息,有益于人们的工作与生活。当然,通知也具有一定的制约性,要求人们遵照执行,但它重在一个"知"字。

(三)通知的种类

根据适用范围的不同,通知可以分为以下六大类。

1. 发布性通知

发布性通知用于发布行政规章制度及党内规章制度。

2. 批转性通知

批转性通知用于上级机关批转下级机关的公文给所属人员,让他们周知或执行。

3. 转发性通知

转发性通知用于转发上级机关和不相隶属机关的公文给所属人员,让他们周知或执行。

4. 指示性通知

指示性通知用于上级机关指示下级机关如何开展工作。

5. 任免性通知

任免性通知用于任免和聘用干部。

6. 事务性通知

事务性通知用于处理日常工作中带事务性的事情,常把有关信息或要求用通知的形式传达给有关机构或群众。

(四)通知的写作格式

通知由标题、主送机关、正文、落款四部分构成。

1. 标题

通知的标题一般采用公文标题的常规写法,由"发文机关+主要内容+文种"组成,如《中共中央办公厅、国务院办公厅关于严禁用公费变相出国(境)旅游的通知》。也可以省略发文机关,由"主要内容+文种"组成标题,如《关于印发〈规范国有土地租赁若干意见〉的通知》(国土资发〔1999〕222号)。

发布规章的通知,所发布的规章名称要在标题的主要内容部分出现,并使用书名号。批转和转发文件的公文,所转发的文件内容要在标题中出现,但不一定使用书名号。如《国务院办公厅转发教育部等部门关于进一步加快高等学校后勤社会化改革意见的通知》。

2. 主送机关

通知的发文对象比较广泛,因此,主送机关较多,要注意主送机关排列的规范性。

3. 正文

(1)通知缘由

发布指示、安排工作的通知,缘由部分的写法跟决定、指示很接近,主要用来表述有关背景、根据、目的、意义等。批转、转发文件的通知,根据情况,可以在开头表述通知缘由,但多数以直接表达转发对象和转发决定为开头,无须说明缘由。发布规章的通知,在多数情况下篇段合一,无明显的开头部分,一般也不交代缘由。

(2)通知事项

这是通知的主体部分,所发布的指示、安排的工作、提出的方法、措施和步骤等,都在这一部分中有条理地组织表达。内容复杂的通知需要分条列款。

(3)执行要求

发布指示、安排工作的通知,可以在结尾处提出贯彻执行的有关要求。如无必要,可以没有这一部分。其他篇幅短小的通知,一般不需有专门的结尾部分。

4. 落款

落款须依次写明发文机关名称和成文日期。

（五）通知的写作要求

通知的写作要求主要有两点：①语言要做到通俗易懂，准确简洁，便于受文者知晓；②内容要具体，可行性强，便于受文者操作。

【实例2-11】

关于做好"五一"黄金周期间安全生产工作的通知

公司各部门、各单位：

"五一"节即将到来。为认真做好"五一"黄金周期间各项安全工作，保持公司安全生产稳定形势，确保大家度过安全健康、欢乐祥和的佳节，贯彻落实××××集团和上级主管部门的通知精神，按照公司领导的指示要求，现将做好"五一"长假期间安全生产工作的有关事项通知如下：

一、机关各部门、下属各单位的一把手，是安全生产的第一责任人，必须牢固树立"安全第一，预防为主"的思想，认真抓好节前对全体员工的安全教育，在节日期间应亲自检查值班人员的落实情况，切实突出一个"防"字。

二、机关职能部门要加强对船舶动态的跟踪，及时掌握安全生产动态；及时识别安全风险，发生险情和突发事件应及时启动应急预案，妥善处理，按规定向有关领导和上级机关报告；各类安全监督员要恪尽职守，对节日期间抵国内港口的船舶按计划做好登轮检查指导工作，确保我司船队在节日期间安全生产工作的顺利进行。

三、海监、船管部门要对重点船舶……

四、加强内部管理，落实值班制度……

五、各部室、各单位要严格落实值班制度……

六、节日期间，各下属单位要安排专人昼夜值班，同时保证有一名领导同志在岗带班。

七、为确保节日期间道路交通行车安全，总务中心要组织对所管车辆进行一次全面的安全检查……

八、为确保应急情况指挥系统畅通，各单位请将节日期间值班人员名单及联络电话于4月27日前报公司安委办。

××××公司
2018年4月25日

【实例评析】

这是一则指示事项性通知。正文结构分为两层：第一层简洁地说明通知的缘由；第二层提出具体要求。全文结构严谨，层次分明，语言简洁规范。

【实例2-12】

关于任免××市建筑公司经理的通知

××市建筑公司：

你公司上报选举的过程和结果我局已收悉。经局务会议研究决定：

任纪××为经理，主持全面工作。

任吴××为副经理,主持施工工作。

免去蒋××的经理职务和刘××的副经理职务,由公司安排其他工作。

特此通知。

××市建设局
××××年×月×日

【实例评析】

此文是一则任免通知。其标题由"事由+文种"组成,主送机关、发文单位、成文日期俱全。主体部分将任免人员情况分条予以罗列,层次清楚,语言简洁,格式规范。

三、通报

(一)通报的概念

《条例》指出,通报是"适用于表彰先进、批评错误、传达重要精神和告知重要情况"的公文,是知照性的下行文。

(二)通报的特点

1. 典型性

典型性即代表性。表彰或批评都要找到典型的人物或事例,才能起到"奖惩一个,教育大家"的作用。

2. 真实性

真实是通报的生命。通报的任何情况、事实都必须是真实的,不能有差错,更不能编造虚假情况。因此,写通报时对正反两方面的事实都要认真核实,做到准确无误、没有水分。

3. 教育性

通报的教育性是让人们了解有关重要情况及正反方面的典型材料,使人们受到教育、提高认识,让人们以先进典型作榜样,以反面典型作警戒,从而知道应该干什么、不应该干什么。

(三)通报的种类

1. 表彰通报

表彰通报是通过表彰先进集体和个人,树立典型,总结成功经验,号召大家学习的通报。

2. 批评通报

批评通报是通过批评、处分错误,通报事故或反面典型,要求被通报者和大家吸取教训的通报。这类通报,通过摆情况、找根源、阐明处理决定,使人从中吸取教训,以免重蹈覆辙。这类通报应用面广、数量大、惩戒性突出。

3. 情况通报

情况通报是传达情况、沟通信息、指导当前工作的通报。这类通报具有沟通和知照的双重作用。

（四）通报的结构和写作

通报包括标题、主送机关、正文、落款四部分。

1. 标题

通报的标题由制发机关、事由和文种名称构成。通常有两种构成形式：一种是由发文机关名称、事由和文种组成，如《国务院办公厅关于对少数地方和单位违反国家规定集资问题的通报》；另一种是由事由和文种构成，如《关于给不顾个人安危勇于救人的王××同志记功表彰的通报》。此外，有少数通报的标题是在文种前冠以机关单位名称，如《中共××市纪律检查委员会通报》；也有部分通报标题只有文种名称。

2. 主送机关

有的通知特指某一范围内，可以不标注主送机关。

3. 正文

表彰（批评）通报正文结构有三部分：第一部分，说明表彰或批评的原因，即写清先进事迹或错误事实的经过情况，要求用叙述的手法真实客观地反映事实；第二部分，对所叙述的事实进行准确的分析、中肯的评价，做到不夸大、不缩小，使人们能从好的人和事物中得到鼓舞，从错误中吸取教训；第三部分，一般是对表彰的先进或批评的错误进行嘉奖或惩处。最后还要根据通报的情况，针对现实的需要，发出号召或提出要求。

情况通报正文结构一般有两个部分：一是被通报的情况，二是希望和要求。

4. 落款

落款依次写明发文机关名称和成文日期。

（五）通报的写作要求

1. 根据内容的需要，合理安排结构层次

通报的正文不宜规定僵硬的结构模式，要根据不同的内容，灵活地安排层次结构。如对于取得成绩的一批单位进行表彰，往往用一个段落概述他们的成绩，并随之宣布表彰的内容，再用一个段落提出有关要求、号召与希望。而对某个先进典型进行表彰，往往首先用一个段落叙述其事迹，其次用一个段落进行评价，最后用一个段落提出号召与希望。对反面典型的批评也采取与之相似的结构。

2. 既要有事实的叙述，又要进行理论的升华

通报不能是"纯叙述"的文种，而要将叙述与议论进行结合。叙述交代基本事实，议论点名事物本质。这样，才能充分发挥通报这一文种的教育作用。

【实例 2-13】

国家新闻出版广电总局关于表彰
2013年广播电视创新创优栏目的通报

各省、自治区、直辖市广播影视局，新疆生产建设兵团广播电视局，中央三台、中国教育电视台：

2013年，全国广播电视播出机构坚持正确的舆论导向，加大创新创优力度，涌现出一批思想性、艺术性、观赏性俱佳的好节目,受到广大听众观众的欢迎。为进一步促进广播电视节目健康发展,发挥优秀节目的引领示范作用,总局决定对中央人民广播电台《央广求证》等10个广播栏目、中央电视台《开讲啦》等15个电视栏目予以表彰。

这些受到表彰的栏目,导向正确、质量上乘,注重社会效益,追求改进创新,传播核心价值,引领社会风尚,唱响了实现中华民族伟大复兴的"中国梦"主旋律,产生了良好的社会反响。

各级广播电视播出机构要认真学习这些栏目的成功经验,进一步解放思想、开拓创新,努力提高广播电视节目质量和品位,不断提升广播电视的传播力、公信力、影响力,制作播出更多更好的广播电视精品节目,满足人民群众多层次、高品位的精神文化需求。

附件:2013年广播电视创新创优栏目

国家新闻出版广电总局
2014年2月18日

【实例评析】

此文为表彰类通报。正文第一段写表彰的背景和目的,并对创新创优栏目进行表彰,第二段对这些被表彰的栏目进行肯定和赞扬,第三段对各级广播电视播出机构提出号召与希望。全文结构严谨,语言准确,是一篇较好的表彰类通报。

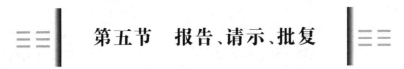

第五节　报告、请示、批复

一、报告

(一)报告的概念

《条例》指出,报告是"适用于向上级机关汇报工作、反映情况,回复上级机关询问"的公文。报告是上行文,主要用于三个方面:一是向上级汇报工作,便于上级了解、掌握本单位的工作现状;二是反映情况,把本单位的动态情况(有的是突发性情况)告知上级,便于接受上级的指示,较好地处理有关问题;三是答复上级的询问,使上级了解尚不清楚的事宜。总之,向上级递送报告,是为了保持上下级之间联系渠道的畅通,有利于工作的展开。

(二)报告的特点

1. 内容的汇报性

一切报告都是下级向上级机关或业务主管部门汇报工作,让上级机关掌握基本情况并及时对自己的工作进行指导,所以汇报性是报告的一个大特点。

2. 行文的单向性

报告是下级机关向上级机关行文,为上级机关进行宏观领导提供依据,一般不需要受文机关的批复,属于单向行文。

3. 双向的沟通性

报告虽不需批复,却是下级机关以此取得上级机关的支持和指导的桥梁。同时,上级机关也能通过报告获得信息、了解下情,报告成为上级机关决策指导和协调工作的依据。

(三)报告的种类

1. 根据主要用途不同的分类

(1)工作报告:向上级汇报本单位工作状况的报告。

(2)情况报告:此类报告重点在于反映"动态"情况。

(3)答复报告:针对上级机关的询问进行答复的报告。

2. 根据内容特征不同的分类

(1)综合报告:全方位反映某一单位工作状况的报告。

(2)专题报告:关于某一专项工作的报告。

(四)报告的结构和写作

报告一般由标题、主送机关、正文、落款四个部分组成。

1. 标题

报告的标题由"发布机关+事由+文种"组成。

2. 主送机关

报告的主送机关尽量要少,一般只报送一个上级机关即可。但受双重领导的机关,只报送其中一个上级机关显然不妥,因此,有时主送机关可以不止一个。报告应报送自己的直接上级机关,一般情况下不要越级行文。

3. 正文

报告的正文由引言、主体、结尾组成。

(1)引言

引言主要写所递报告的缘由、目的,以及对主体内容的概述等。

(2)主体

报告主体的结构一般是"多层式",由几个层次构成,层次的多少由内容决定,要求能较好地反映出报告的事项。

(3)结尾

报告的结尾主要有三种方式:一是用"专此报告"、"特此报告"等习惯性用语;二是事完文止,不另作专门的结尾;三是概括式结尾,用一小段话归纳全文意思,或回顾前文,做到首尾呼应,或根据文中事实,提炼出某一观点,达到理论升华等。

4. 落款

落款依次写明发文机关名称和成文日期。

(五)报告的写作要求

报告写作要求事真实,层次清晰,语言规范。

【实例2-14】

工程事故报告

20××年×月×日12:00,项目部民工宿舍(二区)发生火灾事故,造成两幢二层的活动板房全部被烧毁,所有工人安全撤离,没有造成人员伤亡。现将火灾事故具体情况向公司呈报如下。

一、事故发生经过

20××年×月×日12:00在二区民工宿舍第二幢板房二楼走廊的工人(37座外架班)发现对面203房电线冒浓烟,班长马上跑下楼拉电闸,同时打电话通知项目部。此时203、202房电线已喷出火球,板房上部迅速燃烧起来。项目管理人员及保安员接到呼叫后,马上奔赴现场进行抢救,同时拨打119求救。由于水源不足,加上风力较大,没多久第二幢板房也烧起来了。几分钟后消防队赶到,并立即进行抢救,经过半个多小时的扑救,大火终于被扑灭。

二、事故造成的损失

在此次火灾事故中,由于管理人员及时赶到,并迅速撤离所有人员,没有造成人员伤亡(注:只有一人从二楼窗口跳下,腿部骨折,伤势较轻)。事故中有两幢活动板房(一幢3K×9K、一幢3K×15K)被烧掉,还有部分工人的衣物、工具及生活用品,部分工人的手机、身份证、银行卡、摩托车(一辆)等也被烧掉,计经济损失三十多万元。

三、事故原因

初步确定为用电量过大引起电线起火,从而导致火灾的发生。

四、事故处理

1. 受灾工人均已转移到项目部内的生活区安置,住宿、吃饭等生活问题已解决,并且已按公司规定每人暂时发放500元生活费,给工人购买衣物及生活用品,最终处理方案正在商议中。

2. 火灾现场屋架已用机械拆除,并且安排了人员进行清理,清理工作基本完成。

3. 事故发生后项目部已及时向甲方、监理,以及我公司电话报告了事故发生的大体情况。在抢救过程中,甲方、监理都到现场参与指挥,事后我公司领导也到现场了解情况,并主持召开现场会,商议了人员安置及赔偿问题。

五、事故总结

1. 增强安全管理是保证职工生命、财产安全的重要措施。

2. 由于第二生活区离饭堂较远,工人吃饭不方便,以致在宿舍煮饭人员较多,用电量过大,导致电线起火引发火灾。

3. 安全管理不到位,不能及时发现情况以预防隐患,防止事故发生。

4. 临电安装不规范,保险丝没有发挥作用。

5. 消防安全不到位,现场没有消防用水,只有生活用水。火灾刚发生时火势不大,如有消防水可以扑灭,损失不大。

6. 吸取事故教训,项目部对生活区进行了大检查,对不合格、不规范之处进行大整改。明确生活区的专职管理人员,落实宿舍的各项管理制度,每周、每月对宿舍进行定期检查,保证管理出一个安全、舒适的生活区。

项目部
2018年10月5日

【实例评析】

这是一篇以反映工程事故为主要内容的情况报告。正文首先总述了事故发生的基本情况，包括事故发生的时间、地点及所造成的损失；其次从事情发生经过、事故造成的损失、事故原因、事故处理和事故总结五个方面进行详细阐述。这篇报告格式规范，布局合理，主旨突出；能紧紧围绕事故，叙事简明清楚；正文最后部分没有专门写"结语"，内容写完即自然结束，不蔓不枝。

二、请示

（一）请示的概念

《条例》指出，请示是"适用于向上级请求指示、批准"的公文，请示属于上行文。凡是本机关无权、无力去决定和解决的事项可以向上级请示，而上级则应及时回复。请示必须具备以下三个条件：

①必须是下级机关向上级机关的行文；

②请示的问题必须是自己无权作出决定和处理的；

③必须是为了向上级请求批准。

（二）请示的特点

1. 一文一事

为了便于领导批复，请示行文必须一文一事。这就是说，每则请示只能要求上级批复一个事项，解决一个问题。

2. 请批对应

一请示，一批复。没有请示就没有批复。请示所涉及的问题，一般较紧迫，若没有批复，下级机关就无法工作。因此，下级机关应及时就有关问题向上级机关请示，上级机关应及时进行批复。

3. 事前行文

请示应在问题发生或处理前行文，不可先斩后奏。

（三）请示的分类

根据请示的不同内容和写作意图将其分为三类。

1. 请求指示的请示

此类请示一般是政策性请示，是下级机关需要上级机关对原有政策规定作出明确解释，对变通处理的问题作出审查认定，对如何处理突发事件或新情况、新问题作出明确指示等。

2. 请求帮助的请示

此类请示是下级机关针对某些具体事宜向上级机关请求批准的请示，主要目的是为了解决某些实际困难和具体问题。

3. 请求批转的请示

下级机关就某一涉及面广的事项提出处理意见和办法,需各有关方面协同办理,但按规定又不能指令平级机关或不相隶属部门办理,须上级机关审定后批转执行,这样的请示就属于此类。

(四)请示的结构和写作

请示一般由标题、主送机关、正文、落款四部分组成。

1. 标题

请示的标题一般有两种构成形式:一种是由发文机关名称、事由和文种构成,如《××县人民政府关于××的请示》;另一种是由事由和文种构成,如《关于开展春节拥军优属工作的请示》。

2. 主送机关

请示的主送机关是指负责受理和答复该文件的直属上级机关。每件请示只能写一个主送机关,不能多头请示。

3. 正文

其结构一般由开头、主体和结语三部分组成。

(1) 开头

开头主要交代请示的缘由,它是请示事项能否成立的前提条件,也是上级机关批复的根据。原因讲得客观、具体,理由讲得合理、充分,上级机关才更好及时决断,予以有针对性的批复。

(2) 主体

主体主要说明请求事项,它是向上级机关提出的具体请求,也是陈述缘由的目的所在。这部分内容要单一,只宜请求一件事。另外,请示事项要写得具体、明确、条项清楚,以便上级机关给予明确批复。

(3) 结语

结语应另起段,习惯用语一般有"当否,请批示"、"妥否,请批复"、"以上请示,请予审批"或"以上请示如无不妥,请批转各地区、各部门研究执行"等。

4. 落款

落款一般包括发文机关和成文时间两个项目内容。标题写明发文机关的,这里可不再署名,但须加盖单位公章。

(五)请示的写作要求

请示的写作要求主要有两点:一是请示的写作与办理要严格遵照执行《党政机关公文处理工作条例》的有关规定,即"原则上主送一个上级机关,根据需要同时抄送相关上级机关和同级机关,不抄送下级机关","下级机关的请示事项,如需以本机关名义向上级机关请示,应当提出倾向性意见后上报,不得原文转报上级机关","请示应当一文一事。不得在报告等非请示性公文中夹带请示事项"等。这些规定,都要在标题、主送机关、正文、抄送等有关文字的撰写中得到贯彻与体现。

二是在撰写请示时,要有实事求是的态度,努力做到有理有据,切实可行,符合客观实际

情况。不应脱离实际、不顾大局,提出一些不合理、难以满足的要求。

【实例 2-15】

关于交通肇事是否给予被害者家属抚恤问题的请示

最高人民法院:

  据我省××县人民法院报告,他们对交通肇事致被害人死亡,是否给予被害者家属抚恤的问题,有不同意见。一种意见认为,被害者若是有劳动能力的人,并遗有家属要抚养的,给予抚恤。另一种意见认为,只要不是由被害者自己的过失所引起的死亡事故,不管被害者有无劳动能力,都应酌情给予抚恤,我们同意后一种意见。几年来的实践经验证明,这样做有利于安抚死者家属。

  妥否,请批复。

  (附注:签发人姓名和电话)

××省高等人民法院
2013 年 12 月 10 日

【实例评析】

  这是一则请求指示的请示,对关于交通肇事是否给予被害者家属抚恤问题向最高人民法院请示,因有两种不同意见,文章先表明自己的态度,并说明原因,方便上级单位给予批复。全文行文规范,符合请示的撰写要求。

【实例 2-16】

教育部关于妥善处理高等学校学生退学后有关问题的请示

国务院:

  最近接中共中央办公厅信访局转来南京邮电学院领导同志给中央领导同志的信,我们也收到北京市高教局的报告,都反映高等学校在处理退学学生工作中遇到的问题。由于各种原因,每年全国高等学校总有一些学生退学或被处理出校,尽管教育部在《高等学校学生学籍管理的暂行规定》中,对这部分学生的处理有明确规定,即:"在职职工回原单位。因病退学的上山下乡知识青年和应届高中毕业生可以退回到父母所在地",但是,在实际执行中,有些单位以"教育部文件对我们没有约束力"为借口,往往拒不接收。这不仅给这些学生造成困难,也影响学校的工作。为了妥善解决这个问题,现将我们的处理意见报告如下:

  一、按照《高等学校学生学籍管理的暂行规定》,被勒令退学、开除学籍的学生,入学前凡是国家或集体企事业单位在职职工的,回原单位安排;没有劳动指标的,由原单位报主管部门追加。原单位并入其他单位的,由并入单位接收;原单位撤销的,由主管部门接收安排;入学前不是在职职工的,一律回家,家居城市的,由所在地劳动部门按待业青年对待。

  二、因学业成绩不及格或因病退学的学生,入学前凡是国家或集体企事业单位在职职工的,由原单位接收。因病退学学生,入学前是在职职工,按照国家对患病职工的规定办理;入学前不是在职职工的,由家长或抚养人负责领回,一切费用自理。

  三、凡根据《高等学校学生学籍管理的暂行规定》处理或因某种原因经批准离开学校的学生,应按照《国务院批转公安部关于处理户口迁移的规定的通知》(国务院国发〔1977〕140

号)规定,准予落户。

　　以上意见,如无不妥,请批转国务院各部委和省、自治区、直辖市人民政府执行。

教育部

1982年3月2日

【实例评析】

　　这是一则请求批转的请示,教育部就如何妥善处理高等学校学生退学后有关问题向国务院提出三点处理意见,请批转国务院各部委和省、自治区、直辖市人民政府执行,全文层次清楚,语言表述明晰,结构严谨,说服力强。

三、批复

(一) 批复的概念

　　批复是指答复下级机关的请示事项时使用的文种,是党政公文写作活动中的一种常用公务文书。

(二) 批复特点

(1) 行文具有被动性

　　批复的写作以下级的请示为前提,它是专门用于答复下级机关请示事项的公文,先有上报的请示,后有下发的批复,一来一往,被动行文,这一点与其他公文有所不同。

(2) 内容具有针对性

　　批复要针对请示事项表明是否同意或是否可行的态度,批复事项必须针对请示内容来答复,不能另找与请示内容不相关的话题。因此批复的内容必须明确、简洁,以利下级机关贯彻执行。

(3) 效用的权威性

　　批复表示的是上级机关的结论性意见,下级机关对上级机关的答复必须认真贯彻执行,不得违背,批复的效用在这方面类似命令、决定,带有很强的权威性。

(4) 态度的明确性

　　批复的内容要具体明确,不能有模棱两可的语言,造成请示单位不知道如何处理的情况。

(三) 批复的种类

1. 根据答复的情况分类

(1) 肯定性批复

　　肯定性批复即同意或基本同意请示的事项。这类批复有时写得很简单,简单表态即可;有时则针对请示的内容作出有关指示,或补充某些内容。

(2) 否定性批复

　　否定性批复即不同意请示的事项。在作出否定性批复时,态度要慎重,要以理服人,说明不同意的原因。

2. 根据批复的内容和性质分类

（1）审批性批复

审批性批复主要是针对下级机关请示的公务事宜，经审核后所作的指示性答复。比如关于机构设置、人事安排、项目设立、资金划拨等事项的审批。

（2）指示性批复

指示性批复主要是针对方针、政策性问题进行答复。这一类批复，不只是对请示机关提出请示事项的答复，而且批复的指示性内容，在其管辖范围内，具有普遍的指导和规范作用。另外，授权政府职能部门发布或修改行政法规和规章的批复，也属于指示性批复。

（四）批复的结构和写作

批复一般由标题、主送机关、正文、落款构成。

1. 标题

标题的写法最常见的是完全式标题，即由发文机关、事由和文种构成，在事由中一般将下级机关及请示的事由和问题写进去；还有一种完全式标题是"发文机关＋表态词＋请示事项＋文种"，这种较为简明、全面和常用。也有部分批复只写事由和文种。

2. 主送机关

主送机关一般只有一个，是报送请示的下级机关。其位置同一般行政公文一样，写于标题之下，正文之前，左起顶格。批复不能越级行文，当所请示的机关不能答复下级机关的问题而需要向更上一级机关转报请示时，更上一级机关所作批复的主机关不应是原请示机关，而是转报机关。如果批复的内容同时涉及其他的机关和单位，则要采用抄送的形式送达。

3. 正文

正文包括批复引语、批复意见和批复要求三部分。

（1）批复引语

批复引语要点出批复对象，一般称收到某文或某文收悉。要写明是对于何时、何号以及关于何事的请示的答复，时间和文号也可省略。

（2）批复意见

批复意见是针对请示中提出的问题所作的答复和指示，意思要明确，语气要恰当，什么同意，什么不同意，为什么某些条款不同意，注意事项等都要写清楚。

（3）批复要求

批复要求（其实可以单独当作结尾）是从上级机关的角度提出的一些补充性意见，或是表明希望、提出号召。如果同意，可写要求；不同意，亦可提供其他解决办法。

4. 落款

落款须依次写明发文机关名称和成文日期。

（五）批复的写作要求

批复的写作要求主要有两点：一是批复要具有针对性，请示什么事项，就答复什么事项，不能无的放矢、答非所问；二是态度要明确，措辞要肯定，无论同意与否，观点都要鲜明，不能模棱两可，含糊笼统。否定性的批复要说明理由，如在表态的同时作出相关的指示与建议，要明确具体，便于下级操作。

【实例2-17】

国务院关于同意建立国务院职业教育工作
部际联席会议制度的批复

国函〔2018〕144号

教育部:

你部《关于提请调整完善职业教育工作部际联席会议制度的请示》(教职成〔2018〕8号)收悉。现批复如下:

同意建立由国务院领导同志牵头负责的国务院职业教育工作部际联席会议制度。联席会议不刻制印章,不正式行文,请按照国务院有关文件精神,认真组织开展工作。

撤销职业教育工作部际联席会议,其职能并入国务院职业教育工作部际联席会议。

附件:国务院职业教育工作部际联席会议制度

国务院
2018年11月20日

【实例评析】

这是一则肯定性批复。第一句"援引"语,是批复的格式性开头。正文由一个自然段构成,对所请之事作出肯定的答复。全文结构紧凑,格式规范,是篇较好的肯定性批复。

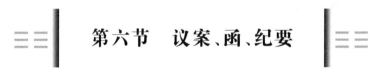

第六节　议案、函、纪要

一、议案

(一)议案的概念

议案是指各级人民政府按照法律程序向同级人民代表大会或人民代表大会常务委员会提请审议事项的公文。

(二)议案的特点

1. 制作主体的法定性

议案的作者(即制发者)只能是各级人民政府,其他政府部门、单位均不能使用议案。

2. 内容的严肃性

议案涉及的内容是属于人民代表大会及其常务委员会职权范围内议定的事项,是国家大事,内容重大而庄严。

3. 制发的时效性

各级人民政府的议案,应当而且必须在同级人民代表大会或其常务委员会举行会议期间提出,否则不能列为议案。

(三)议案的种类

1. 立法议案

立法议案是国务院或地方各级人民政府向全国人民代表大会、全国人民代表大会常务委员会或地方各级人民代表大会及其常务委员会提出请求立法的提案。所请立法必须是全国人民代表大会、全国人民代表大会常务委员会或各地各级人民代表大会、人民代表大会常务委员会职权范围内的事项。

2. 事项议案

和上一种议案不同的是,事项议案提请的内容是重大事项或重大问题。例如,国家主权和外交大事、变更行政机构或行政区划、确立某一节日等事项。

3. 机构设置议案

机构设置议案是指国务院或地方各级人民政府针对重要机构的增设、撤销或合并向同级人大或其常务委员会提请审议的议案。

4. 任免议案

任免议案是指国务院或地方各级政府向同级人民代表大会或其常务委员会提请任免国家重要公职人员职务的议案。

5. 批准条约议案

批准条约议案是指国务院提请全国人民代表大会或其常务委员会批准草签的国际条约,或提请批准加入某国际公约、条约而使用的议案。

(四)议案的结构

议案一般由标题、主送机关、正文、落款四个部分组成。

1. 标题

议案的标题采用常规公文标题模式,有两种写法,一是"发文机关+案由+文种"的写法;二是省略发文机关,即"案由+文种"的写法。前者如《××市人民政府关于提请审议〈××市乡镇企业条例〉的议案》,后者如《关于提请审议修改后的国务院机构改革方案的议案》。议案标题一般不能采用发文机关加文种或者只有文种的写法。

2. 主送机关

议案的主送机关只能是同级人民代表大会及其常务委员会,不能有其他并列机关。要采用全称或规范化简称,不得随意简化。

3. 正文

议案的内容不同,其正文的结构也不同。一般有以下两种结构方式。

(1)单层式

单层式的正文由一个自然段构成,说明所提议案的缘由与具体内容。一般的立法议案都是这种结构方式。

(2)多层式

有些事项议案内容丰富复杂,其主体的结构一般是多层式,由几个层次构成。层次的多少由内容决定,要求能较好地反映议案事项的内容。

议案的结尾一般在最后,采用模式化写法,言简意赅,如"现提请审议"、"请审议"或"请审议决定"。

4. 落款

根据《中华人民共和国国务院组织法》第5条规定,国务院发布的决定、命令和行政法规,向全国人民代表大会或者全国人民代表大会常务委员会提出的议案,任免人员,由总理签署。由此类推,地方各级人民政府向同级人民代表大会或其常务委员会提交议案,也应由行政首长签署。一般不署政府机关名。首长署名前应冠以职务,职务与姓名之间空一格。如:国务院总理 李克强。成文时间置于首长署名之下。

(五) 议案的写作要求

议案的写作要求主要有三点:一是一文一事,要求一篇议案写一件事项,内容集中,便于审议决定;二是法规或重大事项,要将草案作为附件随议案一道提交,以供审议;三是文字简洁,理由充分,语气庄重。

【实例 2-18】
国务院关于提请审议国务院机构改革方案的议案

全国人民代表大会:

中国共产党第十九次全国代表大会明确要求深化机构和行政体制改革。党的十九届三中全会审议通过了《深化党和国家机构改革方案》,同意将其中涉及国务院机构改革的内容提交第十三届全国人民代表大会第一次会议审议。现将根据《深化党和国家机构改革方案》形成的《国务院机构改革方案》提请第十三届全国人民代表大会第一次会议审议。

国务院总理 李克强
2018 年 3 月 9 日

【实例评析】

这是一篇事项议案。全文结构紧凑,语言简洁明快。按有关规定,此议案由李克强总理签署,格式规范。

二、函

(一) 函的概念

函是不相隶属机关之间商洽工作、询问和答复问题、请求批准和答复审批事项时所使用的公文。

函作为公文中唯一的一种平行文种,其适用的范围相当广泛。在行文方向上,不仅可以在平行机关之间行文,而且可以在不相隶属的机关之间行文,其中包括上级机关或者下级机关行文。在适用的内容方面,它除了主要用于不相隶属机关之间相互商洽工作、询问和答复问题外,也可以向有关主管部门请求批准事项,向上级机关询问具体事项,还可以用于上级机关答复下级机关的询问或请求批准事项,以及上级机关催办下级机关有关事宜,如要求下级机关函报报表、材料、统计数字等。此外,函有时还可用于上级机关对某件原发文件作较小的补充或更正。

（二）函的特点

1. 适用的广泛性

函既可用于不相隶属机关之间商洽工作、询问和答复问题，又可用于向主管部门请求批准事项及主管部门审批或答复事项。

2. 内容的非强制性

函的主要功能是商洽、询问某一事项，既非请示与汇报，也非命令与指示，相互之间不带强制性。即使在某些函里一方对另一方有所要求，也是商量性质的要求。

3. 言辞的礼貌性

函的内容、功能决定了它的言辞特点——礼貌性强，即使是上级机关向不相隶属的下级机关发函，语气也是商洽性或询问性的，绝不让下级有颐指气使、盛气凌人之感。

（三）函的种类

函可以按性质、发文目的、内容和用途分为三类。

1. 按性质分类

按性质分类，函可以分为公函和便函两种。公函用于机关单位正式的公务活动往来；便函则用于对日常事务性工作的处理。便函不属于正式公文，没有公文格式要求，甚至可以不要标题，不用发文字号，只需要在尾部署上机关单位名称、成文时间并加盖公章即可。

2. 按发文目的分类

按发文目的分类，函可以分为发函和复函两种。发函即主动提出了公事事项所发出的函；复函则是为回复对方所发出的函。

3. 从内容和用途上分类

从内容和用途上分类，函可以分为商洽事宜函、通知事宜函、催办事宜函、邀请函、请示答复事宜函、转办函、催办函、报送材料函等。

（四）函的结构和写作

由于函的类别较多，从制作格式到内容表述均有一定灵活机动性。这里主要介绍规范性公函的结构、内容和写法。公函由标题、主送机关、正文、落款四部分构成。

1. 标题

公函的标题一般有两种形式：一种是由发文机关名称、事由和文种构成；另一种是由事由和文种构成。

2. 主送机关

主送机关即受文并办理来函事项的机关单位，应写全称或者规范化简称。

3. 正文

正文的结构一般由开头、主体、结尾、结语四部分组成。

（1）开头

开头主要用来说明发函的缘由。一般要求概括交代发函的目的、根据、原因等内容，然后用"现将有关问题说明如下"或"现将有关事项函复如下"等过渡语转入下文。复函的缘由部分,一般首先引叙来文的标题、发文字号,然后再交代根据,以说明发文的缘由。

(2) 主体

主体是函的核心内容部分,主要说明致函事项。函的事项部分内容单一,一函一事,行文要直陈其事。无论是商洽工作,询问和答复问题,还是向有关主管部门请求批准事项等,都要用简洁得体的语言把需要告诉对方的问题、意见叙写清楚。如果属于复函,还要注意答复事项的针对性和明确性。

(3) 结尾

结尾一般用礼貌性语言向对方提出希望。或请对方协助解决某一问题,或请对方及时复函,或请对方提出意见,或请主管部门批准等。

(4) 结语

结语通常应根据函询、函告、函商或函复的事项,选择运用不同的结束语,如"特此函询(商)"、"请即复函"、"特此函告"、"特此函复"等。有的函也可以不用结束语,如属便函,可以像普通信件一样,使用"此致"、"敬礼"。

4. 落款

落款须依次写清发文机关和成文时间两项内容。

(五) 函的写作要求

函的写作要求主要有四点:一是要严格按照公文的格式写"函";二是"函"的内容必须专一、集中,一般来说,一个函件以讲清一个问题或一件事情为宜;三是"函"的内容必须真实、准确;四是"函"的语言要朴实,语气要恳切,态度要谦逊。

【实例 2-19】

国务院办公厅关于天津东丽经济开发区
升级为国家级经济技术开发区的复函

国办函〔2014〕27 号

天津市人民政府、商务部:

你们关于天津东丽经济开发区升级为国家级经济技术开发区的请示收悉。经国务院批准,现函复如下:

一、国务院同意天津东丽经济开发区升级为国家级经济技术开发区,定名为东丽经济技术开发区,实行现行国家级经济技术开发区的政策。

二、东丽经济技术开发区规划面积仍为 7.217 平方公里,区域范围为国务院有关部门公布的开发区审核公告确定的四至范围。

三、要深入贯彻落实科学发展观,加快转变经济发展方式,深化改革、扩大开放,按照先进制造业与现代服务业并重、利用外资与境内投资并重、经济发展与社会和谐并重的要求,致力于提高发展质量和水平,致力于增强体制机制活力,促进国家级经济技术开发区向以产业为主导的多功能综合性区域转变,充分发挥窗口、示范、辐射和带动作用。

四、必须严格实施土地利用总体规划和城市总体规划,按规定程序履行具体用地报批手续;必须依法供地,以产业用地为主,严禁房地产开发,合理、集约、高效利用土地资源。

五、商务部要会同有关部门加强指导和服务,促进东丽经济技术开发区健康发展。

国务院办公厅
2014 年 2 月 18 日

【实例评析】

这是一篇答复函。公文结构为单层式。文字简洁,态度明确,语气恰当,是一篇得体的复函。

【实例 2-20】

×××研究所关于建立全面协作关系的函

××大学:

近年来,我所与你校双方在一些科学研究项目上互相支持,取得了一定的成绩,建立了良好的协作基础。为了巩固成果,使我们双方今后能进一步在学术思想、科学研究、人员培训、仪器设备等方面建立全面的交流协作关系,特提出如下意见:

一、定期举行所、校之间学术讨论与学术交流。

二、根据所、校各自的科研发展方向和特点,对双方共同感兴趣的课题进行协作。

三、根据所、校各自人员配备情况,校方在可能的条件下对所方研究生、科研人员的培训予以帮助。

四、双方科研教学所需要高、精、尖仪器设备,在可能的条件下,予对方提供利用。

五、加强图书资料和情报的交流。

以上各项,如蒙同意,建议互派科研主管人员就有关内容进一步磋商,达成协议,以利工作。

特此函达,务希研究见复。

×××研究所
××××年 5 月 4 日

【实例评析】

这是一篇商洽函。正文表达了与对方建立全面协作关系的愿望并提出一些合作意见,文章态度诚恳,语言简洁,格式正确。

三、纪要

(一)纪要的概念

纪要是适用于记载会议主要情况和议定事项的公文。它是在某次会议之后,对该会的基本情况、讨论与研究的重要事项、主要精神等,加以记载、整理而形成的文件。可以向有关单位和群体进行传达,作为开展某类工作的依据与指导。

（二）纪要的特点

1. 客观性

纪要要求如实记载会议情况和议定事项，包括会议存在的分歧意见和问题等。

2. 概括性

纪要不是记录，须择要而记，即集中记录会议中的重要情况、研究决定的重大问题和决策意见，概括会议的主要精神，具备高度的概括性。

3. 约束性

纪要是一种行政公文，它具有行政公文的若干基本特征，约束性是其中的主要特征之一。它是某项工作展开的依据，在具体实施的过程中，不能背离会议纪要的精神，也不能违反会议所作的某些规定。

（三）纪要的种类

1. 决策型纪要

决策型纪要主要用于记载和反映决策层或领导班子所制定的重大决策事项，并作为一种历史资料备案，以文件形式发布后，对下级单位具有直接指导作用。

2. 研讨型纪要

研讨型纪要主要用于记载和反映各类研讨会、专业部门会、经验交流会等会议的研究讨论情况，记载时主要是归纳总结、记录各方观点和意见。

3. 协商型纪要

协商型纪要主要用于记载和反映政府间、政府部门间、政府与外部组织间的协商情况，以便作为今后会谈各方执行工作的依据，具有约束作用。

（四）纪要的写作格式

会议纪要通常由标题、正文、落款三部分构成。

1. 标题

纪要的标题有两种情况，一是会议名称加纪要，如《全国农村工作会议纪要》；二是召开会议的机关加内容和纪要，如《湖北省经贸委关于企业扭亏会议纪要》。

2. 正文

纪要的内容一般比较丰富，故正文结构是多层式的，由几个层次构成，有开头、主体和结尾。

（1）开头

纪要的开头多写会议的名称、开会的时间与地点、召开该会的目的与依据、参加会议的人员、会议的主要议题等，然后用"现将会议纪要如下"之类的过渡性句子转入主体。

（2）主体

纪要的主体对会议讨论的事项进行归纳、整理，按观点或内容分成若干段落予以罗列。表达方式既有具体事项陈述，又有理论分析，且要形成具有概括性的文本。

（3）结尾

纪要的结尾一般提出希望、号召，要求有关单位和人员认真贯彻会议精神，但是否需要发出号召要视具体情况而定。

3. 落款

落款包括署名和时间两项内容。署名只用于办公室会议纪要,署上召开会议的领导机关的全称,下面写上成文的年、月、日,并加盖公章。一般会议纪要不署名,只写成文时间并加盖公章。

(五)纪要的写作要求

1. 分清主次,抓住要点

要注意不能将纪要写成会议记录,不是有闻必录,记流水账;而是要分清主次,抓住要点,有详有略,突出最重要的内容。

2. 叙议结合,注重归纳

纪要不能僵硬地叙述事实,而要对事实进行归纳,要把所研究的事项用简明扼要、具有理论概括性的话说清楚。

3. 精心构思,层次分明

纪要内容丰富,最忌讳的是层次不清,使人不得要领。要精心构思,使文章的结构合理、层次清楚,一看便知包含什么内容。

(六)纪要与会议记录、简报的区别

1. 纪要与会议记录的区别

(1) 性质不同

会议记录是对会议情况的记录,只是原始材料,不是正式公文,一般不公开,无须传达或传阅,只作资料存档。会议纪要则是正式的公文文种,通常要在一定范围内传达或传阅,要求贯彻执行。

(2) 对象不同

会议记录一般是有会必录,凡属正式会议都要作记录,作为内部资料,用于存档备查以及作为进一步研究问题和检查总结工作的依据。会议纪要主要记述重要会议情况,只有当需要向上级汇报或向下级传达会议精神时,才有必要将会议记录整理成会议纪要。

(3) 写法不同

会议记录作为客观纪实材料,无选择性、提要性,要求原原本本地记录原文原意,且必须随着会议进程进行,越详细越好。会议纪要则须有选择性、提要性,不一定要包含会议的所有内容,但是必须在会议结束后,在会议记录的基础上加工整理而成,它集中反映了会议的精神实质,具有高度的概括性和鲜明的政策性。

2. 纪要与简报的区别

(1) 作用不同

简报只是报告和交流情况,供上下左右参考,对阅读对象没有硬性要求,一般也没有什么约束力。会议纪要则有一定的权威性,它的结论可以指导有关方面统一认识,它列入的议定事项,要求有关方面共同遵守执行,它对特定的阅读对象有一定的指导和制约作用。

(2) 写作宗旨不同

简报中可以表露作者个人的态度,对所写事件发议论、谈看法,既可肯定,也可否定。会

议纪要则必须忠实于会议情况,客观地、扼要地叙述会议的内容,不允许编写者在纪要中对其内容进行评论。

【实例 2-21】

全国城市经济体制改革试点工作座谈会纪要
(×年×月×日)

××××年×月×日至×日,国家体改委在××省××市召开了全国城市经济体制改革试点工作座谈会。三十一个省、自治区、直辖市体改委(办)的负责同志,五十八个试点城市的负责同志,以及中央、国务院有关部门的负责同志共二百多人参加了会议。会上传达学习了中央领导同志最近的重要讲话,交流了试点城市改革的情况和经验,研究了在新形势下要积极推进城市经济体制改革进一步开展的工作。会议确定了如下事项:

一、统一认识,明确今年改革的方针和主要任务。(略)

二、进一步简政放权,政企分开,搞活企业。(略)

三、充分发挥社会主义市场经济,理顺经济关系。(略)

四、精心指导,保证改革健康发展。(略)

与会同志一致表示,当前改革进入攻坚阶段,我们要坚定地贯彻党中央和国务院的部署,精心组织,精心指导,搞好调查研究,把城市经济体制改革引向深入,为建立有中国特色的社会主义市场经济作出新贡献。

【实例评析】

这是一篇研讨型纪要,正文第一段是开头部分,记载了此次办公会议召开的时间、地点、会议主持人、出席的人员,以及会议研究的议题。纪要的主体部分是条文式,逐条罗列了会议确定的若干事项。全文层次清楚,语言简明扼要。

练 习 题

一、填空题

1. 按照行文方向可将公文分为_____、_____、平行文。
2. 现行的《党政机关公文处理工作条例》从_____(时间)起施行。
3. 完整的公文标题由_____、_____和文种三部分组成。
4. 通报可分为_____通报、_____通报、_____通报。
5. 请示有_____、_____、_____三种。

二、选择题

1. 在公文密级中,保密程度最高的是(　　)。
   A. 机密　　B. 秘密　　C. 绝密　　D. 加密
2. 对公文负有主要答复办理责任的机关是(　　)。
   A. 制发机关　　B. 抄送机关　　C. 主送机关
3. 表扬性通报写作的一般模式是(　　)。
   A. 表彰背景＋先进事迹＋表彰决定＋提出希望
   B. 表彰背景＋先进事迹及分析评价＋表彰决定＋提出希望＋提出要求
   C. 表彰背景＋先进事迹及评价＋提出希望＋提出要求
   D. 先进事迹及分析评价＋表彰决定＋提出希望＋提出要求
4. 适用于在一定范围内公布社会各方面应当遵守或者周知的事项的公文叫(　　)。
   A. 公告　　B. 通报　　C. 决定　　D. 通告
5. 下面需要用函来处理的事项是(　　)。
   A. 公安局公布治安管理措施
   B. 市教委公布初中毕业统考时间及要求
   C. 太原市公安局需要郑州市公安局协助抓捕逃犯
   D. 太原市公安局需要小店区公安局协助抓捕逃犯
6. 结语"现提请审议"适用于(　　)。
   A. 请示　　B. 报告　　C. 议案　　D. 函

三、判断题

1. 公文都应该有主送机关。(　　)
2. 通报应先叙后议,不应先议后叙。(　　)
3. 国家旅游局转发国务院关于进一步清理整顿旅行社的通知。(　　)
4. 议案和提案实际上是同一文种。(　　)
5. 会议纪要的标题可以由正副标题构成。(　　)

四、分析题

1. 老李认为,只要是向比本单位级别高的单位发文,就应当使用"请示"或"报告"。
2. 老王认为,公文的结尾也应当讲究"言止意不尽"。
3. 《国家行政机关公文处理办法》规定:"'请示'应当一文一事;一般只写一个主送机关",请分析为什么要作此规定?

五、请找出下篇病文中的错误并修改过来。

关于要求解决学生宿舍拥挤等问题的请示

市人民政府、市教育局：

  我校今年由于住宿生急剧增加,已有的学生宿舍已无法容纳,现在住宿生基本上是一个床位两个人睡,严重影响学生的身心健康。为解决这一困难,我校决定再建一栋学生宿舍楼。另外,我校图书馆也尚未达到省"两基"标准,望上级部门给予适当支持。

  特此请示,请回复。

××市二职
20××年×月×日

六、简答题

1. 简述如何区分通知与通告这两种文种。
2. 简述报告这一文体的特点。
3. 如何制作批转、转发性通知的标题？

第三章 通用事务文书写作

第一节 通用事务文书概述

为了方便人们处理种类繁多的日常事务,出现了各种各样的事务性文书,它们与人们自身的发展和职场工作密切相关。学会写作这些文书,是一个人必不可少的生存技能,只有掌握了常用的事务性文书的写作方法,我们才能真正适应社会、融入社会。

一、事务文书的概念

事务文书是指国家机关、企事业单位、社会团体或个人为沟通信息、总结经验、探求问题、指导工作、处理日常事务而撰写的应用文体,又称"常规文书"或"业务文书"。在现代社会中,事务文书具有较强的业务性和实用性,应用范围越来越广,经常使用的事务文书有计划、总结、述职报告、简报、规章制度、会议记录、公示等。

二、事务文书的特点

(一)指导性

事务文书虽然不具有行政公文的法定权威性,但仍然具有很强的现实指导价值。

(二)规范性

事务文书的格式,虽然不像行政公文那样,有主管部门的严格规定,但在长期使用的过程中,已形成了比较固定的惯用格式。各种文体的构成要素以及体式、样式,通常都有一定的规则,具有相对的稳定性,不能随意更改。

(三)灵活性

与行政公文相比,事务文书在遵循一定规范的前提下,有更大的灵活性。

（四）时效性

事务文书,往往针对的是具体工作中出现的问题或情况,这些情况或问题可能没有法定公文那样紧迫,但同样也要在限定的时间内及时完成,否则很难发挥事务文书的作用。

三、事务文书的作用

（一）宣传教育作用

通过文体的写作和传播,可以起到宣传教育群众、检查督促工作的作用,使人们明辨是非、提高认识、统一思想。

（二）沟通联系作用

各种事务文书是传递信息的有效工具,在工作中起到了桥梁和纽带的作用。

（三）积累资料作用

事务文书中的多数文种,如计划、总结、调查报告等一旦实际运用之后,就作为归档稿本存档,成为历史资料保存。在开展有些工作时,事务文书可以起到为人们提供参考资料的作用。

（四）规约指导作用

事务文书虽不像法律、法令和法规文书那样具有很强的法规性和强制性,但在它产生的管理过程中,对发文单位来讲有一种很明显的自律性。

四、事务文书写作要领

（一）写作目的要明确

在具体工作中,写作者会根据具体事项选择相应的文种,因而事务文书具有很强的针对性。

（二）运用材料要真实

各类事务文书产生于具体的工作实践中,是为解决问题、处理事务而撰写的,因而在对材料的运用上,要求真实具体,一定是符合生活真实的,不能有虚假或"作秀"的成分,这样才有利于文书的处理和文书内容的落实。

（三）写作态度要诚实

诚实的态度是写好事务文书的重要条件,对事务文书写作的态度,往往就是对工作的态度。

第二节 计 划

一、计划的概念

国家机关、社会团体、企事业单位或个人,对预计在一定时间内要达到的目标或完成的任务,提出具体要求,制定相应的措施和执行步骤,并形成系统化、条理化的书面材料,这就是计划。计划是对未来一定时期内的工作和任务作出预想性安排的应用文书。

计划是一个统称,通常也称为规划、安排、打算、设想、方案、要点等。根据不同的分类标准,可以把计划分成不同的种类。按性质划分,计划可分为专题性计划和综合性计划两种。前者又称单项计划,是针对特定方面的工作或任务制订的;后者又称总体计划,是对单位、部门或个人在一定时期内的所有工作或任务作出全面安排的计划。按内容划分,计划可分为工作计划、学习计划、销售计划、科研计划等。按范围划分,计划可分为个人计划、部门计划、单位计划、国家计划等。按时间划分,计划可分为周计划、月份计划、季度计划、年度计划等。按文种分,有规划、纲要、设想、计划、方案、意见、要点、打算、安排等计划种类。

二、计划的特点

(一) 预见性

古人云:"凡事预则立,不预则废。"预见性是计划最明显的特点之一。计划是在工作进行之前,为规范和指导工作而进行的设想和估计,因此,它具有预见性。

(二) 针对性

计划不是千人一面、千篇一律的。同样是工作计划,有单位和个人之分,即使是同一单位内部,不同部门的工作计划也不一样。

(三) 可行性

有了准确的预见性和明确的针对性作为基础,计划才有切实的可行性。

(四) 约束性

计划一经制定并公布,在计划所涉及的单位、人员等范围内,就具有一定的约束性。在计划的执行中,局部必须服从全局,各部门必须按照计划的方案行动,不得随意更改,更不能顶着不办。即使是个人的计划也不能随意更改,应该遵照执行,并最终达到目标、完成任务。

(五) 指导性

计划的指导性体现在两个方面:一是上级指导,即上级计划对下级工作的指导;二是自我指导,单位或个人计划对自身工作的指导。

三、计划的结构和内容

计划的常见写作格式有三种:一是条文式,二是表格式,三是条文与表格结合式。但不论采取哪种格式,计划都应具备标题、正文、落款三个部分。

(一)标题

计划的标题有以下两种形式。

1. 专用式

专用式标题由单位名称、时限、内容和文种四个要素构成,如《广东培正学院20××年教学工作计划》。有时也省去单位名称、时限等要素,如《20××年二季度工作计划》。

2. 仿公文标题式

仿公文标题式的计划标题由单位名称、事由(关于……的)和文种构成,如《北京市高等教育自学考试指导委员会关于党政干部基础科自学考试计划》。

(二)正文

计划的正文一般由前言、主体、结尾组成。

1. 前言

前言一般概述制定计划的背景、目的、依据等,这是计划的纲领,不宜写得太长,点到为止,如《××市×公司20××年度普法教育工作计划》的前言部分如下。

为进一步增强员工的法制观念和法律素质,提升我司工作法制化管理水平,充分发挥法制宣传教育在创建和谐社会与小康社会建设中的重要作用,现根据市普法工作领导小组要求,结合我司工作实际,制定本计划。

2. 主体

主体是计划的主干部分,是核心,是对任务与目标、措施与办法、步骤与时间安排等内容要素的具体表述,常列项分点写。要求项目明确、层次分明、条理清晰。一般包括以下三方面的内容。

(1)要求和目标

要求和目标是计划的灵魂,必须写清楚、明白,对经济指标要作定量定性的表述。如《20××年××市人民政府工作计划》中的要求和目标内容如下。

20××年工作总体要求是:继续高举中国特色社会主义伟大旗帜,以邓小平理论和"三个代表"重要思想为指导,以深入开展学习实践科学发展观活动为动力,全面贯彻党的十七大、十七届三中全会、中央经济工作会议和胡锦涛总书记视察安徽重要讲话精神,按照省委八届九次全会和市委九届七次全会的部署要求,把保持经济平稳较快增长作为首要任务和头等大事。在工作推进中,我们要全力把强化政府服务作为保增长的组织保障,把加大各级财力投入作为保增长的政策支撑,把加强银政企合作作为保增长的重要手段,把突出为企业服务和项目推进作为保增长的着力点,把深化改革创新作为保增长的强大动力,把推动全民创业作为保增长的重要途径,把改善民生作为保增长的出发点和落脚点,努力确保全市经济

社会持续稳定快速发展。

2009年全市经济社会发展的主要预期目标是：地区生产总值增长12%以上；财政收入增长13%；全社会固定资产投资增长21%以上；实际利用外资增长10%；社会消费品零售总额增长16%；城镇居民人均可支配收入增长10%；农民人均纯收入增长13%；城镇登记失业率控制在4.5%以内；人口出生率控制在12‰以内；居民消费价格指数涨幅低于2008年实际涨幅；单位GDP能耗及主要污染物减排量达到省控目标。

（2）措施和方法

措施和方法是完成计划的具体保证，只有制定切实可行的措施，并明确方法，才能保证计划的实现。其内容包括组织领导、任务分工、完成任务的物质条件、政策保障、采取的措施等。

（3）步骤和安排

计划实施的先后顺序和步骤安排，要做到科学与充分。

这三者是计划主体的组成部分，它们密切相关，不可或缺，保证了计划的完整性和可行性。

3. 结尾

结尾一般表达完成计划的决心，或号召为完成计划而努力，或预测效益，或展望未来前景。有时也可省写。结尾要简短有力。如《20××年××市人民政府工作计划》结尾如下。

各位代表，人民的信任和重托，是我们做好工作的强大动力。新的一年，孕育着新的希望。让我们紧密团结在以胡锦涛同志为总书记的党中央周围，高举中国特色社会主义伟大旗帜，全面贯彻落实科学发展观，在省委、省政府和中共合肥市委的坚强领导下，坚定信心，把握机遇，团结奋斗，扎实工作，为合肥的跨越式发展和现代化滨湖大城市建设而努力奋斗，以优异的成绩向国庆××周年献礼！

（三）落款

落款一般为署名和制定日期两个内容。也有将它们另作处理的，如标题上出现了制定计划单位名称，则落款省署名称，也有的把制定日期写在标题右下方。表格式一般将制定日期写在表格的上方，如系上报或下达的计划，还应加盖公章。

四、计划的写作要求

为了保证计划的实行，在制定计划时要注意以下三点。

1. 实事求是，切实可行

制定计划不能靠主观愿望和臆想，必须通过深入调查研究，从实际情况出发，准确地把握客观实际和事物发展的规律。

2. 要求明确，措施具体

为了使计划得到良好的实施，在整体设计上要注意目标明确、表述清晰，并将实现目标的途径和办法一条一条地列出来。

3. 留有余地，防患未然

计划是根据客观情况制定的，客观情况在不断地变化，所以计划还要有灵活性，应留有一定的余地,当某种未预见的因素发生时,计划能及时修正、补充和调整。

【实例 3-1】

教学工作计划

暑假结束了,回到了校园的学生们在我看来精神状况都非常好。离开了校园那么久,我相信他们一定也是怀念学校的。既然学生家长把孩子们送到我们学校来读书,那么我们就一定要认真工作,教育好每一个学生!

我们的工作任重而道远。在新的学期里,我们要继续发扬二中精神,以求真、务实的态度,进一步坚定信心,振奋精神,凝心聚力,抢抓机遇,更新教学理念,创建学校特色,提高办学质量,打造二中品牌,按照学校建设发展目标而勤奋工作。希望全体教职工树立"校兴我荣、校衰我耻"的主人翁意识,团结一致,勇于创新,与时俱进,荣辱与共,为实现新的目标而努力奋斗。现制订滨海第二初中20××年下半年教学计划如下:

一、教学指导思想

按照学校的教学工作计划要求,认真学习新课程标准,适应教学改革形势发展要求,努力探索新课程标准的教学模式和教学方法,从根本上转变教学观念,积极推进教研教改,优化课堂教学,凸显"以教师为主导,以学生为主体"的作用,努力培养学生研究性学习的精神,注重提高学生的能力,全面落实培优扶差方案,切实提高教学质量。

二、加强思想政治工作,完善用人机制

1. 倡导民主管理,提升团队精神,完善学校会议制度,重大决策民主协商,坚持校务公开和政务公开。鼓励教职工参与学校决策与管理,为学校发展献计献策,实现学校管理的民主化。

2. 继续抓好师德师风建设,以创文明行业、树师表形象为重点,以师德建设活动为抓手,以点带面,深入开展师德教育活动,塑造师德新风尚。杜绝歧视学困生、体罚学生、搞有偿家教、向学生推销学习资料等有悖于教师形象的现象发生,做到依法执教、廉洁从教、文明施教。

3. 要着力建设一支事业心、责任心、进取心强的中层干部队伍。中层以上干部要立足本职,勤学习、勤思考、勤工作,不断提高工作艺术,改进工作方法,围绕各自的工作目标,踏踏实实抓出实效。按照公开化和民主化的原则,继续考察和培养好中层后备干部。

三、下半年教学工作计划

在新的学年里,学校将紧紧围绕开发区公共事业局工作要点的各项要求开展工作,结合我校实际,确立"以质量求生存、以特色打品牌、以创新显活力、以效益促发展"为工作方向。进一步加强师德建设,加强教学管理,增强质量意识、服务意识、效益意识,抓住机遇,全面开展各项教育工作,力争使我校的工作有新突破、新起色。

具体任务:

1. 扎实落实好两项常规,努力搞好三项研究,积极采取四项措施,全面抓好各科竞赛。

2. 发挥骨干教师的作用。让骨干教师积极投身课改,以科学探究的新理念促进课堂教学;积极组织开展学科竞赛,以积极的态度和得力的措施培养特长学生;加强科研,促进学生和教师的共同发展;加强管理,保证教学质量;积极改进教法,提高课堂教学效率;发挥优势,实现资源共享。

应用写作

  3. 继续推行课堂教学改革,加强课堂教学研究,提高课堂教学效率,加强教学检测和评价,不断完善评价体系。特别是对学生综合素质的评价,要在上级规定的基础上,结合我校的实际,充实评价内容,改进评价方法,提高评价的有效性,促进学生的全面发展和主动发展。

  4. 抓好教学检查和薄弱学科建设。做好学生问卷调查中信息的反馈工作,对存在的问题,及时解决。针对相对薄弱的学科,找出薄弱的原因,有针对性地提出改进意见,提高学科组整体教学质量。

  5. 搞好网络教研。今年我校改建,教研无场所,学校要充分利用好网络资源优势,充分发挥博客教研的替代功能,充分发挥好集体备课组的作用,实现网络资源共享。

  6. 继续加强教育"双百问题"、"重大问题"和学校管理与领导创新行动研究,在全市各项教育评选中实现新的突破。

  7. 抓好艺体教学工作。

  8. 抓好学生的卫生知识教育和安全教育,开展人防知识教育,普及人防国防知识。

  9. 继续实行教师全员聘任和竞争上岗制度;完善骨干教师的管理制度,落实激励机制,激发他们的模范带头作用;对在中考中取得优异成绩的任课教师进行奖励,调动他们的工作积极性。

主要目标:

  1. 开展名师工程,加强师资队伍建设,为二中可持续发展提供保障。

  2. 修改学校量化方案和学校各项规章制度,使之更具科学性、规范性和可操作性。

  3. 落实教学常规管理,尤其要注重集体备课,稳定提高教学质量,确保各学段竞赛、考试评比成绩保二争一,明年中考成绩有大的提高。

  4. 扎实开展教育科研,已经立项的科研课题要出阶段性成果、论文或结题,申报新一轮的国家级、省市级课题。

  5. 加强学习与研究,坚持求真、求实精神,努力建设学习型校园,提高教师的专业素养,营造教师团结拼搏、和谐竞争的环境。

  6. 积极开展优秀年级组和学科教研组工作,夯实二中教育教学发展的基础。

  7. 扎实推进学校课改,继续探索课改新路,同时构建学校课程体系和学生评价体系。

  8. 教学成绩在开发区三所初中中保二争一。

具体要求与措施:

  教学工作是学校一切工作的中心,教学工作的好坏直接关系到学校的办学质量和社会声誉。因此我们将进一步加大教学改革力度,围绕学校办学的总体思路,制定科学合理的课程方案,深化课堂教学改革,完善教学评价与考核制度,创新教学管理机制,全面提高教学质量。本学期在教学管理中学校采取以下措施:

  1. 加强级部管理,向管理要效益。学校的各项工作最终要落脚于级部,级部主任要以身作则,严于律己,力争级部成绩和个人教学成绩在开发区中游以上,学校安排的各项工作要按质按量及时完成,不等不靠。积极带头投身教研教改工作,指导和督察本单位教师完成各项工作,做到科学管理、精细管理。

  2. 继续加强学籍管理,严格执行学籍管理制度。规范学生学籍档案,各级部、各班要教育好学生,制定严格的措施,做过细的思想工作。学校把学生的巩固率列入对班级的考核量化,同时建立辍学报告制度,有关情况及时报课程部。学生有流进、流出的,级部应在三天内报课程部。对辍学的,要反复动员,并适当帮助其解决困难,争取其完成学业。确有辍学的,要形成书面材料,写明情况,上交学校,预期不上报,出现学生流失者,扣级部、班主任和任课教师各10分。

3. 加强教研活动管理,重点落在研究探讨教学中的实际问题,通过校本教研,全面提高教师业务水平。具体要求如下:①坚持周周有活动,有主题、有内容、有记录,并纳入教师个人奖惩和教研组的考核评比中;②坚持集体备课及同年级组备课制度;③坚持听评课制度,每人每周听课不少于1节,45岁以下教师每学期上公开课不得少于2节,学期结束后教师的听课记录及公开课教案上交课程部,纳入教师业务档案管理;④本学期开展先进教研组评选活动,要求老教师、青年教师、刚毕业教师分别上好示范课、汇报课、试验课,并根据检查进行评比计分计入个人量化,对级部进行评比并公布。

4. 强化毕业班工作,提高升学成绩。毕业年级合理加快新课教学进度,有计划地进行复习,加大训练量和有针对性的测试。加强校际交流,广泛收集中考信息,研究中考方向,针对我校学生的实际,及时调整课堂教学,重点抓好英语科的补习工作,制定相应的措施。有计划地抓好对毕业年级艺体特长的辅导及理化实验操作、信息技术操作等的辅导。力争今年中考成绩要有较大幅度的提高。

5. 继续坚持"月考"制度和成绩分析反馈,及时召开期中、期末教学质量分析会,增强教育教学工作的指导,提高教学质量。

6. 培优、补差工作要真抓实干。全体教师要做到思想重视,情感投入,时间落实,辅导灵活,重视检测、反馈,不断改进方法。培优工作除了在平时课堂中的分层教学外,年级组要统筹安排,责任到人,确保效果。补差工作要重视个别辅导,分类评价,及时激励。对培优补差工作,课程部要有计划地进行质量测评,及时通报,及时改进。每位老师力求早发动,争主动,做好组织学生参加初中数学、物理、化学、英语、生物学科竞赛准备工作,力争本学年有新的突破。

7. 重视和加强艺体卫生工作。艺体部具体负责,艺体教师要上好每一堂体育课,组织好体育活动课,每天坚持做好课间操,要不断提高学生的体育达标率和优秀率,要加强学校田径队和各类球队的管理与训练,不断提高竞技水平,争取在今年全区中学生田径运动会及广播操等比赛中,为学校获得更多的荣誉。要加强对学生进行卫生知识教育,促使学生养成良好的卫生习惯。

四、加强师资队伍建设,为二中可持续发展提供保障

建立一支高素质的教师队伍是扎实推进素质教育的关键,也是适应当前教育改革与发展、全面提升教育教学质量的需要。因此,我们要大力加强名师工程建设,实施名师建名校战略,提高教师的综合素质,培养一批骨干教师,建设一支优秀的教师队伍。

1. 进一步深化学校内部人事制度改革。双向聘任已经实施,全体教师要树立危机意识和责任意识。本着"按劳取酬、优质优酬、兼顾公平"的原则,结合今年开发区事业局出台的新结构工资制度,我校结合学校实际,进一步完善结构工资制度,出台奖励工资向一线教师倾斜的政策,让骨干优秀教师获得更多的经济收益,充分调动教师教书育人的积极性。

2. 加大力度实施"名师"工程,对全体教师进行分类定位,导向培训,逐步达标。通过"送出去、请进来"等方式促进我校名师、骨干教师的形成,也为开发区及××市选拔骨干教

师、学科带头人等做好充分的准备工作。要大力抓好对青年教师的培养,对以老带新"结对子"活动,要切实抓好落实和效率的评定。全体青年教师要严于律己,虚心学习,积极钻研,尽快提高教育教学业务水平。每一位教师都要结合我校和开发区教研室关于"首席教师、学科带头人、骨干教师"评选办法,查摆问题迎头赶上,力争早日成为骨干,成为名师。

3. 逐步完善教师继续教育体系,鼓励教师参加各种形式的业务培训,提高教师计算机应用、课件制作及适应新课程改革的能力。举办45岁以下教师的课件制作和计算机运用能力培训及过关考试,不断充实与提高教师的业务水平。

20××年是二中发展史上不平凡的一年,是我校实现跨越式大发展的起始年。半年来,我校以"三个代表"重要思想和党的十七大精神为指导,紧紧围绕开发区党工委、管委会的正确部署,坚持以科学发展观为统领,以建设安全和谐校园为目标,落实公共事业局20××年工作要点,加大改革力度,突出机制创新,努力推动学校各项工作又好又快发展。

20××年上半年我们的教学成绩和学校建设都取得了很好的发展和进步,所以我们在这学期一定要继续保持上学期的水平,实现学生成绩和思想以及学校建设的全面发展!

【实例评析】

这是某个中学的工作计划,采用的是条款写法。前言部分概述了制定计划的基本情况、指导思想,主体部分提出了工作目标,并根据工作的重要程度进行分布,每一步工作又详细列出了工作措施。结尾部分言辞恳切,满怀信心。本文条理分明、层次清晰、内容全面。

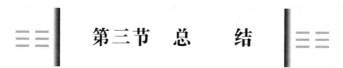

第三节 总 结

一、总结的概念

毛泽东说过:"人类总得不断地总结经验,有所发现,有所发明,有所创造,有所前进。"由此可知,总结是对本地区、本部门、本单位或本人过去一段时期的工作、学习、思想情况或完成某一任务情况进行系统回顾反思,从中找出规律、得出结论或经验教训,以指导今后实践的文书。总结属于回顾反思性事务文书。

二、总结的特点

(一)内容的回顾性

总结是对过去实践活动的回顾与反思。在总结的时间段内,做了多少就写多少,不能无中生有,不能夸张掺假。一旦有虚构成分,就失去真实性,变成编造事实了。

(二)对象的个性化

总结是以自身的实践活动为对象,是"我写我自己",而每一个"我"与每一个"他"都是不同的。因此，总结必须写出自身的个性特征，让人一看就知道写作本体的与众不同之处。

（三）认识的规律性

总结是从自身的实践中归纳出带规律性的东西，从零散的感性材料中概括出正确的观点。它的实质就是在正确理论的指导下，经过分析综合，把零散的、肤浅的感性认识升华为带规律性的、体现本质特征的理性认识。

（四）效用的经验性

总结的关键是将实践的成功经验概括出来，将失败的教训分析出来，作出正确的评价，把感性的认识上升到理性的高度，得出科学的结论，以指导今后的实践。它们既可成为自身的经验积累，又可提供给他人作为经验借鉴。

（五）表述的简明性

作为应用文体，总结同样要求用简明扼要的语言进行表达。它主要用作概述，而不作具体描写；用高度概括的具体事实作简要说明，而不旁征博引；作直接议论，而不必多方论证。

三、总结的类型

1. 按内容分类

有工作总结、生产总结、学习总结、科研总结、教学总结、思想总结等。

2. 按时限分类

有时间性总结和时段性总结，前者有月度总结、季度总结、年度总结等，后者有阶段性总结等。

3. 按对象分类

有个人总结、班组总结、单位总结和部门总结等。

4. 按功能分类

有汇报总结和经验总结。

5. 按性质分类

有专项（专题）总结与综合总结。

四、总结的结构

总结的写作格式比较灵活，可以根据总结的性质、内容、目的，确定相应的格式。总结一般包括标题、正文和文尾三部分。

（一）标题

总结的标题一般有三种构成形式：一是由单位名称、时限、内容和文种组成，如《××市人民政府关于××××年的工作总结》；二是标示主要经验（即做法）或主要内容、范围等，如《科技立厂　人才兴业》；三是采用正、副题形式，一般正题较虚，须用副题加以补充说明，如

《探索道路上的得与失——我厂两年来经济体制改革情况总结》。

总结拟题要求紧扣内容、文字精练、概括力强。

（二）正文

总结正文通常由前言、主体、结尾组成。

前言，一般概述基本情况，常是简要交代工作时间、背景、做法、效果等。

主体，具体写成绩与经验、问题与教训。它是总结的核心部分。一般分为若干个层次，从不同的方面开展对于某工作的总结，这些层次为并列关系，每一层次又有若干个段落，分别总结了几点主要做法。

结尾，应视具体情况而定。或写出结论；或针对存在的问题提出解决办法与意见；或提出今后的打算与努力方向；或视实际情况而省写。结尾要写得简短有力。

（三）文尾

文尾须写上署名和日期。

五、总结的写作要求

（一）回顾工作情况要实事求是

一般写总结，大部分篇幅用于回顾工作情况：做过哪些工作，如何做，结果如何。回顾工作情况的原则是要实事求是，要真实、准确地反映实际情况。通常容易犯的毛病是分寸掌握不好，往往夸大成绩、缩小缺点。要克服这些毛病，关键是要端正态度，要明确总结的目的是提高自身素质、推动工作前进，而不是向上级邀功和博取名利。

（二）总结经验教训要着眼未来

在回顾工作情况的基础上总结经验教训，是总结的必要组成部分。除了少数事务性工作总结外，一般较重要的总结，都应从做过的工作中归纳出成功的经验和失败的教训。因为工作是连续不断的，阶段性的总结做得好，对以后的工作就有指导或借鉴意义。

（三）总结要详略得当、突出重点

有人写总结总想把一切成绩都写进去，不肯舍弃所有正面材料，结果文章写得臃肿、拖沓，没有重点，不能给人留下深刻印象。总结的选材不能求全贪多、主次不分，要根据实际情况和总结的目的，把那些既能显示本单位、本地区特点，又有一定普遍性的材料作为重点选用，写得详细、具体，而一般性的材料要略写或舍弃。

【实例3-2】

工 作 总 结

在领导的关心、指导和同事们的帮助、支持下，我严格要求自己，勤奋学习，积极进取，努力提高自己的理论和实践水平，较好地完成了各项工作任务。现将一年来的工作情况简要总结如下：

一、思想方面

在思想上我积极向上,拥护党的各项方针政策,热爱教育事业,参加政治学习,认真做好笔记。我积极响应学校各项活动以及领导交给我的各项任务,遵守各项学校的规章制度。

二、工作方面

勤奋努力,认真完成工作任务。一年来,我始终坚持严格要求自己,努力做好本职工作。我的工作主要有两大块,一是教学工作,二是班主任工作。在教育教学工作上,我利用学科特有的优势来教育学生的思想,尊重学生的人格,让学生独立,对学生进行各方面的引导和教育。在教学工作中,本学年我担任11个班级的音乐课教学任务,根据新调整的教学大纲和学生实际情况备教案。在教育教学中,在课堂中我开设了"小舞台",让学生表现自己的才华,给予了他们充分的表现机会。注重学生学习习惯、学习方法的培养和积极性的调动,坚持以审美教育为核心,注重培养学生对音乐的兴趣,注重以学生为主体,让学生在愉快的音乐实践活动中,主动地去发现、去探究,去感受音乐、理解音乐、表现音乐。让音乐真正地成为他们的朋友,让每个学生都发自内心地喜欢音乐。不足之处是侧重对学生情感、兴趣的培养,稍微忽略了乐理知识的传授。毕竟三者是相互作用、相互促进的。掌握了乐理知识才能更深层次地感受、理解音乐。在班主任工作上,我坚信"桃李不言,下自成蹊"。在亲近与关怀学生的过程中,我努力展现自身的文化素养与道德情操,因此学生对我"既亲近又崇拜",既认定我是值得信赖的老师,又把我当作好朋友。本学期在同学们的共同努力下,酒店管理13班在学校举办的各项活动中都取得了很好的成绩。例如,荣获"主席情"合唱比赛一等奖;荣获校运动会女子组第一名;荣获校排球赛女子组第一名;7S教室卫生评比中获"优秀班级"称号;元旦晚会两个节目都荣获二等奖。在市技能比赛中,我担任模特与声乐项目的指导老师。在师生的共同努力下,也取得了较好的成绩。

三、不足方面

1. 教学方面还不够精益求精,对于学生课堂上的常规教学抓得不够紧,特别是如何让中职学生对音乐教科书中的内容产生兴趣这方面还有待提高和加强。

2. 专业知识不够宽泛、渊博,在课堂中不能做到应对自如。

3. 心态浮躁,学习一些东西,总是浮于表面,没有真正内化吸收,转变为自身的教育技能。

四、努力方向

1. 加强自身素养,注重对学生能力的培养,让学生学有所得。

2. 学校安排的工作要积极主动地完成。

3. 多利用业余时间认真学习专业知识,在课程教学上下功夫,努力形成自己的特色课程。在今后的学习工作中,我将严格要求自己,努力工作,好好学习,向这个方向前进。

在不知不觉中,一学期的工作也接近了尾声,新年也即将到来,总的来说,在一学期的工作中收获还是很多的,但比起其他老师还是有很大差距,还要虚心向他们学习。因此,在新的一年里,我要更加努力工作。在今后的工作上,还请领导、同事们多提宝贵意见!

×××

年 月 日

【实例评析】

这是一位教师的年度工作总结。作者以思想方面、工作方面、不足之处、努力方向四个部分介绍了自己在一年中所完成的工作任务,小标题简短清晰、一目了然。每部分下分成若干小点,每点用一两句话进行概括,语言精练简洁。

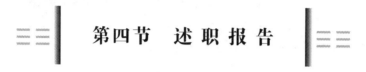

第四节 述职报告

一、述职报告的概念

述职报告可以说是工作报告中的总结性报告。报告是向上级机关陈述事项的上行文,属于行政公文中议案、报告和请示三种上行文之一。《国家行政机关公文处理办法》规定"报告适用于向上级机关汇报工作,反映情况,答复上级机关的询问"。报告中的总结性报告多用于提交大会进行讨论,如各级政府向同级人民代表大会所作的"政府工作报告"。这种报告虽然是代表法定社会组织及其部门的,但却是在报告人自身负有全责的情况下运转工作的,实质上就是述职报告。可以看出,述职报告是社会组织机关和部门的负责人向上级管理机关陈述自己某一阶段的工作情况,进行总的回顾,找出内在规律,以指导未来实践的履行职务情况的口头报告。作为综合性较强的公文,述职报告属于报告的一种,又与总结和讲话稿相似。但述职报告与总结的不同之处在于以下三点。

一是要回答的问题不同。总结要回答的是做了什么工作、取得了哪些成绩、有什么不足、有何经验和教训等。述职报告要回答的则是履行什么职责、履行职责的能力如何、是怎样履行职责的,等等。

二是写作重点不同。总结的重点在于全面归纳工作情况,体现工作实绩。工作述职报告则必须以履行职责方面的情况为重点,突出表现德、才、能、绩,表现履行职责的能力。

三是表述方式不同。总结主要运用叙述的方式和概括的语言来归纳工作结果。工作述职报告则可以采用夹叙夹议的写法,既表述履行职责的有关情况,又说明履行职责的出发点和思路,还要申述处理问题的依据和理由。

根据现实情况,工作述职报告可以分为现任职务的述职报告和竞争上一级职务的述职报告。

二、述职报告的格式

述职报告一般由首部、正文和落款三个部分组成。

(一)首部

首部主要包括标题、主送机关或称谓等内容。

1. 标题

述职报告的标题有单标题和双标题之分。单标题一般为"述职报告",也可以在"述职报告"前面加上任职时间和所任职务,如"在……上的述职报告"。双标题由正标题和副标题组成,副标题的前面加破折号。正标题是对述职内容的高度概括,副标题与单标题的构成大体相似,如《决胜全面建成小康社会夺取新时代中国特色社会主义伟大胜利——在中国共产党第十九次全国代表大会上的报告》。

2. 主送机关或称谓

标题之下第一行顶格写主送机关或称谓。向上级机关呈送的述职报告,应写明收文机关;向领导和本单位干部职工作述职报告,则应写明称谓。

(二) 正文

正文由导言、主体和结尾三个部分组成。

1. 导言

导言包括两方面内容:一是任职介绍,说明自己的任职时间、担任职务和主要职责,简要交代述职的内容和范围;二是任职评价,扼要介绍任职以来的工作情况。这一部分力求简洁、明了。

2. 主体

主体是述职报告的核心,主要陈述履行职务的情况,包括三个方面的内容:一是任职期间的任务完成情况,取得的主要工作成绩;二是存在的问题及经验教训;三是今后工作的努力方向、目标或打算。

3. 结尾

结尾一般要求用格式化的习惯语来结束全文,采用谦逊式结尾、总结归纳式结尾或表决心式结尾等形式。

(三) 落款

落款包括署名、成文时间或述职时间两种,也可以将署名放在标题之下。

三、述职报告的特点

(一) 个人性

述职报告对自身所负责的组织或者部门在某一阶段的工作进行全面的回顾,按照法规在一定时间(立法会议或者上级开会期间和工作任期之后)内进行,要从工作实践中去总结成绩和经验,找出不足与教训,从而对过去的工作作出正确的结论。与一般报告不同的是,述职报告特别强调个人性。个人对工作负有职责,自己亲身经历或者督查的材料必须真实,这就要在写作上更多地采用叙述的表达方式。还要据实议事,运用画龙点睛式的议论,提出主题,写明层义,讲究摆事实、讲道理。事实是主要的,议论是必要的。在写法上,以叙述说明为主;叙述不是详叙,是概叙;说明要平实准确,不能旁征博引。

(二) 规律性

述职报告要写事实,但不是把已经发生过的事实简单地罗列在一起。它必须对搜集来的事实、数据、材料等进行认真的归类、整理、分析、研究。通过这一过程,从中找出某种带有

普遍性的规律,得出公正的评价议论,即主题和层义以及众多小观点(包括经验和规律的思想认识)。议论不是逻辑论证式,而是论断式,因为自身情况就是事实论据。如果不能把感性的事实上升到理性的规律性的高度,就不可能作为未来行动的向导。当然,述职报告中对于规律性的认识,是从实际出发的认识,实践性很强,也就不需要很高的思辨性。不管怎样,述职报告是否具有理论性、规律性是衡量一篇述职报告好坏的重要标志。

述职报告的目的在于总结经验教训,使未来的工作能在前期工作的基础上有所进步,有所提高。因此,述职报告对以后的工作具有很强的借鉴作用。任何一项工作都不可能是凭空而来,总是具有一定的继承性与创新性。而继承性与创新性,就是要继承以前工作中的一些好的方面,去掉不好的方面,然后加以创新,工作才会有进步,完全抛弃过去的工作经验而进行创新是不可能的。策略性也是规律性的一个方面。策略即今后的工作计划,是述职报告的重点内容。

(三)严肃性

述职报告的叙述内容应该在自己任职期间业绩的基础上作出实事求是、认真严肃的叙述和评价。要讲真话,讲实话,讲心里话,无论称职与否都要与事实相符。要正确处理个人与集体、主观与客观的关系,要分清功过是非。承担责任要恰如其分,既不争功,也不揽过。

(四)艺术性

述职报告的艺术性是魅力所在,直接影响着整个报告这一艺术生命体。因此,写作述职报告必然要联系整体的讲话活动特点来进行。"述职报告"一词,可以分为两部分来看待:"述职",是主体的实质性道理;"报告",是呈现整体表象的艺术生命体。报告者要两者并重。写作述职报告,最好从上述总的认识出发。

通俗性和艺术性,一般表现在口语化、感情化、个性化的语言上。写述职报告时要注意以下几点:

①语言生活化、口语化、大众化;
②多用短句子,注意长短交叉合理,随物(公务和感情)赋形;
③慎用文语(古语和欧化语),可作点缀之用;
④少用单音词;
⑤避免同音不同义或易混淆的词语;
⑥不随便用简略语;
⑦还可以适当增加如"吧"、"吗"之类的语气词;
⑧为了方便聆听,有些标点符号还要用文字代替,如顿号改为"和",破折号改为"是",引号在表示否定时加"所谓",括号补充另用文字说明等。

四、述职报告的写作要求

(一)要充分反映出自己在任期内的工作实绩和问题

述职是民主考评干部的重要一环,也是干部自觉接受组织和群众监督的一种有效形式。

干部作述职报告,是为了让组织和群众了解和掌握干部德才状况和履行职责的情况。因此,述职报告应该充分反映出自己在任期内的工作实绩和问题,写出自身在岗位上做了什么实事,结果怎么样,有哪些贡献以及工作的不足之处,包括工作效率、完成任务的指标、取得的效益等。

(二)要实事求是地评价自己

对自己的评价要实事求是,不说过头话、大话、假话、套话、空话。要处理好成绩和问题的关系,理直气壮摆成绩,诚恳大胆讲失误。表述上要处理好叙和议的关系,就是以叙述为主,把自己做过的工作实绩写出来,不要大发议论、旁征博引,议论也只是针对岗位规范,根据叙述的事实,引出评价,不能过分拔高。

(三)要抓住重点,突出个性

表述的内容应抓住重点,抓住最能显示工作实绩的大事件或关键事件写入述职报告。凡重点工作、经验、体会或问题等,一定要有理有据、充实具体,而对一般性、事务性工作,宜概括说明,不必面面俱到。抓住重点,突出中心,还应突出自己的特色,突出自己独有的气质,独有的风格,独有的贡献,让人能分辨出自己在具体工作中所起到的作用。

【实例3-3】

教师学年述职报告

在这一学年里,本人在学校的工作安排下,担任了××教学工作。一学年以来,在学校领导的关心和支持下,尽职尽责做好各项工作。现具体汇报如下:

一、班主任工作

在担任×班班主任的工作中,做到认真完成学校布置的各项工作,重视班风、学风的培养,深入了解每个学生的思想动态。严格管理,积极与家长配合,研究教育学生的有效方法。及时发现问题,及时处理。在担任班主任工作期间,针对学生常规工作常抓不懈,实施量化管理制度。培养学生养成爱学习、讲卫生等良好的习惯,努力创造一个团结向上、富有朝气的班集体。该班在各方面的表现都比较好,并在××比赛中荣获第一名。

二、教学工作

在教学工作上,根据学校的工作目标和教材的内容,通过钻研教材、研究具体教学方法,制定了切实可行的学期工作计划,为整个学期的××教学工作定下目标和方向,保证了整个教学工作的顺利开展。

在教学的过程中,学生是主体,让学生学好知识是老师的职责。因此,在教学之前,贯彻《九年义务教育××教学大纲》的精神,认真细致地研究教材,研究学生掌握知识的方法。通过钻研教学大纲和教材,不断探索、尝试各种教学的方法,开展"如何培养中学生创造能力"教学实验专题,积极进行教学改革。积极参加市教研室及学校组织的教研活动,通过参观学习、外出听课等教学活动,吸取相关的教学经验,提高自身的教学水平。通过利用网络资源、各类相关专业的书报杂志了解现代教育的动向,开拓教学视野和思维。艺术需要个性,没有个性就无所谓艺术。在教学中尊重孩子的不同兴趣爱好、不同的生活感受和不同的表现形式及方法等,使他们形成自己的风格,不强求一致。艺术的魅力在于审美个性的独特性,越

应用写作

有个性的艺术就越美,越能发现独特的美的人就越有审美能力,越有创造力。所以,在中学××教育中,有意识地以学生为主体,教师为主导,通过各种游戏、比赛等教学手段,充分调动他们的学习兴趣及学习积极性,让他们的天性和个性得以自由、健康的发挥,让学生在视觉、听觉、触觉中培养创造性思维方式,在进行艺术创作时得以充分自由的运用。

三、第二课堂的开展,因材施教,做好培优工作

抓好第二课堂,实施素质教学。根据本校学生的基础,发掘有××兴趣、特长的学生,组织他们在第二课堂进行培养,并按年龄、基础等情况分为××兴趣小组初级班和创作班。按实际情况采用不同的计划、步骤和方法,进行有效的培训教学。学生经过一个学年有计划、有步骤的培训后,××水平有了很大的提高。在学校的支持下建成有本校特色的××,各方来宾对我校学生的××给予较高的评价,并支持我们的做法,这在一定程度上加强了我校的文化氛围。

四、其他工作

除了日常的教学工作之外,负责校内大部分的宣传工作,为了能做好学校的宣传工作,不计酬劳、任劳任怨、加班加点,按时保质地完成了工作。

在这一学年的工作中,通过和同事共同的努力,提高了我校的××水平,取得了一定的成绩。但在教学工作中,自身尚有不足之处,还须继续努力提高自身的能力。寄希望于下一学年度为提高我校学生的××水平、营造校园的文化气氛、促进我校素质教育的发展作出更大的贡献。

【实例评析】

这份述职报告篇幅不长,但内容丰富,报告全面概括了这位教师在任职期间的工作情况和工作成绩,反映了这位教师对工作认真负责的态度和良好的师德师风。全文语言表述流畅、自然,格式比较规范。

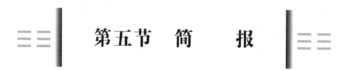

第五节 简　　报

一、简报的概念

简报是党政机关、人民团体和企事业单位及时反映情况的一种内部文件。"动态""简讯""快报""情况反映""内部参考"等都属于简报。有的在简报二字前面加上单位或地区的名称,如"北京师范学院简报""海淀简报"等;有的在简报二字前面加上表示内容区别的词语,如"工作简报""青工轮训简报"等。简报的名称有各种叫法,没有统一的规定。

简报虽属内部文件,但它不是公文,不具有一般公文的约束力。它是一种具有汇报性、交流性和指导性的书面材料。

简报的应用范围很广,通过简报,领导机关可以及时掌握情况,有利于制定政策,指导工作;平行机关可以互通信息,交流经验,加强协作;下级机关可以向上级汇报工作、反映情况,并争取领导的支持与帮助,从而更好地开展工作。它的作用可以简单地概括为:沟通情况、反映问题、交流经验、推动工作。

二、简报的特点

简报的特定作用规定着它有以下两个显著的特点。

（一）简明扼要

简报的内容简要，反映问题集中，一般是一事一报。一份简报只宜刊登一份材料，文字尤其要简洁。报道情况要开门见山，直截了当。篇幅力求短小，一般为"千字文"。

（二）迅速及时

简报类似新闻报道中的消息，编发速度越快越好。快，才能充分发挥其沟通信息、交流经验、指导工作的作用。

三、简报的种类

简报的种类较多，就其内容而言，大体可以分为以下三类。

（一）综合简报

综合简报是为了推动日常工作而编写的，主要是反映工作的进展情况、经验和问题。综合简报不是有闻必报，它要求在全面了解情况的基础上，围绕中心，突出重点。既要有情况概述，给人以总的印象；又要运用典型事例，给人以鲜活的感性认识。

（二）专题简报

专题简报是为了配合某项重要工作或针对某项中心任务而专门编发的。它要求更及时、更敏锐地反映工作中的新情况、新经验、新问题，以充分发挥它对工作的指导作用。

（三）会议简报

会议简报是会议期间为反映会议情况而编发的，主要是报道会议的筹备过程、进展情况、主要发言以及会外花絮等，用来了解会议情况，并且可供领导机关参考和与会者作为传达的文字根据。

此外，简报还可依据发简报的目的、阅读范围、时间等划分不同类型。如：按发简报的目的来划分，可将简报分为情况简报和经验简报两种：情况简报主要用来给领导和有关部门提供情况，作为参考之用；经验简报主要是为了交流经验，互通信息。按阅读范围来划分，简报可分为机密和非机密两种：机密简报只供有关的同志阅读；非机密简报则大家都可以阅读。按时间来划分，还有定期的和不定期的两种简报。

四、简报的格式

简报的种类虽然很多，但格式都较为一致。简报可分报头、正文、报尾三部分。

（一）报头

报头包括简报的名称、期数、编发单位和日期，报头的规范要求有以下四点。

①在报头中间写上"简报"二字，字体要稍大一些，一般用红体字，显得醒目。若印刷条件不允许的话，可用黑体字。

②在"简报"二字下面中间写上"第×期"，表示期数。

③在期数下面的左边顶格处写主编单位的名称，如果"简报"二字前面已有主编单位的名称，这里就不用再写了，右边写印发的日期。

④在单位的名称和日期的下面，画一条长线，颜色与标题所用的一致。如果是机密简报，在长线下面左边顶格处，写上"机密"二字，下面再写正文。

（二）正文

正文包括标题、开头、主体、结尾、按语五部分。

1. 标题

简报的标题是很重要的。当简报发下去后，人们是否愿意看，与所拟标题的好坏有一定的关系。有人说，标题是文章的"第一吸引力"，拟简报的标题，更要注意发挥它的"第一吸引力"的作用，要让人一见到标题就想继续看下去。

简报的标题基本要求是贴切、简明、醒目。所谓贴切就是能确切地表述出文章的内容；所谓简明就是简洁明快，不拖泥带水；所谓醒目，就是使人一看，就能明确简报主要内容，不必进行过多猜想，如《点滴节约见精神》、《把农业科学技术送给千家万户》、《送医送药上门，搞好优质服务》等标题，它明确地揭示了简报的内容，让人一看就知道简报所描写的内容是什么。有的简报的标题就不符合要求，如《××公司党委召开工作会议》，这个标题只能让读者知道什么单位开了个工作会议，而这个会议讨论了什么问题，研究了什么工作，提出了什么要求，从标题上完全看不出来。

当简报的主要内容在标题中不足以表达出来的时候，可加个副标题。副标题的作用是对正标题的内容加以补充说明，如下面这个标题。

巩固成绩，开创新水平
——北京橡胶公司召开第六次"质量月"小结表彰大会

2. 开头

简报的开头和新闻的导语相似，要求用简短的文字准确地概括全文的中心或主要事实。一般应把问题发生的时间、地点、人物、事件、结果交代清楚，给人一个总体印象，切不可"绕大弯子"、"戴大帽子"，空发议论。

开头的方式很多，或记叙式，朴实明白；或提问式，引人注意；或结论式，总结全篇；或描写式，生动活泼。怎样为好，应视情况而定。

3. 主体

主体是简报的中心部分，写好这一部分是写好简报的关键。要用鲜明的观点、精当的材料、清晰的条理、简洁的语言，围绕一个中心来精心组织安排。主体和导语要做到上下衔接，不得相违。主体部分要用典型的实际材料来表现导语所概括的内容，使导语具体化。

主体的结构安排,通常有两种方式:一是按时间顺序,二是按逻辑顺序。前者是按照事件的发生、发展和结果的先后顺序来安排;后者是按照事物内在联系的关系(或因果,或主从,或递进,或正反,或点面等)来安排。这两种顺序都不是绝对的,在实际写作中常常交叉使用,主要还是根据内容来定。

4. 结尾

结尾是内容发展的自然结束,应根据需要,用简明的语言,或概括主旨,或指明趋势,或发出号召,或提出任务。如果文体部分已言尽意止,就不必另加结尾。

5. 按语

有的简报是转发其他材料的,这就需要在简报的前面加上按语,以说明转发的原因、目的,或对编写的内容加以必要的说明、评议。评议性的按语多数是转达领导意图的,重要的按语应由领导亲自撰写。按语更要提纲挈领,简明扼要。

(三) 报尾

正文结束后,在这一页的下方适当的地方画一条长线,颜色与报头长线的一致。长线下面的左边,分两行写上报送单位和分送单位。然后再画一条长线,长线的下面的右边,写上"共×份"(机密的简报必须写)。如果不写报送单位和分送单位,这两条线可以不画。

五、编写简报应注意的问题

(一) 简明扼要

简报的一个主要特点是"简",一般简报写一两千字,简讯则仅有几十字至几百字。简报要注意内容的单一性,抓住一个事件、一个问题或一个方面写即可,不要面面俱到而写成综合报告,要抓住核心,突出重点。语言要简练,用最少的文字,表达丰富的内容。

(二) 实事求是

简报中反映情况要符合客观事实,要真实可靠。简报中的人名、地名、时间、数字、情节、引语等都要准确无误。对事实的分析、判断要恰如其分,符合事物的本来面目。不要以偏概全,不要过分拔高或贬低,更不能歪曲事实,无限上纲上线。"实事求是"是简报的实质所在。

(三) 新情况,新问题,新经验

写简报要在"新"字上面下功夫,发现新情况,处理的问题,传授新经验。简报的书写要做到有针对性,能解决实际问题。

(四) 迅速及时

当发现新情况、新问题时,要及时发简报,否则就会延误时机,失去简报的作用。即使是时效性不强的事情,也要尽可能早一点告知群众。

应用写作

【实例 3-4】

防汛抗旱简报

第 11 期

蚌埠市防汛抗旱指挥部办公室　　　　　　　　　　　2017 年 7 月 13 日

坚持防汛抗旱两手抓　切实提高科学应对能力

——于勇检查调研防汛抗旱工作

　　7月13日下午,市委书记于勇先后赴淮河蚌埠闸、天公河项目席家沟液压翻板闸、城区防汛排涝应急指挥中心,检查调研防汛抗旱准备工作。市委常委、市委秘书长杨森,市委常委、副市长胡启望参加调研。

　　于勇详细了解了蚌埠闸防洪能力、水利工程建设等情况,要求相关部门要科学调度、合理安排,充分发挥工程设施在防汛抗旱中的骨干作用。在天公河项目席家沟液压板闸工程现场,对我市防汛物资安排、险工险段处理、河岸环境整治等工作提出要求。于勇一行来到城区防汛排涝应急指挥中心,通过监控系统检查城市防汛排涝体系建设,希望提升城市应急防洪排涝能力,落实应急排涝措施,确保人民群众生命财产安全。

　　于勇在调研中要求,要密切关注天气、雨情、水情、汛情的动态变化,坚持防汛抗旱两手抓,科学合理调度水资源,切实提高科学应对能力。要层层落实防汛抗旱责任制,将责任制贯穿于防汛抗旱全过程。强化组织保障、物质保障、队伍保障、预案保障。既要强化防洪保安,更要围绕"水"做好"利"的文章,发挥水利促进经济社会发展、保护生态环境的功能,提升水利工程保障能力。要补齐城区防汛基础设施建设短板,抓好城市地下综合管廊规划建设,完善城市防汛排涝体系,大力提升城市防汛排涝能力。要加强监测预警,注意瞬时降雨。提前作好预判,尤其是做好老旧小区、泵站、立交、下穿等重点地区排涝应急预案。

　　市水利局、市住建委等部门负责同志就我市今年的防汛抗旱工作和城区防汛排涝工作向于勇作了汇报。

　　报:省防汛指办,市委办、市政府办

　　发:市指成员单位,各县市(区)防汛抗旱指挥部

　　签发:王业国　　拟稿:孟宪国

【实例评析】

　　这是一篇编写及时、内容集中、条理清晰、语言简练的简报,具有较强的政策性和指导性。

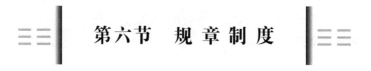

第六节　规章制度

一、规章制度的概念和作用

　　规章制度是由国家机关、社会团体、企事业单位在一定范围内制定的一种具有法规性和

· 94 ·

约束力的文件。它是对一定范围内的行为作的规范性的要求,有关人员必须按规章办事,共同遵守规章制度。

规章制度具有法规性和约束力。规章制度一经制定并公布,就带有法规性质,在一定范围内对人们的行为起规范作用,具有行政约束力。

规章制度这类文书的应用范围十分广泛,是进行社会管理的有力工具,为企业的生产经营服务,为组织的高效率运转服务,为社会的稳定和安宁服务。任何一个团体、机关、单位、部门等,都是一个相对独立的系统,这个独立的系统又是由若干个体组成,为了众多的个体朝共同的目标和方向迈进,必须对个体行为进行约束和规范。这是各种规章制度产生的原因,也是它的作用。只有用这些规章制度来进行约束、控制和指导,才能确保工作、学习、生产、生活等有秩序地、正常协调地进行。

二、规章制度的种类

规章制度是一个总称,它的种类比较多。一般来说,由政府或企事业单位根据实际需要,用行政单位的名义制定公布的,叫作规章制度;由群众公议订立的,叫作公约。

常见的规章制度有章程、条例、规定、制度、规程、办法、规则、细则、守则、须知等。常见的公约有学习公约、班级公约、服务公约、卫生公约、拥军优属公约、拥政爱民公约等。

其中章程、条例、规定是三种较为常见的规章制度。

(一) 章程

章程是政治、经济、文化、科学等党团组织,为所属成员制定的共同遵守的法规性文件,如《中国共产主义青年团章程》。章程要对一个组织或团体的性质、宗旨、任务、目的、组织、成员、权利、义务、活动方式以及纪律等作明确的说明与规定。它是一种系统性、根本性的规章制度,对组织成员有很强的约束力。章程的使用范围很有限,一般是党团组织用以规定其组织性质、任务、宗旨等。此外,一些企业单位用以规定其业务性质、活动方式时也采用章程的形式。其他方面的规范一般不用章程。

(二) 条例

条例是对某方面行政工作作出比较全面、系统规定的文书。条例实质上是国家领导机关对法律、政策所作的补充说明和辅助性规定,是对某些政策法的进一步具体化。条例是具有权威性、法制性和强制性的行政法规文件,只有党和政府的领导机关才能制定条例。条例具有法的约束力,它是行政人员在执行公务时的具体依据,具有很强的指导性。同时,对被执行对象具有强制性,如《中华人民共和国治安管理处罚条例》对执行者、执行对象、执行方式等都作了明确的规定。

(三) 规定

规定是某个组织针对某项工作或活动提出一定的要求,并制定相应的措施,要下级机关或有关部门贯彻执行的指令性文件。规定具有一定的法规性,是一种应用极为广泛的机关

事务文书。凡党政机关、企事业单位、社会团体,须对某方面工作作特定的要求,都可以制定相应的规定,以保证工作的顺利完成和落实,如《国务院关于职工探亲待遇的规定》。比之条例,规定所规范的对象和范围更集中,措施要求也更具体。比之办法,规定的原则性更强。

三、规章制度的格式和内容

(一)标题

规章制度的标题,应标明规章制度的种类和规范的对象、内容等,写在第一行的正中间。规章制度的种类不同,标题的写法也不完全相同,归纳起来有五种写法:一是"内容+种类",如《出版物汉字使用管理规定》、《服务公约》;二是"单位+种类",如《中国作家协会章程》;三是"人员+种类",如《中学生守则》、《企业职工奖惩条例》;四是"单位(地域)+内容+种类",如《××百货商场服务公约》、《中华人民共和国国库券条例》;五是公文式,如《北京市关于禁止燃放烟花爆竹的规定》。

如果规章制度在内容上还不够成熟,可以在标题内写明"暂行"、"试行"或"草案"等字样,如《高等学校学生行为准则(试行)》。

(二)正文

正文要写清楚规章制度的具体内容,这些内容一般都是分条列出,每一条只表述一个意思。

正文主要有以下两种类型。

第一种是章条式的写法,须分章、分条目来写。第一章叫总则,简要说明制定本规章制度的依据、目的和总的要求。以下各章叫分则,说明具体要求执行的事项和办法。分则分章要设小标题,标明本章的主旨。最后一章叫附则,说明本规章制度以及具体实施办法的制定权、修订权、解释权,以及适用对象和生效日期等,适用对象和生效日期也可写在总则内。每章下分若干条,条的序数按整个规章制度统一排列。有时,每条下又分若干款,但一般不写"第×款",只用序码标明。

第二种是条文式的写法。一般适用于内容比较简单的规章制度,只要分条写出规章制度的内容即可,如守则、须知、公约等。有的分三层意思来写,第一层先简单说明订立这项规章制度的目的、意义;第二层分条写出应遵守的事项;第三层补充说明解释权限、生效日期等。也有的把第一层意思作为第一条,接着按序号排列下去,而把第三层意思作为最后一条。

(三)署名和日期

制定者的名称和实行日期,一般写在正文结尾后面,已在标题中写明单位名称的,这里就不必重复。有的规章制度是由政府机关随文颁发的,也不再署名。有的规章制度自公布起需要长期实行的可以不写日期。有的随文件颁发,文件上已有日期,也可以不再写。凡要写日期的,就应具体写明年、月、日。

四、规章制度写作注意事项

规章制度写作须注意的事项有以下六条。

①制定规章制度必须符合党和国家的方针、政策、法令,以严肃审慎的态度进行拟制。

②制定规章制度必须结合本单位或本部门的实际情况,要有针对性、可行性。为了使群众能自觉遵守,在制定过程中应该通过各种方式广泛吸收群众意见。

③内容要全面系统。对组织内部涉及的各个方面都要考虑到,不能遗漏掉某方面内容,对内容的简述要分章分节交代清楚,条款分明,不能前后混杂,更不能前后矛盾。

④所规定的内容既要有原则性的,又要有具体性的。规定不能过死,要有一定的灵活性,以便于各地根据自己的实际情况,使条例得以贯彻执行。

⑤用词要准确,概念要单一,语气要肯定。条文清楚,语言简洁,便于记忆和执行。

⑥规章制度订立以后要定期检查,发现有不合适或不完善的地方,须及时修改并补充。

【实例3-5】

中国书法家协会章程

(2015年12月7日　中国书法家协会第七次全国代表大会第二次全体代表会议通过)

第一章　总　　则

第一条　中国书法家协会是中国共产党领导的、全国各民族书法家组成的专业性人民团体,是党和政府联系书法界的桥梁和纽带,是繁荣发展社会主义文艺事业、建设社会主义文化强国的重要力量。

第二条　中国书法家协会是中国文学艺术界联合会的团体会员。

第三条　中国书法家协会以马克思列宁主义、毛泽东思想、邓小平理论、"三个代表"重要思想、科学发展观为指导,深入学习贯彻习近平总书记系列重要讲话精神和《中共中央关于繁荣发展社会主义文艺的意见》,按照中央协调推进全面建成小康社会、全面深化改革、全面依法治国、全面从严治党的战略布局,强化社会责任,履行社会职能,带头培育和践行社会主义核心价值观,坚持走中国特色社会主义文化发展道路;坚持文艺为人民服务、为社会主义服务的方向和百花齐放、百家争鸣的方针;坚持以人民为中心的工作导向,弘扬爱国主义主旋律,广泛团结全国各民族书法家、书法工作者和书法爱好者,继承弘扬中华民族优秀传统文化和美学精神,学习借鉴世界优秀文化成果,古为今用、洋为中用、开拓创新、融会贯通,推动创作更多无愧于民族和时代的思想精深、艺术精湛、制作精良的优秀作品。发扬学术民主、艺术民主,营造开展书法艺术批评的良好氛围。发展繁荣社会主义书法事业,为建设社会主义文化强国,实现"两个一百年"奋斗目标、实现中华民族伟大复兴的中国梦而努力奋斗。

第四条　本会遵守《中华人民共和国宪法》和国家各项法律、法规,按照本会章程开展各项工作。

应用写作

第二章 任 务

第五条 本会积极履行团结引导、联络协调、服务管理、自律维权的基本职能,在行业建设中发挥主导作用。通过组织学习、深入生活、采风创作、评奖办会、成果展示,开展理论研讨、调查研究、书刊出版,强化惠民公益服务、对外交流、人才培训、权益保护等各项工作,对会员进行业务指导。

第六条 按照德艺双馨的要求,加强思想引领、政治引领、价值引领,努力提高书法队伍的思想道德素质、文化修养和业务水平,弘扬"爱国、为民、崇德、尚艺"的中国文艺界核心价值观,践行中国文艺工作者职业道德公约,培育良好的职业精神和职业道德,加强行业服务、行业管理、行业自律。

第七条 组织引导书法工作者深入生活、扎根人民,开展创作活动,鼓励会员把创作优秀作品作为中心环节,不断提高书法专业水平。在书法艺术创作中要努力反映社会主义时代精神和人民群众创造历史的精神风貌,阐发和传播中国精神。深入继承传统、借鉴各类文化成果,鼓励探索和创新,提倡题材、体裁、形式及风格、流派的多样化。繁荣书法创作,不断提高书法作品的思想和艺术水平。

第八条 采取多种形式组织各类书法展览及评奖活动,大力繁荣书法创作,开展书法理论研究,组织学术交流,加强编辑出版、网站及新媒体建设,推动各级书法教育,培养书法人才。完善机制,拓宽渠道,建设文艺阵地,发现、培育新生力量,发展有贡献、有影响的书法人才、组织和群体入会,壮大书法队伍。对成绩突出的团体会员、个人会员和书法工作者予以表彰或奖励。

第九条 传承和弘扬中华民族优秀书法文化传统,保护中华民族优秀书法文化遗产。

第十条 遵循艺术规律,发挥专家作用,建设本会各专业委员会和工作委员会。

第十一条 坚持面向基层、服务社会,广泛开展书法志愿服务活动。重视支持基层书法组织和群众性书法活动,并以多种方式加强与各级政府、各有关部门及社会各界的联系和合作,促进书法艺术的普及与提高。

第十二条 根据国家法律和有关政策,积极支持发展书法文化产业,加强基础文化建设,为服务会员创造条件。

第十三条 依据有关法律和本会章程保护会员的合法权益,并建立健全相应权益保障机制,完善相关职能。

第十四条 加强与香港特别行政区、澳门特别行政区、台湾地区以及海外侨胞中的书法组织、书法家的联系、交流和合作,为弘扬中华民族的优秀文化发挥积极作用。

第十五条 积极开展对外书法文化交流,建立发展同各国书法艺术组织、书法家的友好关系,推动中国书法走向世界,展现中国文化风貌,加深国际社会的认识和理解,为维护国家利益和文化安全、促进各国人民之间的友谊与世界和平进步事业作出贡献。

第三章 会 员

第十六条 中国书法家协会实行团体会员和个人会员制。

各省、自治区、直辖市和新疆生产建设兵团书法家协会为本会团体会员。

中国人民解放军及中国人民武装警察部队中的中国书协会员集体参加中国书协活动,

视同团体会员。

全国性产(行)业书协,凡赞成本会章程,并具备相应条件,可提出申请,报本会主席团审批,履行手续后,可成为本会团体会员。

第十七条　凡是中华人民共和国公民,在书法艺术领域取得一定成就,具有较高的思想文化素质,符合入会条件,赞成本会章程者,由本人提出申请,两名本会会员介绍,经申请人所在的团体会员单位推荐,报本会批准并履行手续后,可成为本会个人会员。本会个人会员只隶属中国书协的一个团体会员。

第十八条　本会团体会员和个人会员入会条件细则依据本章程另行制定,经中国书法家协会主席团会审议通过后,由驻会领导机构组织实施。

第十九条　香港、澳门特别行政区的书法家和书法工作者,赞成本会章程,符合入会条件,由本人提出申请,经中央人民政府驻香港、澳门特别行政区联络办公室推荐,并履行相关手续后,报本会批准,可成为本会个人会员。

台湾地区的书法家和书法工作者,赞成本会章程,符合入会条件,由本人提出申请,经本会审核,报上级主管部门审批后,可成为本会个人会员。

第二十条　会员有选举权和被选举权,有对本会工作提出意见、建议和监督的权利,有退出本会的自由。会员退会需由所在本会团体会员审核(港澳特别行政区、台湾地区会员需由上级主管部门审核)并报中国书协审批。团体会员有推选中国书法家协会全国代表大会代表,推荐其会员加入本会的权利,有加强会员管理监督、引导服务,建设基层书法队伍的责任。会员有遵守本会章程,执行本会决议,维护本会权益和声誉,接受本会指导、监督和管理,按时交纳会费,完成本会交付各项工作的义务,有为书法事业作出奉献的责任。

第二十一条　对中国书法事业有特殊贡献的国内外书法家、书法工作者、书法爱好者,符合一定条件,认可本会章程,由本会团体会员推荐,履行相关手续,经本会审核批准后,可授予名誉会员。名誉会员免缴会费,在本会无选举权和被选举权。

第二十二条　会员和理事因违犯国家法律、法规及有关纪律,违反本会章程、社会公德、艺术道德,损害本会权益和声誉的,视情节轻重,经一定程序后,由驻会领导机构讨论决定,报本会主席团批准,可分别给予批评教育、通报批评、暂停会籍、开除会籍及取消理事资格等处理,并相应予以公告。

第四章　组　　织

第二十三条　本会的组织原则是民主集中制。

本会的最高权力机构是中国书法家协会全国代表大会。其职权是:

1. 决定本会的工作方针和任务;
2. 审议工作报告;
3. 制定和修改《中国书法家协会章程》;
4. 选举产生领导机构;
5. 决定其他重大事项。

第二十四条　全国代表大会的个人代表由各团体会员单位和相关单位通过民主协商推举产生。根据需要,由大会筹备机构确定部分特邀代表。各团体会员单位主持日常工作的一名负责人作为全国代表大会的团体会员代表,同时作为代表该团体会员单位的理事候选

人。代表团体会员单位的理事,如不再担任该团体会员单位负责人,其理事资格由所在团体会员单位推举另一位负责人担任,报本会主席团审议通过。

第二十五条　全国代表大会选举产生理事会。理事会选举产生主席一人、副主席若干人组成主席团。主席团任命秘书长一人、副秘书长若干人。

全国代表大会闭会期间,由理事会执行代表大会决议。理事会闭会期间,由主席团执行代表大会和理事会的决议。

驻会副主席主持协会日常工作。

第二十六条　全国代表大会每五年召开一次,必要时由主席团决定提前或延期召开。理事会不定期举行,由主席团召集。主席团会议由主席或主席委托驻会副主席召集,会议根据需要随时召开。

第二十七条　主席团成员和理事会理事,有对本会建设、发展和社会公益事业参与、奉献的责任与义务。

第二十八条　本会设名誉主席、顾问等荣誉职务,由主席团推举或聘请。担任荣誉职务者不兼任理事。

第二十九条　对违犯国家法律、法规、有关纪律、本会章程的领导机构成员,视其情节轻重,按照规定程序,可予以撤换、调整或罢免。

第五章　经费及资产管理

第三十条　本会经费来源为国家拨款、会员会费、社会赞助、企事业收入、其他合法收入。本会接受会员、名誉会员和海内外社会各界提供的资助。

第三十一条　本会的经费、资产及国家拨给本会的不动产受法律保护,任何单位和个人不得侵占、挪用和任意改拨;本会所属企业、事业的资产隶属关系不得任意改变。

第六章　附　　则

第三十二条　中国书法家协会简称"中国书协",英文全称是 CHINA CALLIGRAPHERS ASSOCIATION,缩写为 CCA。本会会址设在北京。

第三十三条　中国书法家协会会徽选用汉字"中",经艺术设计呈现为红色艺术字形,辅以黑色繁体中文和英文字体标出的中国书法家协会名称组成。

第三十四条　本章程由中国书法家协会全国代表大会审议通过,其修改权属本会全国代表大会,解释权属中国书法家协会。

【实例评析】

"章程"是公约性文件,由组织自定并表达发起人的共同愿望,体现全体成员的利益,是约束全体成员自身行为的规范。因此,在制定和写作上必须保持其严肃性,每章每条都要合理、规范和完备。每章所涉及的内容要完备无缺,不能脱离实际。条文要明确、具体,概念准确、规范,前后贯通一致。例文以总则为开头,列为第一章,写明组织名称、性质、宗旨,以及制定章程的依据和隶属关系等,叙述简明准确。分则部分,阐明组织的任务、组织活动的内容和方式、组织人员的条件和权利义务、组织机构和职责、经费来源等。附则规定章程的解释权和修改权的权属以及名称、会址等事宜,体现规章制度应具备的"实用性、强制性、规定性和程序性"的特征。

第七节 会议记录

一、会议记录的特点

（一）真实性

会议记录的执笔者与其他文章的写作者有一个重要的区别,就是会议记录的执笔者只有记录权而没有改造权。会议讲什么内容就记录什么内容,与会者发言时说了什么就记录什么,记录者不能进行加工、提炼,不能增添、删减,不能移花接木,也不能张冠李戴。

（二）原始形态性

会议记录是会议情况和内容的原始化的记录。所谓原始,就是未经整理、未经综合。在这一点上,它与会议简报、会议纪要有着很大不同。会议简报和会议纪要也是真实的,但不是原始的。虽然在内容上可能没有太大的差别,但在存在形态上,会议记录与会议简报和会议纪要的差异甚大。

（三）完整性

会议记录对会议的时间、地点、出席人员、主持人、议程等基本情况,以及领导讲话、与会者的发言、讨论和争议、形成的决议和决定等内容,都要记录下来,一般没有太多的选择性。

二、会议记录的写法

（一）标题

标题由会议名称加文体名称组成,就是《××××会议记录》。如果使用的是专用的会议记录本,连"记录"二字也可省略,只写会议名称即可。

（二）会议组织概况

1. 会议时间
会议时间要写明年、月、日、上午、下午或晚上,以及×时×分至×时×分。

2. 开会地点
写明开会地点,如"××会议室"、"××礼堂"、"××现场"等。

3. 主持人的职务、姓名
记录主持人的职务和姓名,如"校党委书记×××"、"公司总经理×××"。

4. 出席人
根据会议的性质、规模和重要程度的不同,出席人一项的详略也会有所不同。有时可以

只显示身份和人数,如"各院系党总支书记和直属党支部书记 31 人"、"各部门经理"、"全体与会代表"等;如果出席人身份复杂,如既有上级领导,又有本单位各部门的主要领导,还有各种相关人员,最好将主要人员的职务、姓名一一列出,其他有关人员则分类列出。

5. 列席人

对列席人信息的记录一般包括列席人的身份、姓名等,可参照出席人的记录方法。

6. 缺席人

如有重要人物缺席,应作记录。

7. 记录人

写清记录人的姓名和部门。

(三) 会议内容

会议内容随着会议的进展一步步完成,没有具体的固定模式。一般包含有以下七个方面。

①会议的议题、宗旨、目的;
②会议议程;
③会议报告和讲话;
④会议讨论和发言;
⑤会议的表决情况;
⑥会议的决定和决议;
⑦会议的遗留问题。

以上是一般会议都有的项目,但侧重点会有所不同,先后次序也会有所不同。

(四) 结尾

会议记录的结尾可将主持人宣布的散会一项记入,也可以将散会一项略去不记。

最后,由主持人和记录人对记录进行认真校核后,分别签上姓名,以示对此负责。

三、会议记录的写作要求

(一) 突出重点

会议记录须突出的重点有:一是会议中心议题;二是会议讨论,包括争论的焦点及各方的主要见解;三是主要人物的发言;四是会议已决或未决的事项;五是其他有较大影响力的言论或活动。

(二) 忠于事实

会议记录不能夹杂记录者个人的好恶与观点,更不允许因个人的观点而对发言内容有意进行增删或改动。

(三) 适当穿插

为了真实地反映会议实况,可适当穿插一些情景方面的细节,如笑声、掌声等。

【实例 3-6】

××市城南开发区管委会办公会议记录

时间:1995年4月8日上午

地点:管委会会议室

主持人:李××

出席者:杨××、周××、李××、肖××、陈××及建委、工商局有关科室宣传人员;街道居委会负责人

列席者:管委会全体干部

记录者:邹××

讨论议题:

1. 如何整顿城市市场秩序。

2. 如何制止违章建筑,维护市容市貌。

杨主任报告城市现状:我区过去在开发区党委的领导下,各职能单位同心协力、齐抓共管,在创建文明卫生城市方面取得了一定成绩,相应的城市市场秩序进一步完善,市容街道也较可观。可近几个月来,市场秩序倒退了,街道上小商贩逐渐多起来,水果摊、菜担、小百货满街乱摆……一些建筑施工单位沿街违章搭棚,乱堆放材料,搬运泥土撒落大街……这些情况严重地破坏了市容市貌,使大街变得又乱又脏,社会各界反应很强烈。因此,今天请大家来研究如何整顿市场秩序,如何治理违章建筑、违章作业,如何维护市容。

讨论发言

肖××:个体商贩不按规定到指定市场经营,管理不得力、处理不坚决,我们有责任。这件事我们坚决抓落实:重新宣传市场有关规定,坐商归店,小贩归市,农民卖蔬菜副食到专门的农贸市场……工商局全面出动抓,也希望街道居委会配合,具体行动方案我们再考虑。

罗××:市场是到了非整不可的地步了。我们的方针、办法都有了,过去实行过,都是行之有效的,现在的问题是要敢于抓,有人抓并落到实处……只要大家齐心协力,问题是能够解决的。

秦××:整顿市场纪律我们居委会也有责任。我们一定发动群众配合好,制止乱摆摊,乱叫卖的现象。

李××:去年上半年在创建文明卫生城市时,市上出了个七号文件,其中规定施工单位不能乱摆"战场"。工棚、工场不得临街设置,更不准侵占人行道。沿街面施工要有安全防护措施……今年有的施工单位不顾市上文件,在人行道上搭工棚、堆器材。这种违章作业严重地影响了街道整齐、美观,也影响了行人安全。基建取出的泥土,拖斗车装得过多,外运时沿街散落,到处有泥沙,破坏了街道整洁。希望管委会召集施工单位开一次会,重申市上七号文件,要求他们限期改正;否则,按文件规定惩处。态度要明确、坚决。

陈××:对犯规者一是教育,二是"逗硬"①。"不教而杀谓之虐",我们先宣传教育,如果施工单位仍我行我素概不执行,那时按文件"逗硬"处理,他们也就无话可说。

周××:城市管理我们都有文件、有办法,现在是贵在执行,职能部门是主力军,着重抓,

---

① 逗硬为方言说法,此处有动真格之意(编者注)。

应用写作

其他部门配合抓。居委会把居民特别是"执勤老人"都发动起来,按七号文件办事,我们市区就会文明、清洁,面貌改观……

与会人员经过充分讨论、协商,一致决定:

1. 由工商局牵头,居委会和其他部门配合,第一周宣传,第二周行动,监督实施,做到坐商归店,摊贩归点,农贸归市,彻底改变市场混乱的状况。

2. 由管委会牵头,城建委等单位配合对全区建筑工地进行一次检查。然后召开一次施工单位会议,对违章建筑、违章工场限期改正。一个月内改变面貌。过时不改者,坚决照章处理。

散会。

主持人:

记录人:

1995年4月8日

【实例评析】

该会议记录比较完整详细,忠于事实,条理清晰,语言简洁,格式规范。

第八节 公 示

一、公示的概念

公示意即公布宣示,作为一种公务文书,是指各级党政机关、企事业单位和社会团体将有关公共事务向广大群众和社会各有关方面公布,使其周知并征求意见和建议的文书。一般称为"公示",有时也称为"公示榜"。

公示事项既不是仅仅传达周知,也不是像"决定"、"决议"那样要求主送机关遵守执行,而是在公布信息的同时鼓励信息接收者主动反馈意见。

二、公示的作用

公示是各种社会组织与人民群众及社会各有关方面之间密切联系的桥梁和纽带,各级组织的决策层可以通过公示向广大群众宣示有关公共事务的情况和信息,以征求群众的意见和建议。广大群众则通过公示了解有关情况,从而参与管理和实行民主监督。

三、公示的特点

(一)政治性

公示是社会主义政治文明建设发展的产物,是公民、政党、企事业单位和社会团体实现政治参与的手段,是广大人民群众享有的知情权、参与权和监督权的有效实现形式,因此,公示的形式和内容都具有鲜明的政治性特征。

（二）公开性

公示将除党和国家机密之外的、与公众权益直接相关的各种事项和信息,向广大群众宣示、告知,从而促进各项事务公平、公正、合理地得到解决与办理。其公开性是公示制度的基本原则,也是公示这一文种的基本特征。

（三）诉求性

公示在公布事项和信息的同时,具有明确的意图,直接向受众发出反馈诉求,所以须在文中写明意见的反馈渠道和方式。这种诉求性是公示区别于其他文种的一个特征。

（四）单纯性

一份公示只涉及某一事务或某一信息,不宜同时涉及多种事务或多方面信息。在表达形式上,亦单纯简略。除公布的具体事项与信息外,不作过细的说明,更无须分析、阐述、评价,文字力求精练。

（五）广泛性

公示的适用面较广,凡与公众权益直接相关、需要听取反馈信息的事项,都可用公示行文发布。诸如:拟提升干部情况和准备提升的职位;机构设置,职责分工,法规制度,办事程序;机构处理各种事务的依据、内容、时限、结果;机构各种服务的收费标准;拟进行的工程、采购等事务情况;各种评选活动的候选者名单或结果;商品质量价格检查结果;行政执法信息;拟实施的措施等。

四、公示的种类

①根据内容性质的不同,可将公示分为领导干部任前公示、机构设置与有关事项公示、行政执法信息公示、机构服务与价格公示、工程项目与采购事项公示、评比检查活动结果公示等。

②根据发布载体的不同,可将公示分为公告栏公示、大众传媒公示等。

五、公示的结构

一份完整的公示由标题、正文、落款三部分构成。

（一）标题

公示的标题一般有三种格式:一是由发布公示的机关或单位名称、公示内容和文种组成,如《××省民政厅关于救灾捐款捐物接收和发放使用情况的公示》;二是由公示内容和文种组成,如《关于全市民办高等职业技术院校办学质量评估结果的公示》;三是只标明文种

"公示"。

(二) 正文

公示正文大体可分为公示缘由、公示事项、公示结语三部分。

1. 公示缘由

公示缘由即开门见山写明发布公示的原因、目的、根据、相关背景等,并提示公示事项或内容,然后用"现将……公示如下"等句式过渡到下文。缘由部分应力求简明扼要,有时也可省略此部分,直接交代公示事项。

2. 公示事项

公示事项是公示的实体部分,应以准确、明晰、简洁的文字,将须公开宣示的事务、信息逐一陈述。

3. 公示结语

结语是公示正文的重要组成部分。结语内容一般包括:公示事宜的期限(起止日期)、表明征求群众意见与建议的意图、意见或建议反馈的渠道与方式,包括受理单位或机构、部门名称、联系电话、受理方式与要求等。

(三) 落款

公示应于文末写明发布公示的机关、部门全称(或规范化简称)及发布日期,即落款;若标题已含发文单位名称,可省略署名。公开张贴的公示,应加盖发文单位印章。

六、写作公示的注意事项

(一) 文旨单一,主干突出

公示的主旨(事由)不能芜杂,应一文一事,单一集中,以便于群众有针对性地反馈意见,也便于发布公示的单位收集意见和解答处理。公示写作的重点部分是公示事项,其他部分则尽可能简略。

(二) 客观陈述,用语平实

公示旨在公布事项及征询用语平实简明,不发议论,不带任何感情倾向。

【实例 3-7】

关于对×××同志(或×××等同志)进行任前公示的公告

接市委组织部通知,现将经市委组织部研究拟任职的×××同志(或×××等同志)的有关情况予以公示,接受广大干部群众监督。如发现廉洁自律、计划生育等方面有影响任职的问题,可通过电话、来信、面谈等形式反映。如不存在影响任职的问题,将按有关规定履行任职手续。

一、公示对象简要情况

×××,男,汉族,××年×月出生,甘肃金昌人,本科学历,理学学士,中共党员。现任

××××××,拟任××××××。

二、公示时间

从2008年12月9日至2008年12月15日,共7天。上午8:30—12:00。下午14:30—18:00。

三、受理反映情况部门及联系方法

受理部门:金昌市委组织部干部监督科

联系电话:12380、8237608

通信地址:金昌市委组织部干部监督科

邮政编码:737100

中共金昌市×××局党委(党组)
20××年×月×日

【实例评析】

本篇公示具有权威性及合理性,开头给出了事实依据和理论依据。内容清晰,语言客观平实,主干突出。

练 习 题

一、填空题

1. 事务文书的特点有_____、_____、_____。
2. 计划的常见写作格式有三种：一是_____，二是_____，三是_____。
3. 述职报告的特点有_____、_____、_____。
4. 简报的种类有_____、_____、_____。
5. 会议记录的特点有_____、_____、_____。

二、选择题

1. 计划类文书标题中不能省略的项目是(　　)。
   A. 机关名称　　　B. 适用时间　　　C. 内容类别　　　D. 发文时间
2. 撰写的草案性计划,也可以称作(　　)。
   A. 打算　　　　　B. 要点　　　　　C. 安排　　　　　D. 设想
3. 写总结的主要目的是(　　)。
   A. 回顾工作成绩,树立今后工作的信心　　B. 找出经验或教训,总结工作规律
   C. 找出工作问题,以利解决存在的问题　　D. 详细记载工作历程,存档备查
4. 典型经验调查法指(　　)。
   A. 从总体中抽出部分样本进行调查　　　B. 从总体中选出有代表性的对象进行调查
   C. 针对总体进行全面调查　　　　　　　D. 深入现场进行实地观察
5. 事例分析。
   某领导的述职报告,将其在职几年的本人工作成绩和部门工作成绩全部写了进去,对于该做法,以下评论最恰当的是(　　)。
   A. 合乎情理,因为某领导的部门成绩是与其领导作用分不开的
   B. 这样做明显突出了个人在工作中的作用
   C. 述职报告都是这样写的
   D. 应当实事求是地说明自己在这些工作中的实际作用

三、名词解释

1. 计划
2. 总结
3. 简报

四、写作题

1. 俗话说:"吃不穷,穿不穷,不会打算一世穷。"每个学生都要学会按计划花钱,请你将一个学期的开支(包括交学费、购买学习和日常生活用品、生活费及其他费用项目)预计一下,拟定一份表格式计划,需要说明的内容可以用文字作简要说明。
2. 请你起草一份学生宿舍管理规定。
3. 你参加应用写作的学习,一定颇有收获,你是如何用科学的方法进行学习的？请你把感性的认识上升到理性的认识,总结出规律性的认识,写一篇学习经验总结,要求主体部分用小标题的形式串联材料。

五、下面是一则公示,请指出其中的错误并修改。

文学院 2014 级优秀研究生
新生奖学金推荐名单公示

根据中共××××大学委员会研工部文件《关于评选我校 2014 级优秀研究生新生奖学金的通知》(〔2014〕29 号),经研究生个人申请,文学院优秀研究生新生奖学金评审委员会评审,决定推荐下列同学申请优秀研究生新生奖学金,现将名单公示如下:

(名单略)

公示日期为 2014 年 10 月 30 日至 2014 年 11 月 3 日,如有异议,请与文学院研究生办公室联系:0553-591××××。

文学院
2014 年 10 月 30 日

第四章
日常事务文书写作

在日常的工作、学习、生活中,钱财往来、商洽事项、沟通信息,都少不了对日常事务文书的熟练使用,如借条、感谢信、申请书、致辞等,它们和日常生活联系十分密切,并且在长期的使用中有其固定的格式要求。

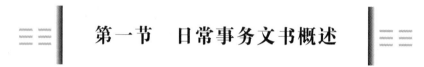

第一节　日常事务文书概述

一、日常事务文书的概念

日常事务文书是一个内涵较为广泛的概念,一般指人们在处理日常事务、进行社交礼仪活动时使用的各种文书的统称。日常事务文书文种纷繁,涉及内容庞杂,从使用范围上分,大致可以分为四类:条据类、书信类、礼仪类、笔记类。

二、日常事务文书的特点

日常事务文书作为普通人在日常交往中经常使用的一类文书,一般不具备专业性、官方性,区别于其他文种的特点具体表现在以下几个方面。

(一) 对象明确

日常事务文书往往有特定的写作对象,写给谁,行文者是一清二楚的,因此在写作时一定要有明确的对象,一般来说,称谓即行文的对象。

(二) 目的清楚

日常事务文书必须事先明确写作目的,如条据类文书,是凭证还是依据说明,目的要清清楚楚,一般不谈与目的无关的其他事项。

(三) 时效性强

日常事务文书总是针对在工作学习或生活中所出现的具体事情而写,因此都有一定的时效性,都要受时间的约束和限制,否则就有可能贻误时机,影响事情的处理,给工作、学习和生活造成不便和不必要的损失。这里的时效性,有两层含义。

1. 写作的时间有限制

借款要先写借据,请假要先写请假条,应聘要先写求职信,这些内容都要及时甚至提前撰写、拟制,不能延误。

2. 功用和效力有时间限制

日常事务文书在成文后,其功用和效力也有一定的时间限制。例如,借条约定时间为一个月,则只在一个月内有效;请柬则有明确的时间。

当然,不同类型的日常事务文书有不同的时效性要求。

三、日常事务文书的作用

日常事务文书具有较为广泛的社会功能,在人们的日常活动中发挥了以下两点作用。

(一)交流沟通作用

现代社会存在各种各样的社会关系,个人之间、单位之间、个人与单位之间均须交流沟通,而日常事务文书在人们社会交际中起到交流思想、沟通信息、联络感情的作用。书信类文书对于双方进行信息交流、情感沟通的作用重大;请柬、邀请函对加强双方的感情联系和沟通信息具有重要的作用。日常事务文书就像一条纽带,把人们联系在一起,互通信息、交流思想,从而对人们的学习、工作、生活产生良好的促进作用。

(二)依据凭证作用

有些事务,特别是有关钱财交流的,一定要有可靠的凭证才有效力。例如,借条、欠条是当事人为证明或说明某事的一种凭证;聘书是证明双方聘用关系的一种凭证;求职信、个人履历是招聘单位录用人才的依据和凭证。总之,依据凭证作用是日常文书比较突出的作用。

四、日常事务文书的写作要求

日常事务文书种类繁多,不同文种的写法也有所不同,但在写作上有着共同的、基本的要求。

(一)内容要实在、准确

日常事务文书有明确的对象和目的,写作的内容相应要求实际和实在,其中涉及的人、事件、时间、地点、数字和名称等,都应真实和准确。如一张借条,借多少就要写多少,务必准确;一则启事,是什么就写什么,不可随意歪曲内容。

(二)格式要完整

写作中的书面形式、结构形式以及某些习惯用语要符合、遵循相应的文体格式的规范。如书信类文书,称呼、正文、祝颂语、署名和日期等内容要完整,不可或缺。再比如,条据类文

书须具有四项要素:写给谁、什么事、谁写的、什么时间写的。一般情况下,一张条据只能说明一件事,切勿一据多事。内容要一一写清楚,做到四要素齐全。

(三) 语言要简练

日常事务文书的语言一般要求简练,具体来说就是朴实、简明、准确。朴实是指不要过于书面化;简明即尽可能用精练的文字交代相关事项,不拖泥带水;准确,也就是要叙说清楚,无遗漏和错误。

一、概述

(一) 条据的概念

条据是单位或个人在处理日常临时性事务或发生物资、账目往来时常用的一种书面凭证。条,即便条,写有简单事项的字条,是一种非正式的书信或通知。据,指单据或字据,收、付款项或货物后给对方出具的凭证。

(二) 条据的作用

1. 责任作用

条据虽然短小,但在日常生活中其证据含量不可低估,它可以成为民事、刑事案件中的证据链条。代领、代收条据,其中就包含了代领者、代收者在法律上负有的连带责任。

2. 约束和规范作用

条据约束和规范人们的道德行为,它在单位或个人办理公私事务时充分体现出人文情怀和诚信,维持社会秩序的和谐安定。

(三) 条据的写作要求

1. 内容要准确无误

准确无误是所有条据的第一要求,只有做到准确无误,立据人才能切实履行条据义务。条据的语言应当准确无误,即使标点符号也不能出现错误,涉及关键内容的文字和数字,务必保持整洁,不能有任何涂改。在书写财务和物资数据时要使用法定的计量单位,书写金额时,应采用大写汉字,如果是钱款,后面应加上一个"整"字。若发现遗漏或错误,应另立一据。

2. 注意书写材料的有效性

在立据时为确保条据的有效性,应选择整洁耐用的书写材料。对于条据写作时所用的纸和笔,应进行严格要求。条据的用纸应当整洁、耐折、耐存,而污损、折皱、不易书写、不易保存的纸张不宜用作立据;在书写时须字迹清楚且字迹保存时间长。

3. 语言简明

条据实质上是对书信的简化，能以条据形式表达的内容通常都比较简短，复杂的内容不宜用条据表述。简明扼要是对条据语言的要求，切勿拖沓冗长，但也不可过分简单而致表述不清。

（四）分类

条据类文书主要分为以下两类。

1. 凭证性条据

凭证性条据，一般要求出具者在某一事实或契约发生前完成，并交付接收者作为一种信誉的保证和凭证加以保存。通常由标题、正文、结尾、落款和成文日期五部分组成。

2. 说明性条据

说明性条据，又称函件式条据，通常指用来传递信息、道明原委的条据，主要有请假条、留言条两种。其作用主要是向他人解释、说明某一事情，或向他人发出请求。说明性条据具有更强的礼仪规范，要求在措辞用语上要表现得谦恭礼貌。格式近似信函，但又不完全等同于信函，通常由标题、称谓、正文、致敬语、落款、成文日期等内容组成。

二、请假条

（一）概念

请假条是一种简单而特殊的书信，在工作与学习中经常用到。假如我们因病、因事或因公，而不能学习、工作或按时参加某种活动时，就必须向领导、老师或单位说明情况，所完成的书面条据就是请假条。

有些单位或部门经常会用到请假条，如学校，为了方便起见，可能会制作一些固定格式的请假条，如实例4-1所示。但对大多数人来说还是需要手写请假条。

（二）写作格式

请假条的写作格式主要包括标题、称谓、正文、落款四部分。

1. 标题

标题写明"请假条"，在文书的正中间。

2. 称谓

称谓对象即请假条的送达人，顶格写，写明向谁请假，写清对单位领导、老师的称呼。一般用"姓＋职务"，例如"王院长"、"陈老师"，并在称谓后面加上冒号。

3. 正文

正文空两格写在称谓的下面，写明请假的原因及起止时间，结尾写"请给予准假"或"特此请假"等习惯用语。另起一行使用"此致"、"敬礼"等礼貌语，也可省略不用。如果要用，"此致"空两格写，"敬礼"另起一行顶格写。

4. 落款

署名写请假人的姓名，写在正文下一行的最右边，最后另起一行在署名的正下方写明请

假的年、月、日。

（三）注意事项

写请假条的注意事项有以下四点：
①请假条内容较少，不用分段。
②语言应简练，把事情表述清楚即可，不要作无谓的修饰。
③如有其他证明材料，可一并提交。
④请假条应尽量在事前送达，以避免因缺席造成的不便。如实在不能前往，也可请人转交；如果是事前无法预测的突发事件或突发情况，事后也应该尽快送达，以免造成误会。

【实例 4-1】

请　假　条

我是(班级)____班的(姓名)____，因____需请假____天，请假时间为____年____月____日至____年____月____日，情况属实，请老师批准。

申请时间：　　年　　月　　日
辅导员签字
批准时间：　　年　　月　　日

【实例评析】

这是一份提前印制、有固定格式的请假条，包含的信息有请假人、请假的事由、请假的日期和期限、提出申请的时间、提出请求以及审批的情况，其中缺乏送达人信息，不符合礼貌原则。

【实例 4-2】

请　假　条

尊敬的王经理：

我于11月5日至11月8日到北京市朝阳区信息中心参加教育技术培训，不能到公司上班。特请假4天(5—8日)，请予批准。

此致

敬礼！

信息技术中心　张军
2018年11月4日

【实例评析】

这份请假条交代了请假的原因和时间，简练而准确，没有多余的修饰。

三、留言条

（一）概念

留言条是有话、有事情要当面告诉对方，却又暂时见不到也联系不上对方时，留给对方的便条。一般可分为公事留言、私事留言。

(二) 写作格式

留言条一般由称谓、正文和落款三部分组成,标题在大多数情况下不用写,如果需要,就在第一行的正中间写上"留言条"三个字。

1. 称谓

称谓顶格写,写明留言的对象,并在后面加上冒号。有时写在机关办公室或公司门上的留言条,因没有特定的留言对象,可不写称谓。

2. 正文

正文写在称谓下面,开头空两格,写明事由或留下再次联络的方式。

3. 落款

在正文右下方写上留言者的姓名,姓名后也可加"留言"二字。若留言者与留言对象不太熟悉,还须在名字前加上留言者的单位等。为保密,署名也可只写一个字,但必须让对方知道留言者是谁。最后另起一行在署名的正下方写明留言的具体时间。

(三) 注意事项

留言条要放在醒目的地方,或贴在门上,或贴在车站、码头的留言栏内,也可以托对方的家人、熟人或者门卫帮忙转交。随着现代通信技术的发达、网络的普及,虽然留言条的使用大大减少,但在社会生活中仍有不可替代的作用。

【实例 4-3】

留 言 条

刘芳:

　　我今天刚从海南回来,有急事找你,可是你的手机号码好像换了,原来的号码无法打通。赶到你家,你又正好外出。不知你什么时候回来,见到留言后请尽快跟我联系,我的手机还是原来那个号码 1379××××××。

江楠
12 月 18 日

【实例评析】

该留言条交代了留言人探访行动的前因后果,并留下了自己的联系方式和对留言对象的要求,表述清晰,格式规范。

四、借条

(一) 概念

借条也称借据,是个人或单位在借用个人或公家的现金或物品时写给对方的一种凭证式条据。从法律的角度看,借条是表明债权债务关系的书面凭证,一般由债务人书写并签章,表明债务人已经欠下债权人借条注明金额的债务。当钱物归还后,打条人收回借条,即作废或撕毁。借条通常用于日常生活以及商业管理方面,一般分为借钱借条和借物借条。

(二) 写作格式

借条的内容一般包括标题、正文和落款三个部分。

1. 标题

借条的标题居中,写明"借条"二字即可。

2. 正文

借条的基本内容包括借用人和出借人姓名、金额或物品、归还时间。为了避免日后不必要的麻烦,借款金额一般要用汉字大写标明,借物要写清数量和型号。

3. 落款

落款中的署名和日期在正文的右下方,写上借款或借物人的姓名和写借条的日期。

(三) 注意事项

借条在写作上须注意以下五点。

1. 内容一定要完整而清晰

借钱借条中要写明债权人姓名、借款金额(本外币)、利息计算、还款时间、违约(延迟偿还)罚金、纠纷处理方式,以及债务人姓名、借款日期等要件,这些要件具有法律效力。涉及利息的借贷、利率要合乎规定,民间借贷利率可适当高于银行利率,但最高不得超过银行同类贷款利率的四倍(含利率本数),否则,超过部分的利息不受保护。当事人的身份信息一定要全。

2. 借条的书写人必须是借款(物)人

借款(物)人应主动写出书面借条,出借人也应提醒对方写出借条,如遇特殊情况,当场无法定出借条的,应有第三人作证,事后补上借条。当借款人签名时,出借人必须亲眼看其签名,防止借款(物)人用其他人来签名,最后拒绝承认借条。

3. 书写借条时应选择便于保管的纸张

借条的书写应选择整洁完好、便于书写和保管的纸张,借条写好后最好复印一份,原件和复印件应分开保管。

4. 尽量避免使用容易产生歧义的语言

借条的语言要简洁、语义单一,尽量避免使用多音多义字。比如"还欠款人民币壹万元",既可以理解成"已归还欠款人民币壹万元",也可以理解成"仍欠款人民币壹万元"。

5. 还钱时要当场索回借条

若对方将借条遗失或一时找不到,则应让对方当场写下收据。还钱时最好还要有其他人在场,出借人在把借条给借款人时要确保能取回借款。当借款金额较大时,则最好签订一份借款协议,把双方的权利义务约定清楚。

【实例 4-4】

借　　条

今向校宣传部借尼康牌单反相机一架,机身号码为 GZ9700987,三脚架一支,为离退休老同志旅游照相所用。三日后归还。

此据

离退休办公室（盖章）
经办人：王心亮
2017 年 9 月 7 日

【实例评析】

这是一篇借物借条，正文中写明了借物单位、物品名称，注明了所借之物的品牌、型号和物品代码，但归还日期写的不够具体。

【实例 4-5】

借　条

今借到李斌同志人民币伍万元整，所有现金已经收到。约定于 2020 年 12 月 31 日归还。年利率 8%，借期两年。全部本息到期一次性偿还。

特立此据为凭。

借款人：张勇力
2018 年 12 月 31 日

【实例评析】

借条内容完整，正文中写明借款人、贷款人、所借金额、借贷状况、归还日期、利率和归还方式。语言表述准确严谨，借款人身份清晰，所借金额用大写的汉语数字表示。

五、欠条

（一）概念

欠条是个人或单位在欠款、欠物时写给有关单位或个人的凭证性应用文，通常也被称作"白条"。在借到钱物后补写的用作凭证的书面证明，既可称为欠条，也可称为借条，此时二者使用无太大区别；在给付货物（货款）未全部付清，或借方在归还钱物时只能归还其中一部分时，则应立下欠条，此时一般不用借条。

（二）写作格式

欠条的内容一般由标题、正文、落款三部分组成。

1. 标题

欠条的标题有几种写法，一般是在正文上方中间以较大字体写上"欠条"两字，也有的在此位置写上"暂欠"或"今欠"字样作为标题，后一种情况的正文在下一行顶格写。

2. 正文

欠条的正文要写清债权和债务的人或单位、欠款（物）内容，并要注明偿还的日期。

3. 落款

署名要署欠条单位名称和经办人的亲笔签名,若是个人出具的欠条,则须署欠方个人的姓名,并同时署上欠条的日期。单位的要加盖公章,个人的要加盖私章。

(三) 注意事项

欠条在写作上要注意以下四点。

1. 要件应完整

一个完整的欠条主要包括四个要件:债权人、债务人、欠款(物)内容以及归还时间,当然还包括签名及写欠条的时间等内容。完整填写这些内容,可明确当事人双方的权利义务关系。

2. 标的物应清晰

欠款、还款、欠物、还物皆应写清楚金额、数量,最好使用大写数字,以防止涂改和伪造,是财是物,要分清,不能模糊混淆。

3. 表达清楚,注意避免歧义

应明确归还日期;如有利息约定,应写明,否则依法视为无利息;如有违约金约定,应写明;如有担保人,应注明担保方式,并写明担保人,担保人须签字、按手印。

4. 一式两份

欠条应一式两份,双方各执一份,避免不必要的纠纷。

【实例 4-6】

欠　　条

截至 2009 年 12 月 31 日,南京有有足球俱乐部欠球员刘楠税前人民币叁拾陆万陆仟叁佰柒拾贰元整(366372 元),将于 2010 年 6 月 30 日前支付完毕。

南京有有足球俱乐部总经理:肖旭
担保人:严晓明

兹证明此借条签名均为本人所签。

肖旭
2010 年 3 月 26 日

【实例评析】

此欠条是当年网络热门的球员工资欠条,属于欠款类欠条。正文中写明了欠款单位、所欠金额(数字大写)、偿还时限。欠条右下方有个人手写签名,内容详细。

【实例 4-7】

欠　　条

因买到湖口村聂伟货车一辆,总价款伍万元整,已付叁万元,尚欠贰万元,于今年十月十日前付清。每拖延一天,加付欠款额的5%。

欠款人:罗跃明

见证人:聂运清

2018年9月28日

【实例评析】

此欠条属于欠款类欠条,正文写明欠款原因、已付金额、尚欠金额、还款期限,也写清了如有拖欠情况的补偿金额方式。写此类欠条,要注意标明标的物的价值,以及尚须偿还的金额。

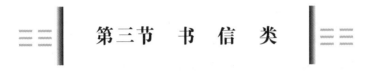

第三节 书 信 类

一、概述

书信类日常事务文书是人们用来交流情感和事务联系的应用文体。按其用途可分为一般书信和专用书信。一般书信指私信,这里不赘述;专用书信是在特定场合使用的信件,也称公务书信。

书信类日用文书主要包括介绍信、证明信、表扬信、求职信、感谢信、慰问信、申请书、倡议书、决心书、挑战书等。

二、介绍信

(一)概念

介绍信是机关、团体介绍本单位人员到另一单位、团体联系工作时使用的书信,用以介绍人员的姓名、身份、人数、接洽事项等情况。

(二)作用

介绍信的作用主要有两个方面。

1. 介绍作用

介绍信主要用于单位之间进行联系工作、洽谈业务、参加会议、了解情况的自我情况说明。

2. 证明作用

介绍信一方面能够证明人员的身份,起到防范诈骗等犯罪的作用;另一方面,能够证明持信人员获得了单位的授权或委托,具有一定的法定效力。

（三）类别

介绍信主要有以下两类。

1. 格式介绍信

这类介绍信采用统一印制的固定式样，基本格式已经确定，人员姓名、数量、事宜、时间等要素空缺，使用时可以根据需要填充。格式介绍信一般由正联和存根联组成，正联和存根联的内容应填写一致，中缝加盖骑缝章。正联交外出人员携带，存根留本单位存档备查。

2. 书信式介绍信

这类介绍信采用普通书信格式，内容可以更加详细具体。通常用单位统一印制的信件纸书写，正文可以采用手写或打印机打印。

（四）写作格式

介绍信一般由标题、称谓、正文、落款四部分组成。

1. 标题

介绍信的标题通常直接写"介绍信"。

2. 称谓

介绍信的称谓应为对方单位名称。

3. 正文

介绍信的正文需要写明被介绍人的姓名、身份及所要联系的事项，最后通常用"请接洽"、"请予以协助"等结语。正文中对所要办理的事宜一定要准确概括。

4. 落款

介绍信的落款即出具介绍信的单位名称，成文日期应年、月、日齐全，并加盖公章。

（五）注意事项

介绍信在写作上要注意以下五点。

1. 如实介绍

介绍信的内容必须如实写明被派遣人员的真实姓名、人数、联系事由。涉及重要或保密性事项时，如有需要，还应注明被派人员的职务、性别、年龄、政治面貌等情况。

2. 注意礼貌

介绍信是为了联系、商洽工作而出具的，常常需要对方单位的配合与支持，因此，用语应注意礼貌。

3. 简明扼要

尽量言简意赅地概括出商洽和联系事务项。

4. 书写工整

介绍信的内容不得任意涂改，如有涂改要加盖公章。

5. 一份介绍信只能用于一个单位

介绍信作为单位联系业务的重要文件，一定要经过领导批准才能开具。

【实例 4-8】

介绍信存根		介　绍　信
字第 0019852 号		：　　　　　　字第 0019852 号
_____	介	兹介绍_____（单位）_____同志等_____人
介_____单位	字	前来你处_____
_____同志等_____人		_____请接洽希协助为荷。
前往	号	
		此致
		敬礼
（有效期　　天）		
年　月　日		（有效期　　　天）　　　　　　　　年　月　日

【实例评析】

　　这是一份带存根的介绍信,存根联由开介绍信一方留档备查,正式联由被介绍人随身携带。格式统一制作的介绍信使用时简单方便,只需填写个别内容,可以提高工作效率,是公用介绍信中使用较多的一种。

【实例 4-9】

介　绍　信

上汽公司：

　　现介绍我厂设计科科长赵晓旭同志等叁人,前往贵处参加研讨会议并联系×××加工等事宜,请接洽。

　　此致

敬礼

××厂
2018 年 12 月 29 日

（有限期柒天）

【实例评析】

　　这是一封信件式介绍信,写明了被派出人的姓名、身份,前往接洽事项,以及向接洽单位提出的希望和要求。

三、感谢信

（一）概念

　　感谢信是集体（单位或个人）对关心、帮助、支持过本集体（单位或个人）的集体（单位或

个人)表示感谢的书信。

(二)类型

感谢信依据不同的标准有几种不同的类型:一是按感谢的对象不同,可分为写给集体的感谢信和写给个人的感谢信;二是按感谢的内容不同,可分为感谢援助、感谢探访和感谢吊唁;三是按感谢信的存在形式不同,可分为公开张贴的感谢信和寄给单位、集体或个人的感谢信。

(三)写作格式

感谢信一般由标题、称谓、正文、结语和落款五个部分组成。

1. 标题

标题一般有三种格式,一是单独由文种名做标题;二是由感谢对象和文种名称共同组成,如《致××的感谢信》;三是由感谢双方和文种名称组成,如《××致××的感谢信》。

2. 称谓

感谢信的称谓一般是在开头顶格写上被感谢的机关、单位、团体或个人的名称、姓名,后面加冒号。有的可以加一定的限定,如"尊敬的"等;有的可以加问候语,如"你好"等。称谓要独立成段,不能直接接下文。

3. 正文

感谢信的正文一般由感谢的事由、对方的事迹和揭示意义三个部分组成。一是感谢的事由,概括叙述感谢的理由,表达谢意;二是对方的事迹,具体叙述对方的先进事迹,叙述事物必须交代清楚人物、事件、时间、地点、原因和结果,尤其须重点叙述在关键时刻对方给予的关心和支持;三是揭示意义,指出对方的支持和帮助对整个事情成功的重要性以及体现出的可贵精神,同时表达出向对方学习的态度和决心。

4. 结语

感谢信在结束时一般写表示敬意和感谢的话,如"此致敬礼"、"致以最诚挚的敬礼"等。

5. 落款

落款须署上写信的单位名称或个人姓名,并且署上成文日期。前者在上,后者在下。

(四)注意事项

感谢信在写作上要注意以下四点。

1. 感谢对象要明确

感谢信一般都有明确的感谢对象,以使阅读的人一看就知道是在感谢谁。

2. 内容要真实具体

感谢信以说明事实为主,切勿不着边际地大发议论。叙述对方对自己或本单位的帮助,内容必须真实,要准确清楚地叙述事件发生的时间、地点、过程、原因和结果等要素。叙述内容要尽量完整,否则会显得抽象或空洞。

3. 感情要真挚

感谢信的主要目的是感谢他人,因而要以真挚、朴素的情感表达对对方的谢意,表达感谢要符合实际,不要言过其实,给人以虚伪和矫情之感。信中要洋溢着感激之情,在叙述事实的过程中,除了要突出对对方表示谢意外,行文要始终饱含着感情。感谢之情要真挚、热烈,使所有看到信的人都受到感染。

4. 表述要得体

写表示谢意的话要得体,既要符合被感谢者的身份,也要符合感谢者的身份。

【实例 4-10】

致全院职工的一封感谢信

尊敬的医院领导、亲爱的朋友们、同事们:

大家好,我是医院收费处的一名职工。在我遇到困难的时候,财务处同事除自发为我捐款外,还联合工会、宣传部,举办义演晚会为我筹款。全院职工为我捐款 4.5 万元,我想通过这封信向大家表达我最诚挚的谢意和最真挚的感激。

9 月 20 日,我的老公被诊断出肝癌,当我看到 CT 报告那一刻,整个人都懵了,我用仅有的一点钱给他办了住院。就在我为医疗费操心的时候,科室的张健老师和几个同事不知怎地晓得了我的情况,来看望我的老公,当时我已经很感谢他们了。他们一回科室就自发组织财务处同事捐款,财务处的各位领导也大力支持和帮助我,一天之内,他们就筹到 2 万多元交到我手上,陈钢处长还对我说:"我们是一家人。"这句话让我倍受感动。

后来,财务处领导、同事们觉得这样的帮助还不够,便联合院工会、宣传部组织了一场义演,帮我筹钱。我每天看着他们在上班之余,还要练节目,很是过意不去,几次跟他们说不用搞了,他们反而安慰我,说:"没事,相互帮忙是应该的。"

义演吸引了不少人,院里的领导、其他科室的同事都伸出了援助之手。我感觉自己身处在一个强大的集体中,一个充满爱的大家庭中。我一定会好好工作,也会以更大的勇气去面对未来的困难。

再次衷心感谢大家的慷慨解囊和无私帮助!请允许我向所有帮助过我的恩人们深深地鞠躬,祝好人一生平安。

此致

敬礼

周霞
2016 年 11 月 16 日
(转引自:武汉大学中南医院门户网站)

【实例评析】

这是一封患者家属写给医院的感谢信。感谢信首先介绍了患者的病情,叙述清晰自然,条理清楚。然后介绍了医院同事对自己的帮助和救护,在叙事的基础上进行了评价。最后对医院表达了诚挚的谢意。

四、申请书

(一)申请书的概念

申请书是个人或集体向上级单位或有关组织表述愿望、提出请求时使用的一种文书。

申请书的主要作用是下情上达,它既是与上级或相关部门之间联络感情的有效工具,又是引起重视、争取更多支持和帮助的一种良好途径。申请书在处理公、私事务中均可使用。

(二)申请书的类型

申请书的使用范围很广,种类也很多。

(1)按申请人划分,可分为个人申请书和单位集体公务申请书。

(2)按解决事项的内容划分,可分为三种:①要求参加某种组织的申请书,常见的有入团申请书、入党申请书;②解决某项问题的申请书,如调转工作申请书、住房申请书、出国留学申请书、助学贷款申请书;③要求获得某项权利的申请书,常见的如专利申请书,包括专利请求书、专利说明书及权利要求书三个文件。

(3)按照书写格式划分,可分为书信式申请书和表格式申请书。

(三)申请书的写法

申请书通常由申请项目标题、称谓、正文、结语、署名和日期等几部分构成。

1. 标题

标题有两种写法,一种是直接写"申请书";另一种是在"申请书"前加上内容,如"入党申请书"、"公司地址变更申请书"等,一般采用第二种写法。

2. 称谓

在标题下一行顶格写明接受申请书的单位、组织或有关领导,如"敬爱的党组织"、"尊敬的×××校长"等。

3. 正文

正文部分是申请书的主体,内容主要包括三个方面:一是简要介绍自己的身份,并简明扼要地提出要求;二是提出申请的理由;三是请求的具体事项。为了达到申请的目的,所以理由一般是申请书的重点,理由要写得客观、充分,让组织或领导充分认识到允许的必要性,而事项也要写得清楚、简洁。

4. 结语

结语写表示祝愿、敬意或感谢的话,常用惯用语"特此申请"、"恳请领导帮助解决"、"希望领导研究批准"等,也可用"此致"、"敬礼"等礼貌用语。

5. 署名、日期

个人申请要写明申请者姓名,单位申请要写明单位名称并加盖公章,最后注明申请日期。

(四)注意事项

(1)申请的事项要明确具体,不能违背一文一事原则。

(2)要求要合理,理由要充分,不能弄虚作假。

(3)语言朴实,态度诚恳,措辞得当,不说空话和套话。

【实例4-11】

入学申请书

今年中国台湾地区的大学学科能力测验,总计考生140540人,我的成绩超越135864

人,排比在全体考生96.67%之前,五月大学学生放榜,我已考取台湾大学。

虽然考取了中国台湾地区最好的大学,虽然台湾是祖国的一部分,但是我想到祖国念最好的大学,因为希望我是它的一部分。一如我的祖父,我的大姑、二姑、大姑丈都在北大毕业,我的父亲李敖困于台湾六十年,以未念北大为憾,我愿意能超越这六十年的海峡,衔接这一心愿。台湾地区是祖国的一部分,但是太狭小了,我写了一本书(《李戡戡乱记》于今年八月出版),一方面检讨台湾地区的狭小,另一方面展示我辈的心愿。雁行折翼是无奈的,台湾地区总是要归于正果,我愿我的振翅高飞,能给台湾地区留下片羽,能为祖国闪出吉光,直接在中国本土生根、发叶、开花、结果,我愿意梦回,一旦成真,岂不正是我们共同的希望吗?

李戡
2010年××月××日

【实例评析】

此申请为中国台湾地区文化名人李敖之子李戡所撰的北京大学入学申请书,行文目标明确,阐释理由充分,态度诚恳,情感真实。

【实例4-12】

入党申请书

敬爱的党组织:

今天我怀着无比激动的心情,庄严地提出志愿加入伟大的中国共产党。此想法虽然由来已久,在我成为共青团团员接触到一些党史后,就一直就想加入这先进的党组织,在共青团生涯中就一直以党员的标准要求自己,为的就是能早日加入共产党。

中国共产党是中国工人阶级的先锋队,是中国各族人民利益的忠实代表,是中国社会主义事业的领导核心。

党的十一届三中全会的胜利召开,回顾和总结了我们党成立以来的经验教训,吹响了社会主义现代化建设的号角。二十年的改革开放,加快了我国社会主义建设的步伐,进一步增强了国力、实力,缩小了与经济发达国家的差距,提高了人民的生活水平。以江泽民为首的我党第三代领导集体,高举马克思列宁主义、毛泽东思想的伟大旗帜,在邓小平建设有中国特色的社会主义理论的指引下,带领全国各族人民,在建设社会主义现代化强国的康庄大道上迅猛前进。

当我满怀深情奋笔疾书,郑重地向党组织提出入党申请的时候,正值我们伟大的中华人民共和国改革开放事业蒸蒸日上、国家凝聚力空前强大之时。此时此刻我心潮澎湃,思绪万千,耳边仿佛响起国歌那庄严宏大的雄伟旋律,眼前浮现出无数革命先烈为解放祖国、建设祖国,而抛头颅、洒热血的壮丽场面。回顾半个世纪以来我国革命和建设历程的艰难险阻,瞻望我国社会主义建设的美好前景,我从心里更加感到,我国革命和建设事业每一步胜利的取得,都是我党英明领导的结果。新的世纪,新的长征更离不开伟大、光荣、正确的中国共产党,我要努力学习和工作,争取早日成为党组织中的一员,为我国社会主义现代化建设事业贡献出自己的一切。

我出生在一个干部家庭,父母都在当地人民医院工作,一生奋斗在医疗前线。我的父亲出生于普通农民家庭,爷爷先是一家副食厂的经理,后在家务农,奶奶是家庭主妇,大伯、三

应用写作

叔和四叔都是个体经营户,在当地做生意。我的母亲出身于农民家庭,外公外婆一生务农,外公曾做过木匠,外婆曾担任生产大队的妇联主席。小姨现在在国家政府部门工作,大舅在当地电力局工作,二舅在经营药店。

  从我懂事时就在父母工作的卫生系统中生活,良好的生活和学习环境,使我从小就立下了努力成才报效祖国的志向。从小学到高中,我都是在当地的重点学校度过。在学校领导和老师的教育帮助下,从一年级到高三,我曾担任大队长、班长、团支部书记、课代表等多项职务,协助学校和老师做好班级和团支部的工作,多次被评为学校、区、市的三好学生和优秀学生干部,同时我也在实践中增长了许多书本以外的知识,锻炼和提高了组织管理工作能力。回顾自己的成长历程,我深切体会到,我每一点成绩的取得,都是老师和组织帮助教育的结果,我成长的每一个足迹,都凝聚着学校的党、团组织的心血。过去如此,今后也是一样,我殷切希望学校领导和党组织能够严格要求我、耐心帮助我,使我在大学这广阔的学习和工作环境中不断进步,早日成熟。

  进入××大学已经接近两年,在过去的日子里,我感受到学校领导和老师的深情关切,领悟到大学生活的新颖、紧张和对我们学习生活的全新要求等内涵。我现担任班级的团支部书记和由党委宣传部直属的校广播台的副台长。我定期向党组织递交思想汇报,同党员团员谈心交流思想,使自己能够在正确引导下更快的成长。在这不断学习、工作和为之奋斗的漫漫长路上,洒下了我无数的汗水,也耕耘出了丰硕的果实。那就是我从最初想要当英雄的幼稚的感性认识阶段,逐步上升到了为共产主义奋斗终生的理性认识阶段。可以说我唯一的入党动机就是想要全心全意为人民服务。

  我要在大学期间,努力学习文化知识,完善知识结构,完成学业,向更高的知识领域攀登;同时要努力学习马克思列宁主义、毛泽东思想、邓小平理论,学习党的基本知识和党的路线、方针、政策,加强对世界观的改造;要积极参加学校组织的各项活动,完成领导和老师交给我的任务;团结同学,联系群众,谦虚谨慎,以身作则,遵纪守法,克己奉公,时时处处用共产党的标准严格要求自己,随时接受党组织对自己的考验。

  请党组织接受我的申请。

  此致

敬礼

申请人:××
20××年××月××日

【实例评析】

  此篇入党申请书开门见山地提出热切希望加入中国共产党的愿望。从第二自然段开始阐述对党的认识和要求入党的动机。接着,申请者写清了家庭成员和社会关系情况,以表明申请者在这方面不存在政治问题,符合入党的要求。在介绍完以上情况后,申请者又非常详细地阐述了自己的成长过程,在此过程中取得了哪些成绩,而这些成绩的取得是老师、学校和党共同努力和关怀的结果。结尾以"请党组织接受我的申请"再次申明自己的入党请求。全文内容完整,语言恳切,态度真诚。

第四节 礼仪类

一、概述

（一）礼仪文书的概念

礼仪是礼节和仪式的总称。礼仪文书是指单位或个人日常运用于社交礼仪方面的一类实用文书，一般运用于喜庆、祭悼以及其他重要社交场合。它是社会交往中一种必不可少的媒介工具，起着增进友好关系、促进事业成功、充实生活内容的重要作用。

（二）礼仪文书的特点

1. 形式的礼节性

礼仪文书是活动的主办者和参与者双方传达信息的载体，它帮助大家表达愿望和情感。礼仪文书注重以礼相交、以诚相待，并分出类别，因人、因事、因地、因时地区别使用。有礼有节是礼仪文书显著的特点。

2. 语言的雅正性

各类的礼仪活动都是庄重、严肃的，以示人们对这些活动的重视。充当礼仪活动媒介工具的礼仪文书，也要体现其庄重性、严肃性。在行文语言上，要讲究用词用语的规范、敬谦和雅正，不能把琐碎的家常俚语、浮夸的市井俗语写进文案，即使涉及矛盾分歧，也要采用委婉和蔼的语气。

（三）礼仪文书的分类

从不同的角度来看，礼仪文书有如下几类。

1. 约请类

约请类礼仪文书有请柬、邀请书等，用于婚嫁、庆典等喜庆场合。

2. 祝贺类

祝贺类礼仪文书有欢迎（送）词、祝（贺）词、开（闭）幕词，贺词（贺电）、祝酒词等，用于在举行会议或某种仪式时，对人、对事表示祝愿和庆贺的讲话或文章，一般由具有一定身份的人来进行发言。

3. 关怀类

关怀类礼仪文书有慰问信等，用于表达关心、安慰、安抚之情。

4. 纪念类

纪念类礼仪文书有唁电、悼词、祭文等，用于表达对死者的追悼、怀念。

二、祝词

（一）祝词的概念

祝词也称作祝辞，它泛指对人、对事表示祝贺的言辞或文章。祝词多用在各种喜庆场合中，如婚嫁乔迁、升学参军、延年长寿、房屋落成等，表示良好的愿望或庆祝，喜庆性是祝词的最主要的特点。祝词和贺词作用相同，一般指在事情或活动已经结束时，用来表示庆贺和道喜。祝词、贺词在某种场合可以互用，人们统称为祝贺词。

（二）祝词的种类

1. 根据内容分类

祝词根据祝贺的内容不同可以划分为祝事业、祝酒、祝寿、祝婚、祝节日等类型。

（1）祝事业。多用于重大会议开幕、工厂开工、商店开业、展览剪彩以及其他纪念活动等，祝愿此事业顺利进行，早日成功。

（2）祝酒。祝酒一般用于喜庆佳节时招待贵宾的宴会、酒会上，主人致祝酒词欢迎客人，回顾友谊，提出美好的希望和祝愿。以酒助兴，祝酒词其实是在向赴宴的宾客表达祝贺和祝福，以维持良好的人际关系。

（3）祝寿。祝寿的对象主要是老人，一般是赞颂祝寿对象已取得的辉煌成绩，并对他表示良好的愿望，希望对方健康长寿。

（4）祝婚。一般是祝愿新婚夫妇幸福美满。

2. 根据表达形式分类

祝词从表达形式上划分，有韵文（诗、词）体和散文体两种类型。

（三）祝词的写法

祝词一般由标题、称谓、正文、结束语、落款五部分组成。

1. 标题

标题写在第一行居中的位置，通常有两种写法：一是直接写"祝词"；二是写出具体祝贺的内容，如《×× 市长在 ××× 市 ×× 晚宴上的祝辞》。

2. 称谓

称谓在标题之下第一行顶格书写，以示尊重。对人的称呼按照书信写作的要求来写即可，祝事业的直呼单位或部门名称即可，要注意称呼的先后顺序和亲切感。

3. 正文

正文是祝词的核心。这部分写法比较灵活，针对不同的祝贺对象、祝贺动机，写出相应的祝贺内容。但总的来说，都应包含下面几层意思：首先，应向受祝贺的单位或人员表示祝贺、感谢或问候，或者说明写祝词的理由或原因；其次，对已做出的成就进行适当评价或指出其意义；最后，写表示祝愿、希望、祝贺之语，也可以给被祝者以鼓励。

4. 结束语

正文结束后常用一句礼节性的祝颂语结束全文，即结束语，如《为庆祝朱总司令六十大寿的祝辞》最后的结束语是"人民祝你长寿！全党祝你永康！"

5. 落款

落款即最后在正文的右下方署祝者的名称(单位或个人)以及发祝词的年、月、日。如果在标题部分已注明，此处可省略。

（四）注意事项

祝词要起到沟通、增加感情，成为人际交往"润滑剂"的作用。一是在写作之前应深入了解对方的情况，做到言之有物；二是祝贺的语言要写得既热情诚恳，又恰如其分、真挚自然；三是祝词的语言要精练、简洁，避免冗长拖沓，使人生厌。

【实例4-13】

为庆贺朱总司令六十大寿的祝辞

亲爱的总司令朱德同志：

你的六十大寿，是全党的喜事，是中国人民的光荣！

我能回到延安亲自向你祝寿，使我万分高兴。我愿代表那反动统治区千千万万见不到你的同志、朋友和人民向你祝寿，这对我更是无上荣幸。

亲爱的总司令，你几十年的奋斗，已使举世人民公认你是中华民族的救星，劳动群众的先驱，人民军队的创造者和领导者。

亲爱的总司令。你为党为人民真是忠贞不贰，你在革命过程中，经历了艰难曲折，千辛万苦，但你永远高举着革命火炬，照耀着光明的前途，使千千万万的人民，能够跟随着你充满信心向前迈进！

在我们相识的二十五年当中，你是那样平易近人，但又永远坚定不移。这正是你的伟大！对人民你是那样亲切关怀，对敌人你又是那样憎恶仇恨，这更是你的伟大。

全党中你首先和毛泽东同志合作，创造了中国人民的军队，建立了人民革命的根据地，为中国革命写下了新的纪录，在毛泽东同志旗帜之下，你不愧为他的亲密战友，你称得起人民领袖之一！

亲爱的总司令，你的革命历史，已成为二十世纪中国革命的里程碑，辛亥革命、云南起义、北伐战争、南昌起义、土地革命、抗日战争、生产运动，一直到现在的自卫战争，你是无役不与。你现在六十岁了，仍然这样健壮，相信你会领导中国人民达到民族解放的最后胜利，亲眼看到独裁者的失败，反动力量的灭亡！

你的强健身体，你的快乐精神，象征着中国人民的必然兴旺。

人民祝你长寿！

全党祝你永康！

(本文刊载于1946年11月30日延安《解放日报》)

【实例评析】

这是一篇内容充实、情真意切的祝词。其正文部分周恩来用饱含感情的语言，回顾了朱德总司令几十年来的革命历程，充分肯定了总司令为中国革命和人民的解放事业建立的丰功伟绩，高度赞扬了朱德同志的伟大人格和风范，字里行间洋溢着对总司令的衷心祝愿和对

革命事业的无比信心。

值得注意的是,尽管全文内容十分丰富,要说明的方面很多,但是若处理不好,极易冲淡祝愿感情的抒发。作者巧妙地使用了概括性语言、感叹的句式和简短的段落,不仅没有出现上述缺陷,相反却强化了情感。

三、请柬和邀请函

(一) 请柬和邀请函的概念

请柬和邀请函是单位、团体或个人邀请有关人员参加某项活动而发的礼仪性书函。它们属同一类专用函件,按篇幅大小、文字多少、内容简繁可分为两种形式:篇幅大、文字多、内容繁可称为邀请函或邀请信;文字较少,内容相对简单且印制较为精美的称为请柬。请柬也称"请帖"、"柬贴",形式上有横竖之分。请柬和邀请函既是中国传统的礼仪文书,也是当今国际通用的社交联络方式,其使用范围十分广泛。

(二) 请柬和邀请函的特点

1. 庄重性

请柬和邀请函的发出,表明了邀请者在礼节上对被邀请对象的尊重与友好,同时也表明邀请者对其所开展活动的重视。通常情况下,请柬和邀请函一般不由他人转交,邀请者应亲自送达或邮寄以示敬重。

2. 情感性

请柬和邀请函能帮助邀请双方增加感情交流、促进友谊。在言辞表达上,要注意对被邀请对象进行特定目的性的情感沟通和交流,要用真诚和热情来打动被邀请对象。

3. 时效性

请柬和邀请函要在特定活动开始之前送到被邀请对象的手中,并要求被邀请对象在规定的时间内准时出席。因此,请柬和邀请函的送达不能过早或过晚。

(三) 请柬和邀请函的作用

1. 具有礼仪和告知的作用

请柬和邀请函不仅表示礼貌和庄重,同时也起到告知被邀请对象相关活动的具体时间、地点、内容、要求等事项的作用。

2. 具有提醒和备忘的作用

通常被邀请者都会保存请柬和邀请函以备忘相关活动的时间、日期和地点。所以,请柬和邀请函可以起到备忘录的作用。

3. 具有凭证作用

在某些场合,请柬和邀请函用作入场、报到时的凭证。

(四) 请柬和邀请函的类型

1. 按内容分类

请柬和邀请函按内容一般分为会议邀请函、商务活动邀请函、节庆聚会邀请函、开业请柬、乔迁请柬、结婚请柬、寿诞请柬等。

2. 按形式分类

请柬和邀请函按形式一般分为信函式、单面卡片式、折叠卡片式等。

3. 按印刷方式分类

请柬和邀请函按印刷方式一般分为浮雕压印、凸版印刷、热浮凸印刷、雕空字体等。

（五）请柬和邀请函的写作格式

单面卡片式的请柬和邀请函直接由标题、称谓、正文、结语、祝颂语、落款等部分构成；折叠卡片式的请柬和邀请函一般在封面上写"请柬"或"邀请函"的标题和活动主题等，内页写称谓、正文、祝颂语、落款等。一般来说，商务礼仪活动邀请函的文本内容还应包括回执部分。

1. 标题

（1）标题可直接写"请柬"或"邀请函"。

（2）如果邀请亲朋好友或知名人士、专家等参加某项活动时所发的请约性书信，可以连带活动内容，但标题中一般不写主办单位名称和"关于主办"等相关内容，如"首届珠三角HR精英高峰论坛邀请函"。

2. 称谓

称谓要求顶格书写，用冒号以引出正文内容。

（1）直接发送给个人的请柬和邀请函先写邀请对象的姓名，后缀"先生"、"女士"、"同志"或邀请者的职务（职称）等称谓语。为表示敬重，还可在姓名之前加上"尊敬的"之类的敬辞。

（2）发送给单位的请柬和邀请函可直接写单位的名称，单位名称不能简写，也不宜采用泛称，以示尊重和礼貌。

（3）普发性的请柬和邀请函由于接收对象不确定可以省略称谓，或以"敬启者"统称。

3. 正文

正文中有三个基本要素不可缺少：事由、时间、地点。邀请对方参加自己举办的活动的缘由，这部分必须书写清楚，给被邀者决定是否参加活动提供依据。举办活动的准确时间，不但要书写年、月、日、时，甚至要注明上下午。如果活动地点比较偏僻，或者对于部分人来讲路线不熟悉，就要在请柬上注明行走路线、乘车班次等。

4. 结语

在正文后可根据不同的情况采用"敬请光临"、"恭请光临"、"请光临指导"等结语。在一些请柬上我们时常可以看到"请届时光临"的字样，"届时"是到时候的意思，表示出邀请者的诚意。但是有些请柬把"届"字改成了"准"字，这样就成了命令式，体现出邀请者的高高在上和对被邀请者的不尊敬，在请柬中我们应该避免出现这样的结语，请柬中应避免出现"准时"两字。

5. 祝颂语

在当代的请柬中，一般用"此致、敬礼"的祝颂语作最后致意。

6. 落款

落款即在文末的右下角签署邀请人的姓名。如果是单位发出的请柬，要签署主要负责人的职务和姓名,以主邀请人的身份告知对方。发文日期最好用大写汉字,以示庄重正式。

(六)注意事项

1. 要素明确

请柬和邀请函的主题要明确,时间、地点要准确。活动的主要任务、目的、形式是什么,活动的具体时间和地点等都要写清楚。必要时要注明应该说明的事项,如联系人、联系电话、食宿办理方式、携带物品、文件要求、交通路线等,都要在请柬的附件上一一说明,只有做到这些,受邀人才能顺利地如约前来。

2. 语言雅重

请柬和邀请函的措辞要雅重、简洁,除礼貌、敬谦用语外,还须用表达期待、希望或祈请意思的词语以示诚意。

3. 制作精美

请柬和邀请函作为礼仪媒介文书,其印制不可粗制滥造。在过去印刷术不发达的时候,请柬一般请字写得好的人书写于红纸上,略加图案装饰;随着现代印刷术的发达,请柬一般由专业人士设计,然后彩印成型,十分美观。

4. 亲自递送

托人转递请柬和邀请函是不礼貌的,请柬的递送方式很有讲究。古代无论远近都要登门递送,表示真诚邀请的心意;现当代亦可邮寄。一定注意不能托人转递,转递是很不礼貌的。请柬如果是放入信封当面递送,要注意信封不能封口,否则会造成又邀客又拒客的误会。有些舞会、音乐会、大型招待会的请柬还写有各种附启语,如"每柬一人"、"凭柬入场"、"请着正装"等,通常写于请柬正文的左下方处。

(七)邀请函与请柬的区别

1. 适用场合不同

邀请函多用于以口头交流为主要方式的会议活动,如邀请有关专家出席咨询会、论证会、研讨会,邀请记者参加发布会、记者招待会等;而举行各类较为隆重的仪式和交际活动,如开幕式、闭幕式、签字仪式、开工典礼、宴会、舞会等,则应当用请柬而非邀请函。

2. 规格不同

有的会议活动可能同时使用邀请函和请柬,这时会给一般的专家和客人发邀请函,而作为特邀嘉宾的上级领导、兄弟单位代表、社会名流等则应当使用请柬。

【实例4-14】

××电子商务网站年终客户答谢会邀请函

尊敬的先生/女士:

过去的一年,我们用心搭建平台,您是我们关注和支持的财富主角。

新年即将来临,我们倾情实现电商大家庭的快乐相聚。为了感谢您一年来对××电子商务网的大力支持,我们特于20××年1月8日14:00在广州珠江大酒店十楼和轩殿举办20××年度××电子商务网客户答谢会,届时将有精彩的节目和丰厚的奖品等待着您,期待您的光临!

让我们同叙友谊,共话未来,迎接来年更多的财富,更多的快乐!

××电子商务网

20××年×月×日

【实例评析】

邀请函中写明了"20××年终客户答谢会"举办的缘由、时间、地点、活动安排,既反映了主办方对合作历史的回顾,又表达了对未来的美好愿望,语义连贯,首尾照应,符合礼仪文书的行文要求。

四、欢迎词

(一)欢迎词的概念

欢迎词是在迎接来宾的仪式上或召开会议、举办各种活动开始时,主人向来宾或有关人员表示欢迎的发言。欢迎词在社交礼仪活动中被广泛使用,上至国家间的礼宾活动,下至基层单位间的相互交流,乃至庆典、婚宴、开业、新兵入伍、新生开学、新员工入职等仪式上,都可致以欢迎词。

(二)欢迎词的特点

1. 强烈的感情色彩

欢迎词要突出欢愉性,言词用语务必富有激情并表现出致词人的真诚。只有这样才可给客人一种"宾至如归"的感觉,为下一步各种活动的完满举行打下好的基础。讲究礼貌,称呼使用尊称,多注意表达致辞的热情、友好的情感。

2. 口语化与庄重性

欢迎词一般用于在现场当面向宾客用口头进行表达,有的可能还会在媒体上发表,在遣词造句上多运用生活化的语言,这样能够拉近宾主之间的亲近关系。在庄重的会议场合、隆重的典礼仪式中,语言要庄重得体,体现出致辞者的修养。

(三)欢迎词的种类

1. 按表达方式上分类

从表达方式上可分为现场讲演欢迎词和报刊发表欢迎词。现场讲演欢迎词一般由欢迎人在到达时在欢迎现场口头发表;报刊发表欢迎词是发表在报刊或公开发行刊物上的欢迎稿,它一般在客人到达前后发表。

2. 按社交性质上分类

从社交性质上可分为私人交往欢迎词和公事往来欢迎词。私人交往欢迎词一般是在个人举行较大型的宴会、聚会、茶会、舞会、讨论会等非官方的场合下使用的欢迎稿,往往具有显著的即时性、现场性和灵活性;公事往来欢迎词一般在较庄重的公共事务中使用,要有事先准备好的得体的书面稿,在文字措辞上较私人交往欢迎词要更加正式和严格。

(四)欢迎词的写作格式

欢迎词一般由标题、称谓、正文、落款四部分组成。

1. 标题

标题一般由致辞场合、致辞和文种三要素构成,写法一般有三种:一是只写文种,即"欢迎词";二是由活动内容和文种名共同构成,如"第十届中国国际杂技节欢迎词";三是三要素齐备,即"××(人名)在××会上的欢迎词"。

2. 称谓

称谓即对欢迎对象的称呼,如"各位来宾"、"朋友们"、"女士们、先生们"等。有时特意表示尊重,可在称谓前加"尊敬的",如"尊敬的各位代表"。当欢迎对象较多时,应按主要来宾在前、一般来宾在后,以及女士优先、客人优先的礼仪原则来书写。

3. 正文

正文通常根据欢迎对象到来的目的及场合不同来行文。自称谓的下一行空两格开始书写。

开头部分要写明事由,同时表示欢迎的态度,一般要写明致辞人以什么身份、代表谁、对谁表示热烈欢迎。

主体部分要写明活动或会议的宗旨、意义和作用,或者简述双方交往的友谊、合作的成果,或谈及当前和今后双方共同关心的话题等。

结尾部分表达希望及良好祝愿,如"再一次对你们的光临表示热烈欢迎"、"祝你们的来访取得圆满成功"、"祝你们访问期间过得愉快"等。

4. 落款

欢迎词的落款要署上致辞单位名称、致辞者的身份和姓名,并署上成文日期,有的欢迎词落款可酌情简化。

(五)注意事项

1. 要有针对性

事先应了解欢迎对象的有关情况、文化背景及风俗习惯等,尽量做到有的放矢。

2. 话题要有选择性

注意选择合适的话题,如合作、友谊等,以营造良好的欢迎氛围和效果。

3. 语言要有抒情性

欢迎词的语言要诚恳、不卑不亢,同时又要热情洋溢,显得礼貌友好,通俗易懂。

【实例4-15】

"未来教育:智慧校园高峰论坛"欢迎辞

尊敬的各位领导、各位代表、各位朋友、同志们:

上午好!

紫气东来,江山如画。在这秋高气爽、丹桂飘香的美好季节里,来自祖国四面八方的各位来宾,汇集我国六朝古都、十朝都会的南京,齐聚在紫金山麓、玄武湖畔的南京国际展览中心,共商未来教育发展大计。从白山黑水到五指山下,从天山南北到渤海之滨,共有全国26

个省市区的 600 多名代表,可谓名流云集、济济一堂:有国家相关部门领导;有信息化领域的专家学者;有各类教育机构及学校代表;有各地大中企业高管;等等。有朋自远方来,不亦乐乎。在此,我谨代表主办方对参加"未来教育:智慧校园高峰论坛"的各界同仁表示热烈的欢迎和衷心的感谢!

  这是一个科技进步日新月异的新时代,也是一个被现代信息技术所拥抱的新时代。互联网、云计算、大数据、人工智能等现代信息技术正深刻影响和改变着人类的思维、生产、生活和学习方式。教育信息化正步入从点到面、全面推进的发展阶段。身处于这样一个发展变革的社会,未来教育的发展方向成为人们关注的热点。为了更加深入研讨未来教育理论与实践发展趋势,推动教育信息化产业的规范发展和转型升级,促进信息技术与教育教学的深度融合,由中国信息协会教育分会、江苏省教育学会、江苏省高等教育学会主办的"未来教育:智慧校园高峰论坛暨 2017 中国(南京)未来教育与智慧装备展览会",从论坛到展会,从理念到实践,从现实到未来,全方位、多视角地交流智慧校园建设与展望,对课堂教学改革进行前瞻性思考,共同探讨未来教育的发展新趋势。作为国内首个专注未来教育的高峰论坛和专业展览会,同期举办多场次、多形式的精品论坛,聚集国内众多知名教育学者和典型用户案例,聚焦未来教育、未来学校、未来校园、未来教室的热点问题和关键问题,分享重要研究成果和用户体验。这必将为未来教育发展提供引领,进一步提升信息技术支撑教育创新发展的能力,加快推进教育现代化。

  锦绣江苏,吴韵汉风。江苏人文历史悠久、文化底蕴深厚,崇学重教、人才辈出,自古以来就是令人神往的"鱼米之乡"、"富庶之地"。党的十八大以来,江苏不忘初心、砥砺奋进,践行五大新的发展理念,协调推进"四个全面"战略布局,创业创新创优、争先领先率先,努力建设"经济强、百姓富、环境美、社会文明程度高"的新江苏。如今,江苏以人均国内生产总值(人均 GDP)居各省第一和地区生产总值(地区 GDP)居全国第二的成绩,成为当代我国经济社会最为发达、最具活力的地区之一。江苏是教育大省,也是人才大省,江苏教育无论是发展规模、普及水平和综合实力,还是发展质量、改革力度和社会影响,都位居全国前列。现在,全省教育系统紧紧围绕"两聚一高"(聚力创新、聚焦富民、高水平全面建成小康社会)的新实践,到 2020 年实现"一达到、两提高"(教育主要发展指标达到教育现代化水平、人民群众对教育的满意度显著提高、教育对经济社会发展的贡献度显著提高)的战略目标,着力提升"教育强省"的建设水平,走出具有江苏特点的教育现代化之路。

  潮起海天阔,扬帆正当时。未来不是我们要去的地方,而是我们创造的地方。未来教育已不再遥远,正在向人们疾步走来,我们正面临着一个千载难逢的发展机遇。让我们以此次大会为契机,凝心聚力、乘势而上、顺势而为,以教育信息化推动教育现代化,共创未来教育发展的新局面。

  再次热烈欢迎和衷心感谢关心支持中国未来教育发展的各界同仁拨冗莅临这一盛会!我预祝"未来教育:智慧校园高峰论坛"获得圆满成功!

  谢谢大家!

中国高等教育学会学术委员会副会长、江苏省高等教育学会会长丁晓昌

2017 年 9 月 19 日上午 南京

【实例评析】

在这篇欢迎词中,致词人在开头部分说明自己的身份并对来宾表示了热忱的欢迎。主体部分首先由信息教育的阶段引出未来教育的状况,接着结合江苏教育的现状,对未来教育市场的发展前景进行展望,最后提出希望,鼓励与会人员增强信心、团结协作、共创未来。结语部分,预祝了本次论坛取得圆满成功。致辞内容实际可信,现实性强,感情热烈而不失真挚,对与会人员起到了很好的引导和鼓舞作用。

五、开幕词

(一)开幕词的概念

开幕词是在重要会议或重大活动开始时,会议主持人或主要领导人讲话所用的文稿。开幕词通常要阐明会议或活动的性质、宗旨、任务、要求和议程安排等,集中体现了大会或活动的指导思想,起着定调的作用,对引导会议或活动朝着既定的正确方向顺利进行,保证会议或活动的圆满成功,有着重要的意义。不论召开什么重要会议,或开展什么重要活动,按照惯例,一般都要由主持人或主要领导人致开幕词,这是一个必不可少的程序,标志着会议或活动的正式开始。

(二)开幕词的特点

1. 宣告性

开幕词是会议或者活动的序曲,所以开幕词有宣告会议或活动正式开始的特性。

2. 引导性

开幕词一般要阐述会议或活动的宗旨、目的、意义、任务等,这对整个会议或活动的成功举办起着引导作用。

3. 鼓动性

开幕词包含着对会议或者活动的良好祝愿,通过介绍会议或活动来激励参与者的参与意识,调动其积极性。

(三)开幕词的写作格式

开幕词通常由标题、称谓及正文三部分组成。

1. 标题

标题通常有三种写法:一般由事由和文种构成,如"中国共产党第十二次全国人民代表大会开幕词";有的标题由致词人、事由和文种构成,其形式是"×××同志在××××会上的开幕词";有的开幕词采用复式标题,主标题揭示会议的宗旨、中心内容,副标题与前两种标题的构成形式相同,如"我们的文学应该站在世界的前列——中国作家协会第四次会员代表大会开幕词";也有的标题只写文种"开幕词"。

2. 称谓

称谓一般写在标题下行顶格,通常使用"同志们"、"朋友们"、"各位代表"等。

3. 正文

正文一般包括开头、主体和结尾。

开头一般开门见山地宣布会议开幕,也可以对会议的规模及与会者的身份等作简要介绍,如"参加这次大会的代表有×××人,其中有来自……",并对会议的召开及对与会人员表示祝贺。需要说明的是,开头部分即使只有一句话,也要单独列为一个自然段,将其与主体部分分开。

主体部分通常包括三项内容:一是阐明会议的意义,通过对以往工作情况的概括总结和对当前形势的分析,说明会议是在什么形势下,为了解决什么问题和达到什么目的而召开的;二是阐明会议的指导思想,提出大会任务,说明会议主要议程和安排;三是为保证会议顺利举行,向与会者提出会议的要求。

开幕词的结束语要简短、有力,并要有号召性和鼓动性。写法上常以呼告语"预祝大会圆满成功"作为末尾一段。

(四)注意事项

1. 目标要明确

开幕词要根据会议的宗旨,针对会议所要解决的问题,进行分析,表明态度。

2. 精神要突出

要写好开幕词,必须全面、细致地了解会议各方面的情况,熟悉会议的有关文件和材料,掌握会议的基本精神。

3. 篇幅要简短

开幕词重在提示,向与会者交代一些重要的问题即可,无须长篇大论,语言力求精练概括,篇幅尽量简短。

【实例 4-16】

在第 29 届奥林匹克运动会开幕式上的致辞
刘淇
(2008 年 8 月 8 日)

尊敬的胡锦涛主席和夫人,尊敬的罗格主席和夫人,尊敬的各位来宾,女士们,先生们,朋友们:

今天,来自奥林匹亚的圣火,跨越五大洲、四大洋,将在这里熊熊燃起。在这激动人心的历史时刻,我谨代表第 29 届奥林匹克运动会组织委员会,向来自世界各国家、地区的运动员、教练员和来宾表示热烈的欢迎!向国际奥林匹克委员会、各国际单项体育组织,向参与奥运会筹办的建设者和工作者,向所有关心、支持北京奥运会的朋友们表示衷心的感谢!

举办奥运会是中华儿女的百年梦想。七年前,十三亿中国人民与奥运有了一个美好的约定。从那时起,在国际奥委会的指导帮助下,中国政府和人民满怀激情,以最大的努力实践绿色奥运、科技奥运、人文奥运理念,认真做好筹备工作,兑现向国际社会作出的郑重承诺,使奥林匹克精神在中华大地得到了更广泛的传播。

在我国四川发生特大地震灾害后,国际社会和国际奥委会的支持与援助使中国人民感到温暖,也使我们增强了重建美好家园、办好北京奥运会的信心。

应用写作

奥林匹克运动的魅力在于她的巨大包容力。今天,全世界 204 个国家、地区,不同民族,不同宗教信仰的人们相聚在五环旗下,增进了解,加深友谊,共同奏响"同一个世界,同一个梦想"的乐章。

奥林匹克精神的真谛在于追求以人为本,实现人的自我超越和自我完善。每一位运动员,都将在公平竞争的环境中,展现精湛技艺,迸发参与激情,创造心中向往的辉煌。

北京奥运会的重要使命在于促进世界各国文化的交流。我们真诚地希望,中华民族悠久的历史文化、充满生机活力的城市和农村、热情好客的人民,能给朋友们留下美好的记忆。

朋友们:

——"北京欢迎您!"

——Welcome to Beijing!

——Bienvenue à Beijing!

现在,我非常荣幸地邀请国际奥委会主席罗格先生致辞。

【实例评析】

这是北京奥运会组委会主席刘淇在开幕式上的致辞,首先他代表北京奥组委,向来自世界各个国家和地区的运动员、教练员、来宾表示热烈的欢迎;向国际奥林匹克委员会、各国际单项体育组织,向参与北京奥运会筹办的建设者和工作者,向所有关心、支持北京奥运会的朋友们表示衷心的感谢。然后他对本次大会的意义进行了介绍。最后真诚地希望,中华民族悠久的历史文化、热情好客的人民,能给远道而来的朋友们留下美好的记忆。该开幕词热情洋溢,语言平实,是一篇优秀的开幕词。

六、讣告

(一)讣告的概念

讣告是报丧的通知,又名讣文、讣闻。讣告是把某人不幸的消息通知死者的生前好友、亲属和有关单位。讣告,一般由死者单位、家属或治丧委员会发出。

(二)讣告的特点

1. 公开性

讣告用来宣布死者去世的消息,其内容是公开的。

2. 知照性

无论是哪类讣告,其目的都是为了知照社会各界及其亲友。

(三)讣告的种类及其写作

1. 一般式讣告

一般式讣告是运用最广的一种讣告形式,它的主要内容由以下三个方面构成。

(1)标题

标题用略大于正文的字体于首行居中写"讣告"二字。也有的在讣告前冠以死者的姓名,如:×××讣告。

(2) 正文

正文另起一行空两格,应写明:①死者的姓名、身份、因何逝世、逝世的日期、地点、终年岁数。"终年"也有的写为"享年"。"享年"一般用于自己的长辈或人们所敬重的长者。"终年"的用法较广,不带有感情色彩。②简介死者生平或发表死者的遗嘱(这部分有或没有都可以)。③通知吊唁、开追悼会的时间和地点。

(3) 落款和日期

落款写发出本讣告的团体或个人的姓名,下一行写年、月、日。

2. 公告式讣告

公告式讣告往往用于党和国家主要领导人或在社会上具有重要地位的知名人士逝世。公告式讣告一般由党和国家发布,是最高规格讣告。公告式讣告在内容上与普通公告基本相同,但在结构和发排上有所不同。如标题一般在"讣告"或"公告"之前冠以发出单位名称,以示隆重。

当国家领导人去世,现在一般不用讣告而用公告或宣告,以表示隆重、庄严,表示此为国内外发生的大事。近几年来,有些领导人逝世,报纸上不登讣告,而采用发信息和照片等形式,实际上也是一种讣告,规格更高,内容较翔实。

公告式讣告一般由讣告本身、丧事安排的公告、治丧委员会或治丧办公室名单等部分共同组成。有时治丧办公室名单也可不对外公布。

这类讣告的写法如下。

(1) 公布逝世的消息。

内容包括:①写明"公告"的发出单位名称及"公告"两字;②写明死者的职务、姓名、逝世原因、地点以及终年岁数;③对死者的简单评价和哀悼之辞;④署明公告时间。

(2) 治丧委员会公告。

这是讣告的核心部分,包括:①写明"×××同志治丧委员会公告"字样;②对丧事的安排及具体要求;③署名公告的时间。

(3) 公布治丧委员会名单。

3. 消息式讣告

消息式讣告用于有一定声望和影响的人士逝世。一般以消息报道的形式在媒体发布,目的在于晓谕社会。一般以"×××逝世"、"××××××(单位)××(职务)×××病逝"为标题。正文部分包含普通讣告的正文内容,还须增加对逝者个人简历、重要业绩介绍。这类讣告的内容形式都比较简单。机关、团体、单位等发此类讣告,要写上死者的原来职务;个人发的讣告,则要写明与死者之间的关系。发讣告时,也可以附上死者的遗像。这类讣告的刊登,一般都按照有关的规定办理,不是任意可以刊登的。

(四) 讣告的注意事项

讣告的语言要求准确、简练、严肃、郑重。时代变化了,有些带有极强书面语味道的词语,在行文时理应淘汰。如要用"先父"、"先母"代替过去的"先考"、"先妣"。

凡讣告的用纸,依据我国的传统忌用红色,一般用白纸,上书黑字即可。

一般性讣告须在告别仪式之前尽早发出,以便死者亲友及时地做出必要的安排和准备,

如备花圈、写挽联等。

【实例 4-17】

徐中玉教授逝世

本报上海 6 月 25 日电 中国共产党党员、中国民主同盟盟员、著名文艺理论家、教育家、华东师范大学中文系终身教授徐中玉先生,因病医治无效,于 2019 年 6 月 25 日凌晨 3 时 35 分在上海华东医院逝世,享年 105 岁。

徐中玉,1915 年 2 月生,江苏江阴人。1939 年毕业于中央大学中文系,1952 年起任华东师范大学中文系教授,1978 年到 1984 年间任两届华东师范大学中文系主任。曾兼任全国高等教育自学考试指导委员会中文专业委员会主任、中国文艺理论学会会长、中国古代文学理论学会会长、中国作家协会上海分会主席和《文艺理论研究》《古代文艺理论研究》主编等职。

徐中玉自 20 世纪 80 年代以来,致力于恢复《大学语文》课程,承约主编的五种《大学语文》课程教材各本都有部分修订本、增订本,被广泛使用,出版数千万册,是新中国第一部《大学语文》教材。任华东师范大学中文系主任期间,徐中玉大胆创新,宣布在创作上取得成绩的学生,毕业论文可用文学作品代替。在他的任上,华东师范大学中文系涌现出一批优秀作家。2014 年 12 月,徐中玉获第六届上海文学艺术奖"终身成就奖"。

(来源:光明日报)

【实例评析】

这是一则消息式讣告,写明了死者的姓名、身份、因何逝世、逝世的日期、地点、终年岁数,并对徐中玉教授的个人简历、重要业绩一一作了介绍。

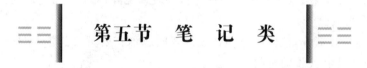

第五节 笔 记 类

笔记类日常文书是以笔记的形式记录思想心得的文书,包括日记、读书笔记等。

一、日记

(一)日记的含义

日记是指作者把自己的所见、所闻、所思、所感逐日地如实记载下来的文字材料。

(二)日记的特点

1. 私密性

日记所记载的大都是自己身边的人、事、物以及自己的真情实感,不便或不宜对他人公布的隐私、秘密,都可以在日记中倾诉。只要是真实的、重要的、有意义的、有价值的所见、所闻、所思、所感,都是极好的素材,日记都不用回避。日记要用第一人称手法来写,"我"是日记中的主人公。

2. 丰富性

只要作者愿意,身边的一切都可以成为日记记载的对象,诸如个人的日常工作、学习、生活、思想、感情,所以日记的内容必然是丰富的,内容可以涉及政治、经济、文化等各个方面。日记的表现手法多种多样,可以运用记叙、说明、议论、描写、抒情等表达方式和各种修辞手法。

(三) 日记的种类

根据内容特点,日记大致可以分为以下三种。

1. 记录式日记

记录式日记偏重于记述客观情况,所见、所闻较多,所思、所感较少,尊重人、事、物的本来面目。此类日记常常运用记叙、说明、描写等表达方式。

2. 研讨式日记

研讨式日记是在客观记述的基础上,提出自己的见解和主张,注重事实的确凿、材料的可靠、数据的准确、推理的严密、论述的严谨、结论的明确。此类日记综合运用记叙、说明、议论等表达方式。

3. 随感式日记

随感式日记偏重于抒发主观感受和内心活动,所见、所闻较少,所思、所感较多。对于人、事、物,相关的心得、体会、意见、感悟等,都是随感式日记的内容。随感式日记常常运用议论、抒情等表达方式。

(四) 日记的写作

日记结构包括日期和正文两部分。

1. 日期

日期包括写作时间和天气状况。写作时间交代写日记当天的年、月、日及星期几。天气状况说明是晴天、阴天、下雪,还是晴转多云、多云转晴、雨夹雪等。

2. 正文

正文根据所写的内容选择相应的表达方式,要选取有意义、有价值的内容进行深入挖掘。

【实例 4-18】

以前我老觉到学生生活高贵,尤其是入了清华,简直有腔上长尾巴的神气,绝不想到毕业后找职业的困难。今年暑假回家,仿佛触到一点现实似的。一方又受了大千老兄(美国留学生)找职业碰壁的刺戟(应为"激"字)——忽然醒过来了,这一醒不打紧,却出了一身冷汗。我对学生生活起了反感,因为学生(生活)在学校里求不到学问,出了校门碰壁。我看了这些摇头摆尾的先生,真觉得可怜啊!

(摘自《清华园日记》)

【实例评析】

季羡林的《清华园日记》写于 20 世纪 30 年代,时值季羡林就读于清华大学西洋文学系。

跟所有时代的年轻人一样,此时的季羡林心气甚高,牢骚满腹,荷尔蒙过剩。日记在出版时,编辑曾提出"做适当删减",季羡林的意见是:一字不改。

二、读书笔记

(一) 读书笔记的含义

古往今来,人们在长期的读书实践中总结出了许多行之有效的读书方法,其中,读书笔记为许多学者、名家所青睐,甚至有"不动笔墨不读书"之举。读书笔记,就是人们在阅读书刊或查阅资料时记下的内容及心得体会。它的特点就是读写结合,手眼并用。学会写读书笔记能使我们在阅读过程中集中注意力,更为透彻地理解文章的内容,可以比较确切地掌握知识。做读书笔记既是消化书本知识的有效手段,也可以积累有用的材料,训练思维的逻辑性和条理性,提高分析问题和解决问题的能力。

(二) 特点

1. 资料性

读书笔记中留下了大量的线索,从读书笔记可以看出读过哪些书或查过哪些资料,还可以看出读书时的所思、所感,这为之后的工作或研究积累了重要的资料。特别是在进行某一方面的专题研究时,读书笔记能够为我们提供许多重要的线索或资料,或者是有关的书刊,或者是有关的论述。

2. 研究性

读书笔记是辛劳和智慧的结晶,其中包含了作者的感悟和体会,通过理性的思考,有许多可供参考之点。有的读书笔记甚至已经蕴含了研究成果,只要我们稍加整理,就可以成为一篇有价值的论文。唐代诗人白居易的书斋里摆满了各式各样的陶罐,他在每个陶罐上都贴有标签,里面装有他平时记录下来的所见、所闻、所感,每隔一段时间,他就把陶罐里的纸条倒出来,把它们整理成篇。据说,《白孔六帖》就是这样完成的,该书共36卷,杂采各种成语和典故。

(三) 读书笔记的种类和写法

1. 批注笔记

在阅读报刊和书籍时,为了加深对文章内容的理解,可边读边在书中重要的地方和自己体会最深的地方,将重点词句和重要内容用圈、点、画等方式标记出来,或在空白处写上批语、心得体会、意见,或者是用折页、夹纸条等方法来作记号等。这种笔记方法不但可以加深对书中内容的理解,也可为日后查找提供方便。马克思、列宁、毛泽东就常用这种方法在书上批注。例如,马克思"常折迭书角、画线、用铅笔在页边上作满记号,他不在书上写批语,但当他发现作者有错误的时候,他常常忍不住打一个问号或一个惊叹号"。列宁在读书时常在字里行间画五颜六色的记号,在书的空白处,往往还有评语。毛泽东在读《伦理学原理》一书时,全文逐字逐句用朱、墨两种色笔圈圈点点,遇到他认为观点正确、文字优美的地方,就批上"此论颇精"、"此言甚合我意"等语;认为不对的地方就画"×",或批上"不通"、"荒谬"之类的词句。

2. 摘录式笔记

摘录式读书笔记,是在读书时把与自己学习、工作、研究的问题的有关的语句、段落,或者是书报上精彩的、有意义的、富有哲理的语句和重要的片段等,按原文准确无误地抄录下来,以备将来选用。

做摘录笔记时最好让每段摘录自成一段,摘录原文后要注明出处,包括题目、作者、出版单位、出版日期、页码等,便于将来查验、核对。摘录时一般以是否有用作为摘录的标准,把书中重要的和精华的部分按政治、人文、地理、历史等类别整理并摘抄下来。两段摘录内容之间应留有空白,这样做一是使摘录的眉目更清晰,二是留下空白便于将来翻阅、运用时可以做批注。

3. 体会式笔记

体会式笔记是在读书之后,写出自己的收获、心得、感想、体会和得到的启发与收获的一种笔记。一般来说,体会式笔记的写法分为三个步骤:第一步,引。这部分要写出读了什么,包括书名、作者,有时候还可以归纳内容梗概,然后用简洁的语言写出自己的感受。第二步,议。这是体会式笔记的重点所在,包括两部分的内容,第一部分内容引述原文重点或者令人感动的语句,加以分析和理解;第二部分可以联系自己的实际生活谈感想。第三步,结。就是总结全文,可写自己的理想、感想等。具体来说,体会式笔记又可分为札记、心得和综合读书笔记等。

(1) 札记。札记是读书时把摘记的要点和心得结合起来写成的。这种读书笔记的形式灵活多样,可长可短。札记不是单纯地摘录,而是要把自己对读物内容的主要观点和对材料的看法写出来。

(2) 心得。心得就是在读书后把自己的体会、感想、收获写出来,也叫读后感。这种读书笔记,可以写读书时的心得体会,也可以写对原文的某些论点的发挥或提出批评、商榷的意见。写这种笔记,一般以自己的语言为主,也可适当地引用原文。

(3) 综合读书笔记。综合读书笔记是读了几本书或几篇论述同一问题的文章后,抓住中心,评论其观点、见解,并提出自己的看法的笔记。有的读书笔记是作者读了好多书,通过比较研究才得出的一些看法,这样的读书笔记往往能够写得很精彩,如李贽的《史纲评要》等。

4. 提纲式笔记

提纲式读书笔记是用纲要的形式把一本书或一篇文章的论点、论据提纲挈领地叙述出来,可以采用将原文的语句与自己的语言相结合的方式来写。提纲的语言要简明扼要,具有高度的概括性。提纲式笔记可以帮助我们抓住中心、记住要点、理清思路,加深对文章的理解,如《黑格尔〈逻辑学〉一书摘要》等著作。

编写提纲也可以是列表式的。这种方式对原作的表解,所花的功夫比一般的提纲要多一些,特别是对于原作的结构和层次等,都需要经过一番分析和提炼。这对于我们学习原作的主题思想、构思、布局和论证等,都能起到很好的作用,也可以加深对整个作品的理解。

5. 卡片式笔记

卡片式笔记就是将厚纸剪成大小一样的卡片,读书时可按照政治、经济、人文、地理等分门别类地摘记下来,再按书卡分类存放。卡片有携带、使用方便的特点,便于灵活调用又节

省纸张,但限于篇幅,内容不宜过长。每张卡片必须注明资料来源、书名、篇名、版本、页码等,便于查找。要养成定期整理的习惯,使分散和零碎的知识变得有系统、有条理。

据载,鲁迅先生为写《中国小说史略》,记录了 5000 张卡片;著名作家姚雪垠为创作《李自成》也记录了大量卡片。当然,由于现代社会计算机的普及,对资料的记录归类就更为方便了。

练 习 题

一、填空题

1. 申请书是个人或集体向上级单位或有关组织_____、_____时使用的一种文书。
2. 读书笔记有五个种类：_____、_____、_____、_____、_____。
3. _____是祝词的最主要的特点。
4. _____是为邀请宾客参加某一活动时所使用的一种书面形式的通知。
5. 在公共场合，欢迎友好团体或个人来访时致辞所使用的文种是_____。

二、选择题

1. 如果替人代收钱物，代收人写的收条应该在正文第一行写有(　　)。
   A. 今借到　　　　B. 今收到　　　　C. 今代收到　　　　D. 代收到
2. 以下关于介绍信的描述不正确的是(　　)。
   A. 介绍信要由专人保管、专人填写　　B. 如介绍信丢失，应登报申明作废
   C. 介绍信无时限要求　　　　　　　　D. 妥善处理未使用的介绍信
3. 个人向单位借钱借物，写借条时，一般正文第一句就要说明(　　)。
   A. 被借一方的单位名称或姓名　　　　B. 领导人姓名
   C. 借钱物的人的姓名　　　　　　　　D. 会计或出纳姓名
4. "我市是一个贫困地区，在这次会议期间，可能给大家带来了许多不便，敬请原谅。预祝大会圆满成功！"一句用于(　　)。
   A. 开幕词　　　　B. 闭幕词　　　　C. 欢迎词　　　　D. 祝词
5. 有些专用书信的结尾有习惯的写法，"敬请光临"用于(　　)。
   A. 介绍信　　　　B. 感谢信　　　　C. 欢迎词　　　　D. 邀请函

三、判断题

1. 写申请书时，申请的事项要明确具体，不能违背一文一事原则。(　　)
2. 感谢信评誉的内容可以适当夸大，达到赞美效果。(　　)
3. 写作开幕词的正文一定要把握会议的性质，着重阐述会议的特点、意义、要求和希望。(　　)
4. 讣告都可以在媒体上发布。(　　)
5. 有的会议活动可以同时使用邀请函和请柬，一般的专家和客人发邀请函，特邀嘉宾则应当用请柬。(　　)

四、修改病文

1. 下面这份请假条的写作存在什么问题，并请进行修改。

请 假 条

张老师：

　　我有急事需请假，望批准。

学生：张超
20××年×月×日

2. 指出下述借条的不足,并请进行修改。

今借到二哥现金 200 元,下月归还。特立此据。

3. 指出下面介绍信中存在的错误。

介 绍 信

邵阳市一中:

  现介绍我院黄灵芝等三位老师,前往贵校进行招生工作宣传,请接待为感。

  此致

敬礼!

湖南女子学院招生办
2018 年 6 月 20 日

4. 指出下列请柬中出现的错误。

请 柬

敬爱的孙院长:

  您好!

  我们是编导专业 15 级毕业班的学生,我们即将毕业走上社会,面对纷繁复杂、难以捉摸的社会,我们每个人的人生观、世界观都将受到考验。而我们这一代人应该树立什么样的人生观、价值观呢?为了找到一个明确的答案,我年级同学将于 4 月 30 日下午 2:30 在第一报告厅举行演讲比赛。您既是院领导,也是兼任我们"两课"的任课教师,特邀请您出席并作指导,并请您担任评委,届时恭候您大驾光临!

  此致

敬礼!

15 级各班班委会
2019 年 4 月 25 日

五、写作题

1. 张丽借给李威 300200 元钱,以便对方支付医疗费,李威为此写了一张欠条,定于一年内还款。

2. 你欲到××县××乡进行暑期社会调查,拟请所在学院给你开具一封介绍信,请写出这封介绍信。

3. ××大学美术学院国画系 2016 级学生决定于 2019 年 4 月 20 日在七峰画廊举办画展,欲邀请著名画家娄稠之先生出席开幕式,请你替他们写一份邀请函。

第五章
新闻传播类文书写作

新闻传播类文书写作是日常生活中常用和常写的一类文书。在工作中，对新闻和信息的收看和收听成了生活的一部分，如何处理新闻传播类的文书也成为衡量工作能力和体现媒介素养的一个标准。

第一节 新闻传播类文书概述

一、新闻传播类文书的概念

新闻传播类文书是指传播者为了某种目的，而将信息传递给社会及大众的专用文书，常见的有消息、通讯、新闻评论、讲话稿和演讲稿、启事、海报、声明及众筹等。

二、新闻传播类文书的特点

（一）内容真实

制作新闻传播类文书的目的是向公众传播真实信息，使公众了解传播者及所传播的内容的相关信息，因此，必须实事求是，不能编造虚假内容。

（二）传播途径借助媒体

新闻传播类文书要借助报纸、杂志、广播、电视等媒介进行传播，把要向公众传递的信息有效地传播出去，这些媒体会吸引公众的注意力，提高传播效率。这是新闻传播类文书不同于其他应用文体的显著特征。

（三）简洁明快

新闻传播类文书要内容简洁，中心突出，从而尽快使受众了解所传播的信息。

三、新闻传播类文书的作用

（一）传播示范的作用

新闻传播类文书涉及的写作多数是对新闻事件的报道、评述。经过媒体的彰显和放大，这些文书会对社会舆论起到引领示范的作用，并发挥环境监视的功能。

（二）上传下达的作用

在新闻传播类文书的写作中，演讲稿和讲话稿有上传下达的作用。通过领导的讲话，百姓可以了解政府各级机构的运行和政策的变化，及时调整个人的思想状态，做到与时俱进。

（三）广而告之的作用

新闻传播类文书本身就是对新闻的再现，在互联网、自媒体发达的今天，文书内容较好、有社会意义的，必然有大的信息流量，因此，会对接收者（受众）起到广而告之的作用。

四、新闻传播类文书的写作要求

（一）迅速及时

新闻传播类文书要体现新闻的特点和功能，需要信息传播迅速及时，这一点与新闻的特点是一致的。

（二）短小精悍

新闻传播类文书要求第一时间传播到收听、收看的受众中去，因此，在此类文书写作时要求内容短小精悍，既体现速度，又利于新闻信息的传播和受众的收听和收看。

（三）生动活泼、有风趣

面对新闻传播环境的变化，要求新闻的传播内容既有趣又活泼，使接收者乐于收听和收看，逐渐使受众养成定时接收新闻的生活习惯，有利于扩大、提高新闻传播的效果。

（四）要有文采

新闻传播类文书是应用写作中较专业化的文种，该类文书对写作要求较高，既要传递新闻信息的内容，还要体现写作者的文字修养和文学素养。因此，新闻传播类文书写作的文采很重要。

第二节 新闻类

一、概述

(一) 什么是新闻？

新闻在日常生活中是经常听到、看到或用到的一种信息载体。从目前学界对新闻的认知或下的定义来看，新闻的概念有多种论述，如"事实说"、"手段说"、"传播说"、"报道说"和"反常说"等。

1. 事实说

徐宝璜在《新闻学》中说，"新闻者，乃多数阅者所注意之最近事实也"。美国人戴纳认为，"新闻是一种令人惊叫的事情……只有那些正在发生的、有人情味的，足以吸引大众，至少是相当一部分人的事实，才构成新闻"。

2. 手段说

甘惜分教授认为，新闻是报道或评述最新的重要事实以影响舆论的特殊手段。

3. 传播说

王中教授认为，"新闻是新近变动的事实的传布"。德国柏林大学新闻学教授多维法特认为，"新闻就是把最新的现实的现象在最短的时间距离内，连续介绍给最广泛的公众"。

4. 报道说

陆定一认为，"新闻就是新近发生的事实的报道"。美国人卡斯伯·约斯特认为，"新闻是已经发生或正在发生的事实的报道"。

5. 反常说

美国《太阳报》编辑主任博加特认为，"狗咬人不是新闻，人咬狗才是新闻"。美国《环球报》主笔爱德华认为，"能让女人喊一声'啊呀，我的天呀'的东西，就是新闻"。

综合上述不同的论述和看法，结合大众在日常生活中对新闻的感知，本文认为新闻是对新近已经发生和正在发生，或者早已发生却是最近发现的有价值的事情的报道。因此，广义的新闻包括消息、通讯、特写和专访等多种体裁。狭义的新闻特指消息。

(二) 新闻的特点

1. 真实性

新闻必须真实，这是新闻写作的基本要求，也是新闻报道的一项根本原则，这是由新闻的内涵和特性所决定的。新闻所表现的必须是现实生活中真实发生、客观存在的事物。

2. 新鲜性

作为一种信息，新闻是事实的反映，但并非任何事实、任何信息都能成为新闻，新闻必须是新鲜的所见所闻。新闻的"新"包含内容的"新"和时间的"新"两方面。内容的"新"即要有新意；时间的"新"就是要及时。

3. 倾向性

一切新闻机构都是某一阶级、某一集团的喉舌，都是根据本阶级的利益来进行新闻宣传的，这就给新闻带上了无以争辩的政治倾向。

4. 选择性

新闻是新近发生的事实的报道，这是无疑的，但由于新闻同时又有凭借事实传播一定的思想观点和影响舆论的作用，各种政治力量和社会集团往往会利用新闻作为宣传手段。因此，对新闻事实总会有所选择。我们的新闻报道要紧紧围绕党和国家的大政方针，围绕国家大局的中心工作和指导思想来进行报道。

（三）新闻写作要求

1. 真实

新闻是对新发生的事实的报道，是进行着的当代历史的真实记录。由此，一个显而易见的道理是：新闻必须是真实的。虚假编造的所谓新闻，不仅毫无价值可言，而且对社会有相当大的危害性。

2. 精练

汉代的桓谭在他的《新论》中说："文家各有所慕，或好浮华而不知实核，或美众多而不见要约。"显然他对"好浮华"、"美众多"并不提倡，崇尚的是"实核"和"要约"。梁代的刘勰在他的不朽大作《文心雕龙》中也说："随事立体，贵乎精要；意少一字则义阙，句长一言则辞妨"，"文以辨洁为能，不以繁缛为巧；事以明核为美，不以深隐为奇。"从这些话中，不但能看出我们这个文章大国以简洁精练为上的优良传统，似乎更能隔着遥远的时间距离与古人对话，共同探讨新闻写作的文本特征问题。新闻文体，就是一种"贵乎精要"，以"辨洁为能"，以"明核为美"的文体，用现代语言进行最精练的概括就是"新闻贵短"。

3. 选材典型

选择典型事件或典型材料进行报道，可以起到一以当十的作用。什么是典型事件和典型材料？就是那些既有共性特征又有个性特点，有着广泛代表性和强大说服力的事件和材料。人们通过典型事件，能够举一反三，由个别见出一般，由现象认识本质。典型事件未必就是重大事件，有些事件虽小，却有代表性，能够反映同类事物的共同特点和规律，那也是典型事件。

4. 以小见大

讨论新闻的写作就必须"用事实说话"。什么样的事实是可用的？这就涉及"精选事实，以小见大"的问题。从小处着眼，以小见大，是新闻写作的要义。

（四）新闻分类

1. 按不同媒介划分

按媒介的不同属性可以划分为报刊新闻、广播新闻、电视新闻、网络新闻（包括新媒体新闻）等。

2. 按新闻的内容划分

按新闻报道的内容来划分，可以分为社会、体育、文艺、经济、科技等各个领域的新闻。

3. 按写作特点和目的划分

按新闻写作的特点和目的的不同,可以把新闻分为消息、简讯、通讯、新闻特写、专访、新闻综述、新闻评论等。

二、消息

(一)概念

消息是对新近发生的有社会价值的事实的迅速及时、简明扼要的报道,也就是狭义上说的新闻,即新近发生的事实的报道。具体地说,消息是一种客观存在的事实,这种事实在时间上是新近发生的,在内容上是新鲜的,在价值上是大家关心和需要的,并且需要通过新闻工具和其他各种手段进行报道传播。

【实例5-1】
女子收5万一元硬币工程款 重300公斤遭银行拒收

4天之前,梁先生收到了一笔10万元的工程款。梁先生和合伙人各分了5万元。但让梁先生和黄女士颇为苦恼的是,这笔钱竟然全都是1元面值的硬币。在接下来的几天里,夫妻俩带着这些硬币跑了好几家银行,想把钱存起来。但每家银行的工作人员一见此情景都连连摇头,一口拒绝接收。无奈之下,他们只得把硬币带回家中暂时存放。

【实例评析】
该新闻具备了消息的一切组成要素:新近发生的新闻(时间、地点、人物等);生活中客观存在的事实;具备社会思考或反思的价值;该新闻在互联网等媒介流量很大,社会舆论影响深远。

(二)写作格式

1. 标题

标题是消息的眼睛,是消息的内容或主题的集中表现。常由排在主标题上面的引题(又称肩题、眉题或侧题)、排在中间位置字号最大的正题(又称主标题)以及排在主标题下面位置,用作补充说明的副标题(亦称子题)等构成。但不是每则消息都必须有这三种标题。写标题应精当、新颖、生动、醒目,具有强烈的吸引力。

2. 导语

导语是消息的开头,常是第一、二句话或首段。它用极为简洁的文字概括介绍消息中最主要、最新鲜的事实或揭示主题,促使读者或听众产生强烈的"了解下文"的视听欲望。好的导语是"吸铁石",是吸引人往下看的"诱饵"。

3. 主体

主体是消息的核心,属于消息的主干部分。它承接在导语之后,是对导语的铺延和展开,全面具体地叙写消息的内容,回答或者具体说明导语提出的问题,以充实印证导语中的内容。

4. 背景

背景是消息中帮助读者或听众了解所报道事件产生的环境、原因等方面的材料,用来说明消息发生的具体条件、消息的性质和意义,目的是更好地突出主题,从而增加新闻报道的深度和分量。常用作背景的材料有说明性材料、注释性材料和对比性材料等。

5. 结尾

结尾部分常是消息的最后一句话或最后一个自然段,其作用不仅在于使结构更趋完整,还有助于明确主旨,加深印象,增强回味。在表现形式上,或阐明结论,或指出趋势,或照应开头,或托物寓意等,应该不拘一格,力戒公式化。如果上述意思在主体部分中已经表达清楚,就不必在最后画蛇添足了,在主体部分写完时即可自然收笔。

【实例 5-2】

咬伤蟒蛇遭逮捕

【美联社加利福尼亚州萨克拉门托 9 月 2 日电】在萨克拉门托北部社区发生的一桩人蛇撕咬案让受害者身受重伤,但受伤一方并非如你所想。

警方说,在一男子被控咬了一条蟒蛇两次后,该蛇接受了紧急手术。

安德鲁·佩蒂特警官说,警方在接到电话后于昨晚 6 点半赶到德尔帕索海茨社区。之前曾有个过路人报告说,看到一男子躺在地上,也许遭到了袭击。当警察到达现场时,他们发现 54 岁的戴维·申克仍躺在那儿。但警方说,他不是遭到袭击的一方。

佩蒂特说,另一男子迎向警察,指控申克咬了其宠物蟒蛇两口。

申克涉嫌非法令蛇致残或外形受损而被捕,其保释金为 1 万美元。

【实例评析】

在上述消息中,第一段前为标题,后为消息头和导语;第二段到第四段为消息主体,同时提供了消息的背景;第五段为结尾。

(三)消息写作注意事项

(1) 必须用事实讲话,要选择和运用典型事例对事实进行概括,处理好议论与叙述的关系(消息中的议论必须是从事实本身得出来的结论,不能抽象推理)。

(2) 必须完全真实、可靠,有一说一。要真实可信,分寸得当。还要强调反映本质的真实,不搞片面性和表面性。

(3) 新闻要新,时间新、内容新、角度新、结构新。

(4) 坚持新闻的党性原则就是强调思想性,主要是指正确性、指导性、针对性等方面。

(5) 要有可读性,即要顾到知识性、趣味性,使读者感到有趣味。

三、新闻评论

(一)概念

新闻评论是以国内外具有特殊意义的新闻事实为对象,对其进行分析,发表个人或团体意见,并且通过媒体(媒介)传播的新闻体裁。新闻评论具有新闻性和政论性两大体裁特征。

(二) 作用

1. 引导舆论的作用

作为新闻媒介的重要宣传手段,新闻评论运用马克思主义的立场、观点、方法,对现实生活中的新闻事实和重要问题作出分析,可以旗帜鲜明地表彰先进、针砭时弊,帮助群众明辨是非,区分先进和落后、正确和错误;可以就群众中某些疑惑不解、莫衷一是的问题,为他们释疑解惑;还可以使人们正确认识当前的形势,为他们指明方向。

2. 环境监视的作用

我们的新闻宣传要以正面宣传为主,坚持正确的舆论导向。但正面宣传也应该包括舆论监督的内容,这两者的目的是一致的,都是为了取得积极的社会效果。鞭挞假恶丑正是为了弘扬真善美。因此,新闻评论在弘扬先进思想和精神的同时,还要不断揭露和抨击各种腐败现象和不正之风,对这些不良现象和风气形成强大的舆论压力。

3. 深化示范的作用

新闻评论的政治性决定了它要尽可能从思想、政策、理论高度,提出问题、分析问题和解决问题,而不应局限于就事论事。我们说新闻评论要善于务虚,就是要用马克思主义的立场、观点、方法对客观事物进行分析,把理论和实践结合起来,把摆事实和讲道理结合起来,说明事物的实质和意义,这样的评论就有理论色彩。评论所面对的新闻事实往往是具体的、零散的、微观的,这就需要通过分析、综合和提炼,衡量它是否符合党的政策,是否代表了客观事物的发展方向,从而作出判断。受众看到或听到的是具体的事实,而评论则是要通过分析,进行提炼和升华,使他们从思想上、政治上领悟到某种道理,理解客观事物所包含的社会意义。

(三) 写作要求

1. 实事求是,要求新闻的真实性

要想写好新闻评论,媒体工作人员必须深入社会生活的第一线,准确了解新闻事件的全面信息,解剖真相,从而写出反映新闻全貌的分析评论来。

2. 主题鲜明,论证有理有据有力

写作新闻评论,围绕要表达的中心思想,必须注意搜集有关新闻的论证、论据,选择恰当的论证方法,做到新闻评论以理服人,树立公正、公开和公平的媒体形象。

3. 语言力求简洁生动

新闻评论的语言要求简洁、生动,尽量用平实的言语和文字表达词意,让读者(受众)一目了然,熟记在心。

(四) 分类

新闻评论主要分为报纸新闻评论、广播新闻评论、电视新闻评论和网络新闻评论。鉴于日常生活的需要,报纸新闻评论和网络新闻评论在工作中显得尤为重要。

1. 报纸新闻评论

由于报纸的发行量大,影响面广(特别是党报),报纸新闻评论是日常工作生活中经常读到和看到的新闻评论形式。报纸新闻评论一般会把新近或近期社会热点和焦点聚集的社会问题(或话题)以专栏或署名(或不署名)性文章的形式展现在受众面前,以求达到社会皆知的目的。

报纸新闻评论是依托纸媒而呈现的一种新闻评论形式。它强调新闻评论的选题和新闻价值。一般来说,新闻评论的选题要注意两方面:"上面的精神"和"下面的情况"。

【实例 5-3】

化危机为机遇

面对国际金融危机冲击,我们必须正确判断形势,充分估计困难,多管齐下,有效化解,把危机带来的损失降到最低。同时更要看到,在这场严重的国际金融危机冲击中,挑战前所未有,机遇也前所未有。应对复杂多变的形势,保持经济平稳较快发展,要求我们辩证对待"危"与"机",学会在危中求机,努力转危为机,牢牢掌握发展的主动权。

……

"事不避难,知难不难。"国际金融危机加大了我国经济运行的不确定性和宏观调控的难度,同时也锻炼了我们对复杂严峻局面的判断能力、驾驭能力和应对能力。我们一定要坚定信心,保持清醒,在应对中趋利避害,在逆境中强身健体,化危机为机遇,变挑战为动力,赢得更大的发展空间,提升我国经济抗风险能力和企业整体竞争力,保持经济平稳较快发展的势头。

【实例评析】

自 2008 年下半年开始,全球经济经历了自 20 世纪 30 年代以来最为严重的经济危机和经济衰退。面对金融危机的冲击,《人民日报》发表了评论员文章《化危机为机遇》,对国际国内形势作出分析,呼吁人民更加理性地应对金融危机。此处即"上面的精神"的体现。

【实例 5-4】

没有新闻,就别制造新闻

12 月 26 日,有媒体报道称,用自己拾破烂的双手抱起小悦悦的阿婆陈贤妹,被原来的雇主辞退了,在房东的威胁下不得不搬出在五金城附近租住的房屋,原因是"他们忍受不了那么多的媒体"。对此,陈贤妹的儿子称网上谣言"瞎扯淡"。母亲是因不堪骚扰而返回老家,并非被辞工,现在他们还住在原来的出租屋里。

【实例评析】

《中国青年报》这篇文章以媒体对小悦悦事件中救人的阿婆的不实报道为由头,联系之前一些媒体对北大校长周其凤的演讲断章取义,致使周其凤陷入舆论口水中的不实报道,批评了当下媒体界一种很不好的现象:没有新闻,但为了吸引眼球,就去制造冲突,制造新闻。此处即"下面的情况"的体现。

2. 网络新闻评论

网络新闻评论有自己独特的表现优势:题材广泛,改变了传统媒体的议程设置;行文上不拘一格,能挖掘作者的个性和潜力,易形成品牌;超文本写作有助于增加信息量,改善传播效果。

网络新闻评论是借助于互联网而发展起来的,它常常发表在专设的言论专栏里。网络新闻评论性文章大致可以分成三类:一是由网络媒体的编辑撰写的文章,基本代表着网络媒体的观点;二是由特约作者撰写的文章,有的代表媒体的观点,有的完全属于一己之见;三是由网友撰写的文章,类似报纸媒体上的群众言论。网络新闻评论是依托于互联网而产生的。它作为网络舆论场的重要组成部分,对社会舆论施加着重大影响。

【实例5-5】

撕下美国"互联网自由"的虚伪面具

在互联网管理上,美国一直秉承双重标准,可以自己做、不许别人做,"宽以律己、严以待人",说一套做一套。

对外,美国极力标榜和鼓吹互联网自由,要求别国提供不受限制的"互联网自由",并以此作为外交施压和谋求霸权的重要工具。2010年初美国国务卿希拉里·克林顿高调宣布,美国将把"不受限制的互联网访问作为外交政策的首要任务",并在谷歌退出中国问题上大做文章,批评指责中国互联网不自由、受限制,一副"互联网自由法官"的样子。

对内,美国对互联网却采取相当严格的限制举措。2010年6月24日,美国国会参议院国家安全与政府事务委员会通过对2002年国土安全法案的修正案《将保护网络作为国家资产法案》。修正案规定联邦政府在紧急状况下,拥有绝对的权力来关闭互联网,再次扩大了联邦政府在紧急状况下的权力。此外,运营网站须经政府许可以及进行个人身份信息验证。今年2月16日,英国BBC刊文指出,美国政府在鼓动"封闭社会"的人民争取互联网自由并对这些国家政府的新闻管制提出质疑的同时,却在本国设立法律封锁,以缓解维基解密网发起的挑战。这说明,即使在西方,人们也意识到了美国"互联网自由"的虚伪性。

【实例评析】

网络评论的"话题"有相当一部分来自网络新闻,而网络上关于某一事件的各种信息常常是片段的、表象的,有时甚至让人真伪难辨,这就要求网络评论的作者在"真实性"上要多下点功夫。《撕下美国"互联网自由"的虚伪面具》从美国内外有别的做法看出了其虚伪和假"自由"的一面。

(五)写作格式

新闻评论的写作格式主要包括标题、正文和结尾,新闻评论过程包括论点、论据和论证三要素。

1. 标题

标题写明"观点",体现新闻评论的论点。

2. 正文

新闻评论的正文是作者行文体现观点,用收集到的论据来论证成文的过程。

3. 结尾

新闻评论的结尾是一篇文章的收尾和总结的段落。该部分更多的是体现作者把新闻评论引入深层思考的部分,是引导受众继续探索的引文。

（六）网络新闻评论写作注意事项

1. 选题符合网络传播特点

互联网传播的特点就是快速及时,其传播渠道开放,反馈时效性强。因此,网络新闻评论的选题要有互联网思维,利用受众的碎片化时间来快速阅读读者的评论,所以,选题最好要"大题小做"。

2. 作者去中心化

网络传播的特点之一就是传者和受众多数是去中心化,在一个个网格化的空间里进行着人际传播和大众传播。因此,网络新闻评论缺乏主流引导和舆论监督,易造成社会舆论的负面影响。

3. 熟知国家有关法规

在写作网络新闻评论时,作者要熟知有关互联网的法律法规。比如,《互联网信息服务管理办法》(2000 年 9 月 25 日公布实施)、《中华人民共和国网络安全法》(2017 年 6 月 1 日起实施)等。

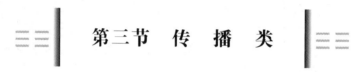

第三节 传播类

一、演讲稿

（一）演讲稿的概念

演讲又称讲演、演说。"演"可以解释为"艺术地","讲"就是"讲述",就是把经过组织的语言表达出来。演讲也就是艺术地讲话。演讲有广义和狭义两个不同的含义。广义的演讲,是指向听众发表成篇的有关某一事物的知识或对一问题的意见的口头表达形式。狭义的演讲,是指成篇地艺术地向听众讲述个人对某一事物或问题的见解,以情、理去感召听众的口头表达形式。演讲稿也叫演说辞,它是在较为隆重的仪式上和某些公众场所发表的讲话文稿,是演讲者在准备阶段写成的文稿,是演讲者进行演讲的依据。

（二）演讲稿的作用

1. 梳理思想,提示内容

演讲稿可以梳理演讲者的思路,使演讲的内容清晰、有条理。为了备忘,它还可以起到提示演讲内容的作用。演讲者在演讲中忘了某些内容,随时看一眼,就会很快地使演讲内容连贯起来。演讲稿还有消除演讲者恐惧心理的作用,初学演讲的人,在演讲时往往有恐惧心理,有了演讲稿,心里有了底,就能较为放松地去讲。

2. 增强语言的表现力

演讲稿的写作是由说到写,再由写到说的过程。演讲稿是文字材料,是诉诸视觉的,演讲时要把视觉的文字材料变成听觉的。这样,演讲者就要根据已写成的演讲稿反复研究、琢磨,哪些地方应该用重音、语调来强调,哪些地方用表情、动作来加深听众的印象。为了表达得精妙,需要运用各种语言技巧,提高语言的表现力和感染力。经过反复训练,就能逐步达到"落笔生花"的地步。

(三) 演讲的特点

1. 针对性

演讲是一种社会活动,是用于公众场合的宣传形式。首先,它要以思想感情来晓谕听众,打动听众,征服听众,就必须具有现实的针对性。所谓针对性,首先指演讲者提出的问题是听众所关心的。只有这样,才能引起听众的注意和兴趣,才有可能产生应有的社会效果。其次,要懂得听众有不同的对象和不同的层次,"公众场合"也有不同的类型。因此,写作演讲稿时,要根据不同场合和不同对象,有的放矢,为听众设计不同的演讲内容和形式。

2. 有声性

演讲要将无声的文字变为有声的语言,这是写作演讲稿时必须认真考虑的一个问题。为了发挥演讲稿有声性这个特点,就要把演讲稿写得"上口"、"入耳"。所谓"上口",就是讲起来和平常说话没有什么差别。所谓"入耳",就是让人听起来没有什么障碍,如同平时听说话一样顺当。演讲稿能写得"上口"、"入耳",经得起说和听的考验,就能充分发挥有声语言交流思想感情的作用。

3. 鼓动性

演讲的目的是以情与理去感化和召唤听众,使他们行动起来。鼓动性来源于说出来的话语中所蕴含的使听众按照某一意旨去行动的力量。它的产生固然与声音的运用有关,更与不同凡响的主张见解、典型充足的材料、无懈可击的论证、丰富细腻的感情、坚定不移的信念紧密相连。如果演讲稿写得平淡无味,毫无新意,即使在现场"演"得再卖力,也不会产生好的效果。

(四) 演讲稿的种类

演讲的种类有很多,按演讲内容分,有政治演讲、学术演讲、诉讼演讲、日常生活问题演讲、礼仪演讲等;按演讲场合分,有集会演讲、广播演讲、电视演讲、课堂演讲、法庭演讲、街头演讲等;按演讲目的分,有娱乐性演讲、传授性演讲、说服性演讲、鼓动性演讲、凭吊性演讲等;按演讲风格分,有激昂型演讲、深沉型演讲、活泼型演讲、严谨型演讲等。

(五) 演讲稿的结构及写法

演讲稿的结构一般包括开头、主体、结尾三个部分。

1. 开头

演讲的开头也叫开场白,是在演讲开头时的引言。它对演讲有双重作用:一是诱发听众的浓厚兴趣,赢得听众的好感。无论是一个出乎寻常的举动、发出几声感叹或是几句简短的话语,都应力图扣动听众的心弦,使其感到演讲者可亲、可敬、可爱。二是为整个演讲创造一个适宜的气氛,为全篇演讲定下基调,或提纲挈领点明演讲的宗旨,自然引出下文。出色的演讲者总是以特有的风度、洪亮的声音、新奇的内容、精妙的语言或其他方式,一开头就力图控制全场,抓住所有听众的心。

演讲有以下四种基本的开头方式。

(1) 描述式开头

描述式开头即用形象去引发听众的联想，进而导入对主题的阐发，可以使演讲富于趣味，增强对听众的吸引力。所描述的可以是故事，也可以是场面、人物、事物、感受、见解等，常用于使人相信、使人感动的场合。以描述开头，要注意描述内容紧扣主旨，简短精要，防止为描述而描述的倾向。

(2) 提问式开头

提问式开头即向观众提出一个或几个值得思考的问题，可以引导观众进入共同的思维空间，将听众的思维统一到特定的话题上来，使他们变被动接受为主动思考，有助于整个演讲信息的传递。以提问开头，要注意提出的问题切合听众的实际，不能过于简单，不能无关听众痛痒，更不能故弄玄虚。所提的应当是听众想了解而又尚未找到答案的问题，或者是听众未曾想到而又息息相关的问题。

(3) 幽默式开头

幽默式开头可以使演讲者在听众心领神会的笑声中增强自信心，也可以使听众在轻松愉快的气氛中缩短与演讲者的心理距离，更易于接受演讲的内容。运用幽默式开头，必须注意场合，把握分寸。不然，就会流于滑稽、无聊，甚至令人反感。

(4) 赞扬式开头

人们一般爱听表扬性语言，演讲者在开场时说几句赞扬性的话语，可尽快缩短与听众的距离。但要注意分寸，不然，会给人哗众取宠、油嘴滑舌的印象。

2. 主体

主体是展示演讲内容的最重要部分。演讲的观点要在这里通过一系列的材料加以表现，演讲者也总是要依靠这一部分去征服听众。所以，主体部分结构的好坏不能掉以轻心，等闲视之。主体部分安排层次的主要类型有以下五种。

(1) 平行并列式

这种层次的特点是对演讲中心涉及的几个主要问题分别进行讲述，几个层次之间的关系是并列的，它们从不同角度来阐明演讲的中心。

(2) 时间序列式

时间序列式是按事件发展的时间先后顺序安排材料，反映出运动过程的流动状态。

(3) 正反对比式

为了使听众从两种事物的不同或对立中明辨是非，常常采取正反对比，以加深对事理的正确认识。这种方式，或者用在同一部分，或者形成全篇各部分对照，是非曲直，从对比中一目了然。

(4) 层层深入式

这种安排的特点是围绕一个中心，步步深入、层层推进地讲述。先讲什么，后讲什么，顺序不能随意变动。

(5) 情感发展式

这种讲述方法是按演讲者感情的自然发展顺序来表述演讲内容。这种感情发展的层次一般是与听众的感情相吻合的，易于被听众接受。

3. 结尾

结尾是演讲内容的自然收束，演讲的结尾常见的有以下三种。

(1) 呼吁式结尾

呼吁式结尾就是用感情激越、动人心弦、充满期望和信任的话语对听众发出语重心长的热情呼唤,并且可以借助呼吁向听众指明行动的具体步骤。采用这种方式要注意,提出的呼吁应是明确的、听众力所能及的,要给听众以必胜的信心,使他们看到把希望变为现实的必然性或可能性。

(2) 引用式结尾

这种结尾方式能够给演讲增加典雅性和感染力。不论是引用诗歌,还是引述权威的话语,都应当紧扣演讲主旨,力求短小浅近。切忌弄巧成拙,离题万里。

(3) 誓言式结尾

誓言式结尾就是表示自己坚定的信念、决心。采用这种方式,应当留心说话的分寸,不要说过头话,以免给人瞎放"空炮"的坏印象。

(六) 演讲稿的写作要求

1. 要了解对象

演讲是面对一定的听众来进行的。在写作演讲稿时,对听众的思想状况、文化程度、年龄、职业、风俗习惯、愿望兴趣等都要有所了解。只有这样,演讲才能有的放矢。听众不同,选择的题目、事例、论述方式和语言也应不同。演讲中还要注意场合、时间、条件的影响,观察听众的情结、心理变化,及时调整演讲的内容或论述方式。

2. 要有鲜明的主题

一篇演讲稿总有一个鲜明的主题,这个主题就是演讲者要表达给听众的见解、观点和意图。演讲的主题是演讲活动的灵魂、统帅,由它决定材料的取舍和安排,决定有声语言和态势语言的运用。有了明确的主题,才能使听众在心理上、理论上领悟它,在感情上接受它,使听众切实感受和体验演讲的具体内容。

3. 要精选具有典型意义的材料

演讲要求观点与材料的统一,只有精心选择具有典型意义的材料,才能说服听众,从而使听众接受演讲者的主张。此外,还要注意材料的新颖性和生动性。材料新颖、生动,才能表现出新鲜活泼的内容,才能吸引人、打动人。如果是老生常谈、人人皆知的材料,就不会引起听众的兴趣。

4. 要用通俗、生动的语言

写演讲稿,运用好语言很重要。演讲者能恰到好处地运用有声语言,也就掌握了听众。演讲的语言要求通俗、生动,"上口"、"入耳",能吸引观众;要求深入浅出,把抽象的道理具体化,把概念的东西形象化,听众才易于理解。

【实例5-6】

谋共同永续发展 做合作共赢伙伴
——在联合国发展峰会上的演讲
(2015年9月26日,纽约)
中华人民共和国主席 习近平

主席先生,各位同事:

很高兴出席今天的峰会。在联合国成立70周年之际,各国领导人齐聚纽约,共商发展

大计,具有重要意义。

对各国人民而言,发展寄托着生存和希望,象征着尊严和权利。正是带着这个愿望,15年前,我们制定了千年发展目标,希望帮助亿万人民过上更好生活。

回首过去,我们经历了全球经济持续增长,也承受了国际金融危机严重冲击。我们见证了发展中国家的崛起,也面对着南北发展失衡的现实。我们既为11亿人民脱贫而深受鼓舞,也为8亿多人仍在挨饿而深为担忧。

环顾世界,和平与发展仍然是当今时代两大主题。要解决好各种全球性挑战,包括最近发生在欧洲的难民危机,根本出路在于谋求和平、实现发展。面对重重挑战和道道难关,我们必须攥紧发展这把钥匙。唯有发展,才能消除冲突的根源。唯有发展,才能保障人民的基本权利。唯有发展,才能满足人民对美好生活的热切向往。

主席先生、各位同事!

本次峰会通过的2015年后发展议程,为全球发展描绘了新愿景,为国际发展合作提供了新机遇。我们应该以此为新起点,共同走出一条公平、开放、全面、创新的发展之路,努力实现各国共同发展。

——我们要争取公平的发展,让发展机会更加均等。各国都应成为全球发展的参与者、贡献者、受益者。不能一个国家发展、其他国家不发展,一部分国家发展、另一部分国家不发展。各国能力和水平有差异,在同一目标下,应该承担共同但有区别的责任。要完善全球经济治理,提高发展中国家代表性和发言权,给予各国平等参与规则制定的权利。

——我们要坚持开放的发展,让发展成果惠及各方。在经济全球化时代,各国要打开大门搞建设,促进生产要素在全球范围更加自由便捷地流动。各国要共同维护多边贸易体制,构建开放型经济,实现共商、共建、共享。要尊重彼此的发展选择,相互借鉴发展经验,让不同发展道路交汇在成功的彼岸,让发展成果为各国人民共享。

——我们要追求全面的发展,让发展基础更加坚实。发展的最终目的是为了人民。在消除贫困、保障民生的同时,要维护社会公平正义,保证人人享有发展机遇、享有发展成果。要努力实现经济、社会、环境协调发展,实现人与社会、人与自然和谐相处。

——我们要促进创新的发展,让发展潜力充分释放。创新带来生机,创新产生动力。发展中的问题只有通过发展才能解决。各国要以改革创新激发发展潜力、增强增长动力,培育新的核心竞争力。

主席先生、各位同事!

2015年后发展议程是一份高标准的任务单,也是一份沉甸甸的承诺书。"一分部署,九分落实。"我倡议,国际社会加强合作,共同落实2015年后发展议程,努力实现合作共赢。

第一,增强各国发展能力。发展归根到底要靠本国自身努力。中国人讲:"量腹而受,量身而衣。"各国要根据自身禀赋特点,制定适合本国国情的发展战略。国际社会要帮助发展中国家加强能力建设,根据他们的实际需求,有针对性地提供支持和帮助。

第二,改善国际发展环境。和平与发展相辅相成。各国要共同维护国际和平,以和平促进发展,以发展巩固和平。发展还需要良好外部制度环境,国际金融机构要加快治理改革,多边开发机构要增加发展资源。

第三,优化发展伙伴关系。发达国家应该及时兑现承诺、履行义务,国际社会应该坚持南北合作主渠道地位,深化南南合作和三方合作,支持私营部门等利益攸关方在伙伴关系中发挥更大作用。

第四,健全发展协调机制。各国要加强宏观经济政策协调,避免负面溢出效应。区域组织要加快一体化进程,通过域内优势互补提升整体竞争力。联合国要继续发挥领导作用。

主席先生、各位同事!

改革开放30多年来,中国立足自身国情,走出了一条中国特色发展道路。中国基本实现了千年发展目标,贫困人口减少了4.39亿,在教育、卫生、妇女等领域取得显著成就。中国发展不仅增进了13亿多中国人的福祉,也有力促进了全球发展事业。

60多年来,中国积极参与国际发展合作,共向166个国家和国际组织提供了近4000亿元人民币援助,派遣60多万援助人员,其中700多名中国好儿女为他国发展献出了宝贵生命。

面向未来,中国将继续秉持义利相兼、以义为先的原则,同各国一道为实现2015年后发展议程作出努力。为此,我宣布:

——中国将设立"南南合作援助基金",首期提供20亿美元,支持发展中国家落实2015年后发展议程。

——中国将继续增加对最不发达国家投资,力争2030年达到120亿美元。

——中国将免除对有关最不发达国家、内陆发展中国家、小岛屿发展中国家截至2015年底到期未还的政府间无息贷款债务。

——中国将设立国际发展知识中心,同各国一道研究和交流适合各自国情的发展理论和发展实践。

——中国倡议探讨构建全球能源互联网,推动以清洁和绿色方式满足全球电力需求。

中国也愿意同有关各方一道,继续推进"一带一路"建设,推动亚洲基础设施投资银行和金砖国家新开发银行早日投入运营、发挥作用,为发展中国家经济增长和民生改善贡献力量。

主席先生、各位同事!

中国郑重承诺,以落实2015年后发展议程为己任,团结协作,推动全球发展事业不断向前!

谢谢大家。

【实例评析】

这篇演讲稿是习近平主席在联合国成立70周年大会上的演讲。该演讲着眼世界格局,从不同层面下手,呼吁世界各国一起谋大局、共合作、永续发展,体现了一个世界大国应有的世界观,并展示了一个负责任的大国形象。

【实例5-7】

<h3 style="text-align:center">寒门贵子</h3>

刘媛媛

在这段演讲开始之前,我先问大家一个问题:你们当中有谁觉得自己是家境普通,甚至出身贫寒,将来想要出人头地只能靠自己?你们当中又有谁觉得自己是有钱人家的小孩,起码奋斗的时候可以从父母那儿得到一点助力?

前些日子有个在银行工作了十年的资深的HR(人力资源管理师),他在网络上发了一篇帖子,叫作《寒门再难出贵子》,意思是说在当下我们这个社会里面,寒门的小孩,他想要出

人头地,想要成功,比我们父辈那一代更难了。这个帖子引起了特别广泛的讨论,你们觉得这句话有道理吗?

先拿我自己说,我们家就是出身寒门的,我们家都不算寒门,我们家都没有门。现在想想,我都不知道我爸跟我妈那么普通的一对农村夫妇,他们是怎么把三个孩子,我跟我的两个哥哥从农村供出来上大学、上研究生的。我一直都觉得自己特别幸运,我爸跟我妈都没怎么读过书,我妈连小学一年级都没上过,她居然觉得读书很重要,她吃再多的苦也要让我们三个孩子上大学。我一直也不会去拿自己跟那些比如家庭富裕的小孩去作比较,说我们之间会有什么不同,或者有什么不平等。但是我们必须要承认,这个世界是有一些不平等的,他们有很多的优越条件我们都没有,他们有很多的捷径我们也没有,但是我们不能抱怨。

每一个人的人生都是不尽相同的,有些人出生就含着金钥匙,有些人出生连爸妈都没有——人生跟人生是没有可比性的,我们的人生是怎么样,完全取决于自己的感受,你一辈子都在感受抱怨,那你的一生就是抱怨的一生;你一辈子都在感受感动,那你的一生就是感动的一生;你一辈子都励志改变这个社会,那你的一生就是斗士的一生。

英国有一部纪录片叫作《人生七年》,片中访问了12个来自不同阶层的7岁的小孩,每7年再回去重新访问这些小孩,到了影片的最后你会发现:富人的孩子还是富人,穷人的孩子还是穷人,但是里面有一个叫作尼克的贫穷小孩,他到最后通过自己的奋斗变成了一名大学教授。可见命运的手掌里面是有漏网之鱼的,而且现实生活中,寒门子弟逆袭的例子更是数不胜数。

所以当我们遭遇失败的时候,我们不能把所有的原因都归咎到出身上去,更不能去抱怨为什么自己的父母不如别人的父母,因为家境不好,并没有斩断一个人他成功的所有的可能。当我在人生中遇到很大困难的时候,我就会在北京的大街上走一走,看着人来人往,那时候我就想:"刘媛媛,你在这个城市里面真的是一无所依,你有的只是你自己,你什么都没有,你现在能做的就是单枪匹马地在这个社会上杀出一条路来。"

这段演讲到现在呢,已经是最后一次了,其实我刚刚在问的时候就发现了,我们大部分人并不是出身豪门,我们都要靠自己,所以你要相信:命运给你一个比别人低的起点是想告诉你,让你用你的一生去奋斗出一个绝地反击的故事。这个故事关于独立,关于梦想,关于勇气,关于坚忍,它不是一个水到渠成的童话,没有一点点人间疾苦,这个故事是,有志者,事竟成,破釜沉舟,百二秦关终属楚;这个故事是,苦心人,天不负,卧薪尝胆,三千越甲可吞吴。

【实例评析】

这篇演讲稿的突出特点是以情感人,以理服人。演讲稿的开头紧扣标题,以网络上的一篇帖子引出话题,顺理成章地过渡到自己的经历,并结合英国纪录片《人生七年》中尼克的例子,说明了寒门子弟逆袭的可能性。演讲中穿插了一些抒情意味很浓的、精当的议论,对阐述观点起到了很好的作用。

二、启事

(一)启事的概念

启事是机关、团体、企事业单位或个人需要向公众说明某件事情,或者希望公众协助办理某事时使用的一种诉求性事务文书,一般张贴在公共场所或刊登在报刊上。启事是以公开方式广泛传播信息的文字材料,这里的"启"是"说明"的意思,"事"就是指被说明的事情,启事即告知事项的意思,所以,"启事"不能写作"启示"。"启示"的"启",则是"开导"的意思,"示"是把事物摆出来或指出来让人了解。"启示"是指启发指示、开导思考,使人有所领悟。可见"启事"和"启示"的含义截然不同,二者不能通用。"征文启事"写成"征文启示"是错的。

(二)启事的作用

1. 充分实现信息交流

启事可以在多种情况下实现信息交流,当某个信息需要通知相关人员,就可以采用启事这种集约方式告知,比如学校要举办校庆,要让遍布各地的校友得知消息,就可以到报纸上刊载启事;企业单位遇到告知对象众多这类情况时,如果事情重大可使用通告,如果事情细小或想低调处理,则用启事。当某个告知对象不知踪迹,隐没在茫茫人海中时,如某些寻人启事中的对象或招领启事的寻访,所散发的信息就会捕捉到所要告知的对象。类似招聘启事、招生启事、征文启事、征婚启事等具有征召性质的启事,所告知的对象是潜在的、不确定的,通过启事中所列定的特征和条件,便可以很好地传递信息。

2. 表示着重声明

某些事实非常重要,启事撰写的目的在于见证于社会、取信于社会、立誓于社会,声明类启事大多如此。

3. 表示深挚情意

有些启事,如鸣谢启事、致歉启事、恭贺启事等,主要是表达一种情感,达到当面致意、一一致意的目的。撰写者以启事的方式公开、广泛地倾诉,目的是要加强致意的效果,让人觉得其所传达的情感更为真诚、深切和强烈。写作这类启事多出于社会交往的礼仪需要。

(三)启事的特点

1. 公开性

启事是面向大众告知事宜,并希望得到公众的支持与协助,显著特点是自我诉求,具有知照性。

2. 简明性

无论是登报、广播、电视或张贴,启事都要求写得十分简明,多为三言两语,短则只有一句话,长也不过几百字,其简明性除了为读者提供方便之外,同时也受到篇幅版面的限制。

3. 期望性

启事一般是期望得到人们的了解、支持和协作,启事对公众没有强制性,不具备约束力,公众对启事的内容和要求可关注也可不关注,可介入亦可不介入。

(四)启事的种类

启事的适用性非常广泛,它的类型也极其庞杂,根据启事的内容不同,启事可以分为以下五类。

(1)找寻类启事。是指寻人或寻物等方面的启事。这类启事非常常见,在报刊及各种公共场所随处可见。

(2)征召类启事。包括征婚、征订、征文、征集启事和招生、招工、招聘、招标、招领启事等。

(3)声明类启事。包括遗失、作废、免责等,这类启事也常以"声明"或"××声明"命名。

(4)更正类启事。包括更名、更期、更正等启事。

(5)庆典类启事。筹备、组织包括婚庆、校庆、开业庆典、奠基庆典等活动时所使用的启事。

(五)启事的写法

启事的格式一般包括标题、正文和落款三个部分。

1. 标题

标题首行居中书写,如"招领启事"、"招聘启事",也可将"启事"二字省去,直接写"寻人"、"征婚"、"招聘"等。

启事标题有多种写法:

①以文种作标题,如"启事"、"紧急启事"。

②以事由作标题,如"招聘"。

③以启事单位和文种作标题,如"××公司启事"。

④以事由和文种作标题,如"招标启事"。

⑤由启事单位、事由、文种构成标题,如"××商城开业启事"等。

2. 正文

正文的内容一般包括原因或目的、要求与条件、特征、待遇。正文部分是体现各种启事不同性质和特点的关键部分,应依据不同启事的内容和要求,变通处置,如:寻物启事应着重交代丢失物品的名称、特征、时间、地点、失主姓名、住址或单位名称和地址、发现后交还的办法和酬谢方式等;开业启事则应写明开业单位的名称、概况、性质、地点、经营项目和开业时间等内容;招聘启事一般包括招聘基本情况、招聘对象、应聘条件、招聘待遇、招聘方法等内容。文末可写上"此启"或"特此启事",亦可略而不写。

3. 落款

启事的落款写在正文右下方,包括公布启事的部门名称或个人姓名。标题或正文中已出现招聘单位名称的,此处可以省略。有的启事还需要写明单位地址、时间、电话、电子邮箱、联系人等。凡以机关、团体、单位的名义张贴的启事,应加盖公章,以示负责。

启事的日期是指撰写时间,写在署名下面。在报纸上发表的征文启事,可不再标明发文日期。

(六)注意事项

1. 一事一启

不要将不同的诉求放在一个启事中,要做好一事一启,以保证被启事人能记清启事的内容。

2. 语言得体

启事要明确周到,语言上要符合其目的,如寻物启事要写清失物特征,而招领启事则要将物品写得笼统含糊。

（七）与相关文种的区别

1. 与通告的区别

单位的重大事项、有约束性内容的事项、针对员工的事项，一般用通告；行业管理性的内容用通告，如城管部门贴出的《菜市场迁址通告》。单位中有公关性质的事务用启事，如开业启事、厂庆启事。个人不能用通告。

2. 与广告的区别

如果是固定的、长期的、大批量的商品或贸易信息，可用广告；如果是临时性的、偶然性的、个别的信息，则用启事。如大学生毕业前出售旧书、旧车等事件用启事，某居民出租房屋的消息也可用启事。

3. 与通知的区别

启事的对象要么是公众，要么是不确定的对象。如果受文对象比较明确，有行政隶属关系的，则用通知。如某厂要让员工更换工作证，就可用通知；如果是要让公众提供自己珍藏的该厂历史资料，则可用启事，因为对象是不明确的。

【实例5-8】

关于公司更名的启事

经上级批准，江北市机械工业供销公司正式更名为江北市机械工业公司。

办公地址仍在东御街10号三楼，电话号码仍为6682082，电挂：0988。

从2018年4月10日起正式启用江北市机械工业公司的印鉴，原江北市机械工业供销公司的印鉴同时作废。

本公司各业务部门的名称，将函告各有关主管部门和单位。

法定代表人：成大伟
江北市机械工业公司

【实例评析】

这篇公司更名启事，仅用寥寥百字，就将启事的内容事项包括更名以后的公司名称、联系方式、印鉴、法人代表的姓名，以及有关事宜简要、准确地作了交代，令人一目了然。全文用语简洁，交代清楚、具体。

【实例5-9】

寻 人 启 事

平春徐，女，籍贯：江苏省徐州市贾汪区大吴镇，1976年9月18日出生，身高155厘米，头扎马尾辫，身穿粉红色风衣，有轻微精神病。于2018年10月13日在北京朝阳区不明原因失踪，至今未归。如有线索，请速与家人联系，必有重谢！联系人：中国寻人启事网www.zgxrqsw.com、平方修。电话：13935014011、15852328148。

【实例评析】

以上为一则寻人启事。启事首先具体写出走失者的身份特征，如姓名、性别、年龄、外貌、衣着等,便于知情者据此判断,以便及时联系其家人;其次写明了走失者走失的时间;最后注明了联系方式,另外还有酬谢的语言。寻人启事整体语言简练,格式规范。

三、海报

(一)海报的概念

"海报"一词源于上海。过去,人们把职业性的戏剧表演界称为"海",从事职业性表演称为"下海"。作为戏剧演出信息的张贴物,便叫作海报。如今,海报是指机关、单位、团体向公众公布有关文化、艺术、体育、科技、学术和展览等方面活动消息的文书。凡此类消息不宜用启事、通知的就用海报。海报通常张贴在有关演出的场所,或较为醒目地方,告知有关活动的事项。有的海报还可以在广播电视上播出。

(二)海报的特点

1. 广告性

海报希望社会各界的参与,具有明显的广告宣传性质。海报可以在媒体上刊登、播放,但大部分是张贴在人们易于见到的地方,其广告性色彩极其浓厚。

2. 吸引性

有的海报除文字说明外还经常加以美术的设计,如使用色彩鲜艳的纸张,配上美术图片、图案,或运用美术装饰材料及手段等,以吸引更多的人加入活动,因而海报在形式上更加醒目、吸引人。

3. 局限性

海报的使用范围相对于启事来说,有所局限。海报一般只报道文化、娱乐、体育等方面的信息,而启事可反映政治、经济、文化、生活等多方面;而且海报一般只限于主办单位使用,启事则单位和个人均可使用。

(三)海报的类型

一般来讲,从内容上,海报可以分为下列四类。

1. 电影、戏剧类海报

电影、戏剧类海报一般用来介绍和发布演出的名称、时间、地点及内容等。这类海报有的还会配上简单的宣传画,将电影、戏剧中的主要人物画面形象地绘制出来,以扩大宣传的力度。

2. 文体活动类海报

文体活动类海报同电影海报大同小异,它的内容是观众可以身临其境进行娱乐观赏的一种演出活动,主要介绍各种体育比赛或文艺晚会等娱乐活动的时间、地点、具体内容等。这类海报一般有较强的参与性,海报的设计往往要加新颖别致、引人入胜。

3. 学术报告类海报

学术报告类海报专为一些学术性活动而发布,主要用来介绍活动的内容、时间、地点、主讲人、主讲题目等,一般张贴在学校或相关的单位。学术类海报具有较强的针对性。

4. 展览会、招聘会海报

展览会、招聘会海报是为举办各类展览或人才招聘等活动而发布的海报,主要用来介绍展览或招聘会的时间、地点、参加单位和入场条件等内容。

（四）海报的写法

海报一般由标题、正文和落款三部分组成。

1. 标题

海报的标题写法较多,大体可以有以下四种形式。

①单独由文种名构成,即在第一行中间写上"海报"字样。
②直接由活动的内容承担题目,如"舞讯"、"影讯"、"球讯"等。
③可以是一些描述性的文字,如"×××再显风采、××寺旧事重提"。
④由"主办单位＋活动内容"构成,如"上海芭蕾舞团特别奉献　世界经典芭蕾舞剧　天鹅湖"。

2. 正文

海报的正文要求写清楚以下内容。

①活动的目的和意义。
②活动的主要项目、时间、地点等。
③参加活动的具体方法及一些必要的注意事项等。

3. 落款

落款要署上主办单位的名称及海报的发文日期。

以上格式是就海报的整体而言,但在实际使用中,有些内容可以少写或省略。此外,因为海报的广告性和吸引性,海报的内容可以进行大胆的艺术设计,所以海报的编写与一般文书有很大的不同。

（五）注意事项

1. 内容要真实、准确

海报要具体真实地写明活动的地点、时间及主要内容。文中可以用些鼓动性的词语,但不可夸大事实。

2. 文字要简洁、精练

海报文字要求简洁明了,内容精练。

3. 设计要新颖、独特

海报的设计贵在创新,版式可以做些艺术性的处理,以吸引观众。

【实例5-10】

文艺晚会海报

　　为迎接新年的到来,中文系学生会将携星光艺术团于12月30日晚7时在学校礼堂举行大型文艺晚会。届时有校电视台、校新闻中心采访报道,热烈欢迎大家前去观看。

中文系学生会
2017 年 12 月 25 日

应用写作

【实例评析】

以上为一则文字式文艺晚会海报。海报首先介绍了晚会的组织者、时间、地点;其次介绍了活动当日的媒体参与情况;最后对大家提出期望。海报的语言简练,篇幅短小。

【实例 5-11】

足球海报(2018年俄罗斯世界杯亚洲区预选赛:中国 VS 韩国)

【实例评析】

足球海报是文体活动海报的一种。它要求制作海报时要把足球赛事的级别、国别(或队别)、时间、地点、口号(或宣传语)等充分呈现出来。在足球海报中,既要体现赛事的全部信息,又要展示海报宣传的倾向性,还要做到海报平面的简洁、干净、美观、对比和期望。

四、声明

(一)声明的概念

声明是指国家机关、社会团体、企事业单位或个人为维护自身权益就某一重要问题或重要事件,公开向公众表明立场、观点、态度或发表主张的文书。

声明的发布者可以是单位,也可以是个人。政府也经常使用这个文种来公开表达自己的态度和立场。如果声明事项涉及比较复杂的法律问题,或自己没有足够的时间、精力亲自处理,声明人也可以委托律师发表声明。

声明和启事有类似之处,如人们习惯将遗失的证件、单据、支票、存折、牌照等,须向有关单位挂失或公开宣布作废时所写的书面启事称为"声明"。然而严格来说,两者又有不同:声明比启事更为庄重;启事注重回应,而声明注重于宣布而不注重回应。

(二)声明的特点

1. 公开性
声明就是要公开宣布,让公众知晓,通常还要在媒体发布,具有公开性。

2. 表态性
声明通常对相关事项或问题进行事实披露或澄清,并表明自己的立场和态度。表态性是声明的本质特征。

3. 警示性
一些声明具有警告和警示他人、保护自己合法权益的意图和作用。

(三)声明的类型

1. 按级别划分
从级别来划分,声明一般分为两类:一种是政务类声明,政府外交专用的声明,如"外交部声明"、"中英联合声明"等;另一种是事务类声明,是机关、企事业单位和个人均可使用的通用声明。

2. 按内容划分
从内容上来划分,声明可以分为道歉声明、澄清声明、遗失声明、搬迁声明、委托声明等。

(四)声明的写法

一般的声明由标题、正文和落款三部分组成。

1. 标题
标题的写法有以下五种。

(1)以文种名"声明"为题。

(2)以"作者+声明"为题,如"商务部商业改革司声明"。

(3)以"态度+声明"为题,如"郑重声明"、"严正声明"。

(4)以"事由+文种"为题,如"知识产权声明"、"关于有人冒用本公司名义进行商业活动的声明"。

(5)以"作者+事由+声明"为题,如"腾讯集团关于反商业贿赂行为的声明"、"××市人民政府关于《××时报》失实报道的郑重声明"。

2. 正文
声明的正文通常分为三个层次。

(1)写明发表声明的原因,包括作者对基本事实的认定。这是发布者表达自己立场和态度的基础,要写得准确而简洁。如果是授权律师发表声明,开头必须写清受谁的委托。

(2)表明发布者的立场和态度,有时直接写明下一步将要采取的行动。写作时,要视声明的重点而定。如果重在披露或澄清事实,可以采取概述的方式;如果重在说明问题,可以依照一定的顺序或以条文的方式逐一表达;如果重在主张某项权利,可以将该内容单列一段。声明中如果有需要公众协助的事项,还应在文中或正文左下方写明联系方式。

(3)结束语。有的声明以"特此声明"作为结语,以示再次强调;也可以不写。

3. 落款

（1）署名。正文之后署上发布者名称，可以是单位，也可以是个人，必须是真实的名称。如果有重名的情况，要注意区别。

（2）日期。成文日期即发布声明的日期，一般情况下，需要精确到日。

【实例5-12】

网 站 声 明

名称：湖南建设人力资源网（www.hnjsrcw.cn）

未经书面授权严禁转载和复制本站的任何人才教育信息和独家资讯！

一、版权声明

1. 湖南建设人力资源网（www.hnjsrcw.cn）（以下简称"本网站"）上的所有资源归本网站所有，即所有权归属本网站。本网站享有对本网站声明的最终解释与修改权；同时，本网站上的条款也可用相关的法律条文代替。而该法律条文仍对用户具有约束力，故敬请各位用户随时关注我们网站的有关条文及声明。

2. 本网站上的内容，包括但不限于文字、图形、图像、音乐、录像、标示、标识、广告、版面设计、专栏目录、链路、图表按钮、HTML 编码、商标与及软件等其他材料均受著作权、商标法等相关法律的保护，并且也受适用于国际公约中有关著作权、商标权、专利权及财产所有权法律的保护。本网站的内容归属本网站或本网站供应商或客户的专有财产。未经许可，不得擅自挪作他用，否则将追究法律责任。

3. 为方便用户，本网站内设有与其他网站或网页的链接，但本网站并不对这些网站或网页进行维护，用户启用该网站或网页链接所产生的一切风险，概与本网站无关。

4. 本网站上的部分内容来自互联网，部分内容由于不便校对版权或内容的真实性和准确性，所以可能暂时无法确认版权或内容的真实性和准确性，由此而引起的版权问题或其他问题，请致电或邮本网站。经核实后会立即予以删除或更改。

二、隐私条例

在本网站取得的个人数据，只供本网站内部及依照原来说明之使用目的范围加以使用。本网站亦可能因应下列情况而透露阁下之个人资料，阁下如以信用卡或其他网上即时付款方式，我们必须把阁下之信用卡数据及个人数据交予银行作为核对交易及结账之用；如阁下通过本网站进行订购，湖南建设人力资源网（www.hnjsrcw.cn）有权将阁下之个人资料提供给第三者，或移作其他目的使用。唯以下情况：

1. 本网站已经声明该部分内容将被公开，而用户在知道的情况下仍然提供信息；

2. 国家的司法机关或政府相关部门依据法规要求获得该用户的相关信息；

3. 用户的信息可以从其他的公开渠道获得（如：公共网吧内，用户没有注销界面，而导致信息外泄）；

4. 本网站谨慎地确认有必要公布用户的信息时（如该用户提供的信息误导浏览者或用户提供的信息含有欺诈性等）。

三、免责条款

1. 用户提供的信息仅代表其个人的立场与观点，与本网站的立场和观点无关。

2. 本网站对用户或第三方的以下损失概不承担任何责任：

A. 用户提供的信息由于不正确、不完整、不及时而导致的用户自身的损失；

B. 用户因错误理解和使用、复制或传播本网站上的内容而造成的损失、损害或用户提供的信息涉及侵犯他人的版权、署名权等纠纷，纯属其个人行为，与本网站无关。

C. 用户通过本网站而获得的链接或通过链接获得的产品、服务或信息内容上的缺陷（如：内容的不完整、不及时等）与本网站概不相关，因本网站仅提供链接的渠道，而不负责对该网站或网页的维护。

D. 因互联网本身的原因而引起的问题（如：网站服务导致的执行失败、错误、计算机病毒或计算机的硬件问题等而导致的问题）与本网站无关。

3. 本网站上提供的信息仅供用户参考。若用户或浏览者要使用，须进一步的调查与核实，否则引起的一切损失，本网站概不负责。

4. 本网站上的部分内容（如：图片）来源于互联网，因互联网上的作品权利人身份不便确认，故可能有部分内容涉及版权问题。若经核实涉及版权问题，本网站将即时予以删除或更正。

5. 本网站有权在本网站内使用用户在本网站上发表的信息（包括但不限于图片、游记等）。但用户在本网站上发表的信息若其他浏览者要转载，需经过本网站和该用户的许可，否则视为侵权。因用户违反本法律声明而引发的任何一切索赔、损害等等，本网站概不负责。

湖南建设人力资源网　联系方式：QQ 976501528

1. 本网部分资料为网上搜集转载，均尽力标明作者和出处。对于本网刊载作品涉及版权等问题的，请作者与本网站联系，本网站经核实确认后会尽快予以处理。

2. 本网转载之作品，并不意味着认同该作品的观点或真实性。如其他媒体、网站或个人转载使用，请与著作权人联系，并自负法律责任。

【实例评析】

以上为一则事务声明。声明介绍了门户网站的作用以及版权问题。该声明主要起到告知大众的作用，让大众了解网站情况。声明内容清晰，语言严谨。

练习题

一、判断题

1. 消息属于新闻文体,因使用效率最高,所以,消息就代表了新闻。(   )

2. 新闻评论是就新近发生的新闻作出的个人观点和建议的表达。(   )

3. 你在手机等自媒体上发表的留言和评论就是网络新闻评论。(   )

4. 讲话稿是领导在公开场所进行的讲话和话语所组成的稿件。(   )

5. 个人也可以使用海报向外界传递信息。(   )

6. 招领启事中将拾到的物品的名称、数量、特征写得很详细,可以缩短寻找辨别的时间。(   )

二、填空题

1. 新闻在日常生活中是经常听到、看到或用到的一种_____。

2. 消息是对新近发生的有社会价值的事实的迅速及时、简明扼要的_____。

3. 新闻评论具有_____和_____两大体裁特征。

4. 启事是机关、团体、企事业单位或个人需要向公众说明某件事情,或者希望公众协助办理某事时使用的一种诉求性事务文书,一般张贴在_____或刊登在_____上。

5. 玉林有限公司由于业务需要,经国家行政管理局企事业注册局,改名为振林有限公司并启用新公章,原使用的公章、财务专用章、合同专用章停止使用,该公司应该在报纸上或网络平台上登出一份_____。

三、简答题

1. 简述消息的写作要求和注意事项。

2. 根据个人使用手机的习惯,请评论手机等移动终端上的留言或话语对社会舆论的影响。

3. 如何组织和策划成文一篇好的演讲稿?

四、写作题

新学期开始,班级进行班干部换届竞选。请你以竞选"班长"为目的,写一篇演讲稿。要求情感真挚、文字顺畅,通过演讲把个人的计划和本人优缺点表达出来。

第六章
经济类文书写作

经济类文书是社会经济活动的产物,它是根据经济活动的需要而不断出现并随之不断完善的一类应用文书,是人们在进行经济交往活动中不可或缺的工具和手段。我国古代著名的经济类文书有曹操的《收田租令》、桓宽的《盐铁论》、王安石的《乞制置三司条例》、白居易的《论和籴状》、欧阳修的《通商茶法诏》等。

随着我国经济快速发展,经济交往活动日益频繁,经济类文书的使用越来越多,也越来越规范。在人们的日常工作、生活中都需要面对各式各样的经济类文书,例如,当我们工作时,要与用人单位签订劳动合同;当我们买房时,需要和开发商签订房屋买卖合同,如果贷款买房还要和银行签订贷款合同等;当我们租房时,需要签订房屋租赁合同以及和中介机构签订居间合同;还有市场调查报告、可行性研究报告、广告文案、经济纠纷申诉状等,都属于经济类文书。因此,掌握好经济类文书的写作,会让我们在今后的工作、生活中更加得心应手。

第一节 经济类文书概述

一、经济类文书的概念

经济类文书是各类应用文写作中最重要的一种,是各类社会机构及个人在实施经济管理、开展经济活动、办理经济事务、进行经济交往、传播经济信息的具有特定体式与要求的文字载体。经济类文书广泛使用于经济领域,其直接为生产和经济管理服务。在经济活动中,它是一种重要凭证,也是一种管理工具。

二、经济类文书的特点

经济类文书与其他应用文相比,其内容与使用领域的特殊性使其具有一系列的特点,主要体现在以下几个方面。

(一)实用性

经济类文书的写作是为了解决工作、生活中的实际问题,比如甲乙双方签订的经济合同；招标者发布的招标书；为宣传产品或服务撰写的广告策划书、产品说明等；在经济纠纷中撰写的起诉状、申诉状等；分析经济活动的经济活动分析报告等，都是为了解决实际问题而撰写的。

（二）专业性

经济类文书处理的事务主要集中于经济、财务、经营等领域，承载的信息必定反映这一领域的基本情况，提出的对策、措施也必定体现这一领域的基本规律。所以，经济类文书的内容具有很强的专业性，这就要求写作者须深入了解本领域的专业知识，并具备一定的业务水平。

（三）时效性

经济事务一般在特定时间期限内发生，各类经济信息大量涌现，又瞬息万变，这就要求经济类文书所反映的信息必须是新近的、新鲜的。针对各类经济事务撰写和处理的文书也应该在特定时间期限内完成，根据具体工作的需要，及时撰制文件、处理文件，并对文件的执行期限、有效期限进行明确的说明，许多文书都有一定的有效期，过期即失效，所以经济类文书要及时反映情况，不能拖延，否则会造成不必要的损失。

（四）真实性

经济类文书的写作必须真实、严谨、客观，绝对不能虚构、夸大、歪曲事实。不管是市场调查报告，还是签订经济合同，虽然形式不同，但使用的事实、数据等相关资料必须真实可靠，而且分析的态度和方法也必须科学，必须反映客观的经济信息。如果玩弄文字、弄虚作假，就会作出错误的分析和判断，形成经济纠纷，造成经济损失。

（五）制约性

在各类经济活动中，须严格遵守国家相关的经济政策、法律与法规，这也要求经济类文书的写作和使用必须体现相关的政策和法规，文书的主题不能偏离政策和法规，提出的主张不能与政策、法规相抵触。经济类文书的撰制、发布等工作也应该遵守相应的行文制度、体裁和格式规范。

三、经济类文书的作用

经济类文书在经济领域中的应用非常广泛，在人们的日常工作、生活中发挥了以下作用。

（一）传达宣传作用

经济类文书多用于传达、贯彻党和国家的相关经济政策，通过拟制、下发与贯彻实施来发挥其领导指挥的作用。

（二）联系协调作用

经济类文书是加强各级单位联系的纽带，是各单位、各部门之间联系的有效工具，它具有信息交流、业务传递、工作协调等作用。

（三）凭证资料作用

在经济活动中，经济类文书是开展工作的重要依据和凭证。作为经济活动的信息载体，经济文书必然成为记录经济活动发展过程的凭证，在经济活动中是不可或缺的一部分。如果出现问题、纠纷等，可通过法律追究责任，维护利益。

四、经济类文书写作的基本要求

日常事务文书种类繁多，虽然不同文种的写法各有不同，但在写作上有着共同的、基本的要求。

（一）主题鲜明

一篇经济类文书要一文一事，要表明对某一问题的看法和观点。要做到符合实际情况，按照经济规律办事，观点必须明确，抓住核心，这样才能提高行文的效率。

（二）材料真实

在经济类文书主题确定后，需要材料为它服务。材料和主题紧密相连，相辅相成。材料必须体现主题，要围绕主题选择材料。材料包括事实材料，比如事实、相关统计数字等，以及理论材料，包括相关的法律条文、原理等。材料必须真实准确，不能凭空想象、道听途说，不能被表象、局部材料所蒙蔽。材料选择要体现"新"和"典型"，体现材料的价值和说服力、影响力。

（三）结构合理

主题是文章的灵魂，材料是文章的血肉，结构如同文章的骨架。经济类文书的结构是指文章内容的组合和构造，是如何安排材料组织成文的方式。例如，全文分为几部分，各部分之间如何安排，哪些详细，哪些简略，要环环相扣、层层递进，形成一个有机整体。

（四）语言规范

在长期的写作实践中，经济类文书在语言运用上逐渐形成了一些惯用格式。语言要准确简练，不能含糊不清、假大空，要时刻注意规范性，提高文章的说服力和可读性。就经济类文书而言，在语言运用上的特点主要表现在以下几点。

1. 惯用词语多

经济类文书语言要求准确、简明、平实、规范，根据这一要求，其在用语上形成了若干固定的习惯用语。

①称谓词语：第一人称用"本、我"；第二人称用"你、贵"；第三人称用"该、这"。

②承接词语：表示内容层次间总分、过渡、转折关系的词语。承接词语在经济类文书中广泛使用，常见的有"以下、如下、由此可见、一切表明、总之、综上所述、因此、可是、但是、同时、一方面、另一方面"。

③期请词语：提出请求，表明愿望的词语。如"望予办理"、"请查照"、"希参照执行"。

④征询期复词语：发出询问、征求意见的词语为征询词语，如上行文和平行文中常以"当否、妥否、是否可行、意见如何"等词语征求受文单位的态度。期复词语是指寻求对方答复的词语，如"请批复"、"敬候回复"。这两种用语经常放在一起使用，常用于请示、报告等文种的末尾，如"当否，请批示"。

⑤拟答词语：答复询问、表明态度的词语，如"同意、现予批准、同意办理"等。

⑥结尾词语：如"特此通知（通报、证明）、为盼、为要、为感"等。多用于函件、公用介绍信及通知、通报、批复的结尾。

2. 介词使用较多

在经济文书中，往往需要把有关的依据、对象、状态、方式、目的、时间、原因等表达出来，形成了运用大量介词的特点。例如，"根据财政部税务总局《关于办理税务登记的通告》（以下简称《通告》），本市税务局已于8月1日起开始受理纳税单位和个人的税务登记。鉴于办理税务登记的期限即将期满，为此，将《通告》全文再行公布，希尚未办理税务登记的单位和个人到所在地税务机关申报登记……"。这则公告中"根据、关于、于、鉴于、将、为此"都是介词。

3. 文言词语较多

应用文注重语言的庄重、典雅，这在客观上使它保留了某些带有文言语素或文言痕迹的词语，例如："兹、顷奉、启、缄、系、为、鉴于、业经、业已、届时、莅临、之、予以、悉、尚、切勿、函达、面洽"等。适当地保留一部分必要的文言词汇，使语言显得简明、庄重。

4. 专业术语较多

在某一学科或领域中使用频率较多的、具有特定含义的专门词语通常称专业术语。经济领域涉及许多专业，如会计、财政、金融、税务、贸易、管理等，这些专业各有一套与专业内容相适应的专用词语，如"信托、抵押、居间、资金、利润、成本、费用、固定资产、流动资产"等专业术语。在专业应用文书的写作中，只有熟悉掌握和使用本专业的用语，才能更好地反映专业情况并写好经济类文书。

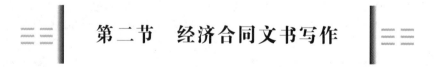

第二节 经济合同文书写作

一、合同的概述

（一）合同的概念

《中华人民共和国合同法》第二条明确规定："本法所称合同是平等主体的自然人、法人、其他组织之间设立、变更、终止民事权利义务关系的协议。"合同是当事人或当事双方之间设立、变更、终止民事关系的协议。依法成立的合同，受法律保护。据此，合同具有以下法律特征。

1. 合同体现的是一种法律关系

合同体现的是一种法律关系,一经签订,就产生了法律约束力。任何一方违反或不按规定履行合同,必须承担由此而产生的经济损失和法律责任。

2. 合同的主体是处于平等地位的自然人、法人、其他组织

合同的主体也就是民事法律关系的主体,包括自然人、法人以及被法律承认的具有一定权利能力和行为能力的其他组织。

3. 合同必须体现双方意愿

合同必须是当事人双方或多方参加,只有当事人双方或多方的意思表示完全一致,协议才能达成,这是合同成立与履行的依据,也是合同受法律保护的基础。

4. 合同必须符合法律规定

签订的合同只有符合国家的政策法令、计划和有关规定,才能被法律承认和保护。否则,就是无效合同。

5. 合同涉及的双方地位平等

合同必须是平等互利、等价交换的,所以合同当事人的法律地位是平等的,受平等的法律保护。在合同法律关系中,当事人不论是法人还是自然人,也不论法人的所有制性质、经济实力的强弱、行政权力的大小等,双方必须平等协商,任何一方当事人不得把自己的意志强加给另一方。

(二)合同的作用

1. 有利于保护合同当事人的合法权益

合同依法成立,便有法律上的约束力,保护当事人双方的正当权利。口说无凭,立字为证,如果有一方违反约定而不满足另一方的要求,合同就是另一方讨回公道的证据。

2. 有利于维护社会经济秩序

通过制定法律来规范合同当事人的行为,依法订立的合同具有法律效力。如果有一方违反合同,或者其他人非法干预合同的履行,则要承担法律责任。合同具有维护社会稳定、促进经济发展的作用。合同的平等、自愿、公平、诚信、合法等原则,使合同成为维护社会经济秩序的重要方式。

(三)合同的写作要求

1. 遵守法律

《中华人民共和国合同法》规定合同当事人的法律地位平等、自愿、公平、诚实、信用、遵守国家法律法规等原则。凡违反国家法律、法令、政策、计划,损害国家利益或社会公共利益,采取欺诈、胁迫等手段签订合同,代理人超越代理权限签订合同等,合同均属无效。

2. 内容完整

合同的体例一般有条款式、表格式、条款表格结合式三种。在合同写作的实践中,合同体例要根据实际情况灵活处理。合同一般包括首部、正文、结尾三部分。

(1)首部

首部包括标题和当事人的基本情况、合同签订的时间和地点。标题提示合同的性质和种类,当事人基本情况应该包括当事人的名称或者姓名和住所。如果当事人是自然人,其住

所就是其户籍所在地的居住地;自然人的经常居住地与住所不一致的,其经常居住地视为住所。如果当事人是法人,其住所是其主要办事机构所在地。如果法人有两个以上的办事机构,即应区分何者为主要办事机构,主要办事机构之外的办事机构为次要办事机构,而以该主要办事机构所在地为法人的住所。

(2) 正文

正文包括标的、数量、质量、价款或者报酬、履行期限、履行地点和方式、违约责任和解决争议的方法等基本条款。合同还有一些选择性内容,比如根据法律规定某些合同必须写明的内容、根据合同性质必须写明的内容、根据当事人一方要求必须明确的内容。

①标的是合同权利义务所指向的对象,标的是一切合同必须具备的主要条款。合同中应清楚写明标的的名称,以使其特定化。特别是作为标的的同一种物品会因产地的差异和质量的不同而存在差别时,更是需要详细说明标的的具体情况。

②数量。合同双方当事人应选择共同接受的计量单位和计量方法,并允许规定合理的磅差和尾差。

③质量。标的的质量主要包括五个方面:第一,标的物的物理和化学成分;第二,标的物的规格,通常是用度、量、衡来确定的质量特性;第三,标的物的性能,如强度、硬度、弹性、抗腐蚀性、耐水性、耐热性、传导性和牢固性等;第四,标的物的款式,如标的物的色泽、图案、式样等;第五,标的物的感觉要素,如标的物的味道、新鲜度等。

④价款或者报酬。价款是购买标的物所应支付的代价,报酬是获得服务应当支付的代价,这两项作为合同的主要条款应予以明确规定。在大宗买卖或对外贸易中,合同价款还应对运费、保险费、装卸费、保管费和报关费等作出规定。

⑤履行期限、履行地点和方式。当事人可以就履行期限是即时履行、定时履行、分期履行作出规定。当事人应对履行地点是在出卖人所在地,还是买受人所在地,以及履行方式是一次交付,还是分批交付,是空运、水运还是陆运作出明确规定。

⑥违约责任。当事人可以在合同中约定违约致损的赔偿方法以及赔偿范围等。

⑦解决争议的方法。当事人可以约定在双方协商不成的情况下,是仲裁解决,还是诉讼解决买卖纠纷。当事人还可以约定解决纠纷的仲裁机构或诉讼法院。

(3) 结尾

结尾包括当事人签名和盖章、单位地址、电话号码、邮政编码、银行开户名称、开户银行账号等。

3. 文字严谨

合同依法签订后,即具有法律约束力,当事人必须全面履行合同规定的义务,任何一方不得擅自更改或解除合同。合同的语言一定要严谨、缜密,数字准确,采用法定计量单位,语法规范,避免表述不清或产生歧义。例如:合同用"我方"、"你方"代替"买方"、"卖方",致使意义混乱,造成麻烦和纠纷。

【实例 6-1】

某市房屋租赁合同

出租方(甲方):＿＿＿＿＿＿＿＿＿＿＿＿＿＿＿＿＿＿＿＿＿＿＿＿＿＿＿＿＿＿＿＿

通信地址:＿＿＿＿＿＿＿＿＿＿＿＿＿＿＿＿＿＿＿＿＿＿＿＿＿＿＿＿＿＿＿＿＿＿＿

邮编:_____ 联系电话:_____
营业执照或有效证件号码:_____
法定代表人:_____ 委托代理人:_____
委托代理人通信地址:_____
邮编:_____ 联系电话:_____
承租方(乙方):_____
通信地址:_____
邮编:_____ 联系电话:_____
营业执照或有效证件号码:_____
法定代表人:_____ 委托代理人:_____
委托代理人通信地址:_____
邮编:_____ 联系电话:_____

根据《中华人民共和国合同法》、《某市城市房屋租赁条例》及相关法律、法规的规定,遵循自愿、公平、互利和诚实、信用的原则,经甲、乙双方协商一致,订立本合同。

第一条 甲方将位于某市_____区(县)_____路(街、巷)_____号_____小区(院)_____号楼_____单元_____层_____号的房屋(以下简称出租房屋)出租给乙方作为_____使用。该建筑物共_____层。该房屋属_____街道办_____社区管辖;房屋产权人或合法使用人为_____,房地产权利证书或者证明其产权的其他有效证件为_____。

出租房屋为_____(套、间),建筑面积共计_____平方米。

第二条 乙方租用出租房屋的期限自_____年_____月_____日至_____年_____月_____日止。

(提示:租赁期限不得超过二十年。超过二十年的,超过部分无效)

甲方应于_____年_____月_____日前将出租房屋交付乙方。甲方延迟交付出租房屋的,应向乙方支付违约金,违约金额为每延迟一日人民币_____元(大写:_____元)。

第三条 出租房屋月租金总额人民币_____元(大写:_____元)。

乙方应于每月_____日(每季、年度第_____个月_____日)前向甲方交付租金。乙方延迟交付房屋租金的,应向甲方支付违约金,违约金额为每延迟一日人民币_____元(大写:_____元)。

乙方拖欠租金超过_____个月的,甲方可解除本合同。

第四条 乙方同意,在甲方交付出租房屋时向甲方支付(不超过三个月)_____个月租金数额的租赁保证金,即人民币_____元(大写:_____元)。

甲方收取租赁保证金,须向乙方开具收据。

甲方向乙方返还租赁保证金的条件:

1. _____;
2. _____;
3. _____。

返还租赁保证金的方式及时间:_____。

甲方不予返还租赁保证金的情形：

1. _____；
2. _____；
3. _____。

本合同约定的各项条款，甲乙双方均须自觉履行，如有一方违约，按法律规定承担违约责任。

第五条　租赁期间，甲方负责支付房屋租赁涉及的税款、出租房屋所用土地的使用费、房屋租赁登记备案费、_____费；乙方负责支付承租房屋所产生的水费、电费、天然气费、供暖费、网络通信费、卫生费、物业管理费、_____费等费用。

应由甲方支付的房屋租赁涉及的税款、出租房屋所用土地的使用税（费）、房屋租赁登记备案费、_____费等，如由乙方代为缴纳，乙方可凭完税证（发票）抵付租金。

第六条　乙方不得擅自改变出租房屋的用途，乙方将出租房屋用于本合同约定以外的用途，甲方可解除本合同。

第七条　甲方应保证房屋及其内部设施的安全及其正常使用。

出租房屋及其内部设施出现或发生妨碍安全、正常使用的损坏或故障时，乙方应及时通知甲方并采取有效措施；甲方应于接到乙方通知后_____日内进行维修。乙方无法通知甲方或甲方接到通知后不在上述约定的时间内履行维修义务的，乙方可代为维修，维修费用由甲方承担。

第八条　乙方应正常、合理使用出租房屋及其附属的设施。因乙方使用不当或不合理使用，致使出租房屋或附属的设施出现损坏或发生故障，乙方应负责及时维修或赔偿。

第九条　未经甲方书面同意，乙方不得将出租房屋全部或部分转租与他人。经甲方同意转租的，转租终止期不得超过原乙方的租赁期限，甲方并保证其受转租人不得将转租房屋再行转租。

乙方擅自转租的，甲方有权解除本合同。

第十条　租赁期内，甲、乙双方应全面履行本合同所定的各项义务，不得无故解除合同。单方依合同约定或依法律规定合法解除本合同的，要按规定办理合同注销登记。

第十一条　本合同期满终止（或因其他原因导致本合同终止）后，乙方应于终止后_____日内迁离出租房屋。乙方逾期不迁离或不返还出租房屋，在逾期期间应加倍向出租人支付租金，如不在此房屋内居住的，甲方有权收回房屋，并向人民法院提起诉讼。合同期满，要按规定办理合同注销登记。

第十二条　甲、乙双方就履行本合同发生纠纷，应通过协商解决；协商解决不成的，可申请本合同登记备案机构调解或：□向某市仲裁委员会申请仲裁；□向租赁房所在地人民法院起诉(上述两种方式双方应共同选一种，并在□里打"√"）。

第十三条　甲乙双方约定以下通信地址为双方通知或文件的送达地址：

甲方送达地址：_____；
乙方送达地址：_____。

如上述地址未约定的，以双方当事人签署合同的通信地址作为送达地址。

送达地址未经书面变更通知的，一直有效。一方给另一方的通知或文件按送达地址邮寄视为送达。如按上述地址邮寄文件被邮政部门退回的，退回之日视为送达之日。

第十四条　附页内容是本合同的一部分,经双方签章后生效。

租赁期间,甲、乙双方可就本合同未尽事宜,另行协商作出补充协议,补充协议须在签订后 10 日内到原合同登记备案机关登记备案。

本合同一式_____份,甲方执_____份,乙方执_____份,合同登记机关执_____份。

本合同自签订之日起生效。

甲方(签章)：　　　　　　　　　　　乙方(签章)：
法定代表人：　　　　　　　　　　　　法定代表人：
联系电话：　　　　　　　　　　　　　联系电话：
银行账号：　　　　　　　　　　　　　银行账号：
委托代理人(签章)：　　　　　　　　　委托代理人(签章)：
____年____月____日　　　　　　　　 ____年____月____日
登记或备案人：

(四) 合同的分类

学理上合同有广义、狭义、最狭义之分。广义合同指所有法律部门中确定权利、义务关系的协议,如民法上的民事合同、行政法上的行政合同、劳动法上的劳动合同、国际法上的国际合同等。狭义合同指一切民事合同。作为狭义概念的民事合同,包括财产合同和身份合同。财产合同又包括债权合同、物权合同、准物权合同。身份合同又包括"婚姻、收养、监护等有关身份关系的协议"。最狭义合同仅指民事合同中的债权合同。《中华人民共和国合同法》分则所规定的 15 种有名合同全部是债权合同。这 15 种有名合同如下。

1. 买卖合同

买卖合同是出卖人转移标的物的所有权于买受人,买受人支付价款的合同。买卖合同的内容还可以包括包装方式、检验标准和方法、结算方式、合同使用的文字及其效力等条款。

2. 供用电、水、气、热力合同

供用电合同是供电人向用电人供电,用电人支付电费的合同。供用电合同的内容包括供电的方式、质量、时间、用电容量、地址、性质、计量方式,电价、电费的结算方式,供用电设施的维护责任等条款。

3. 赠与合同

赠与合同是赠与人将自己的财产无偿给予受赠人,受赠人表示接受赠与的合同。

4. 借款合同

借款合同是借款人向贷款人借款,到期返还借款并支付利息的合同。借款合同采用书面形式,但自然人之间借款另有约定的除外。借款合同的内容包括借款种类、币种、用途、数额、利率、期限和还款方式等条款。

5. 租赁合同

租赁合同是出租人将租赁物交付承租人使用、收益,承租人支付租金的合同。租赁合同的内容包括租赁物的名称、数量、用途、租赁期限、租金及其支付期限和方式、租赁物维修等条款。租赁期限不得超过二十年,超过二十年的,超过部分无效。租赁期间届满,当事人可以续订租赁合同,但约定的租赁期限自续订之日起不得超过二十年。

6. 融资租赁合同

融资租赁合同是出租人根据承租人对出卖人、租赁物的选择,向出卖人购买租赁物,提供给承租人使用,承租人支付租金的合同。融资租赁合同的内容包括租赁物名称、数量、规格、技术性能、检验方法、租赁期限、租金构成及其支付期限和方式、币种、租赁期间届满租赁物的归属等条款。融资租赁合同应当采用书面形式。

7. 承揽合同

承揽合同是承揽人按照定作人的要求完成工作,交付工作成果,定作人给付报酬的合同。承揽包括加工、定作、修理、复制、测试、检验等工作。承揽合同的内容包括承揽的标的、数量、质量、报酬、承揽方式、材料的提供、履行期限、验收标准和方法等条款。

8. 建设工程合同

建设工程合同是承包人进行工程建设,发包人支付价款的合同。建设工程合同包括工程勘察、设计、施工合同。建设工程合同应当采用书面形式。建设工程的招标投标活动,应当依照有关法律的规定公开、公平、公正进行。

9. 运输合同

运输合同是承运人将旅客或者货物从起运地点运输到约定地点,旅客、托运人或者收货人支付票款或者运输费用的合同。从事公共运输的承运人不得拒绝旅客、托运人的通常、合理的运输要求。

10. 技术合同

技术合同是当事人就技术开发、转让、咨询或者服务订立的确立相互之间权利和义务的合同。订立技术合同,应当有利于科学技术的进步,加速科学技术成果的转化、应用和推广。

11. 保管合同

保管合同是保管人保管寄存人交付的保管物,并返还该物的合同。寄存人应当按照约定向保管人支付保管费。

12. 仓储合同

仓储合同是保管人储存存货人交付的仓储物,存货人支付仓储费的合同。仓储合同自成立时生效。

13. 委托合同

委托合同是委托人和受托人约定,由受托人处理委托人事务的合同。委托人可以特别委托受托人处理一项或者数项事务,也可以概括委托受托人处理一切事务。委托人应当预付处理委托事务的费用。受托人为处理委托事务垫付的必要费用,委托人应当偿还该费用及其利息。

14. 行纪合同

行纪合同是行纪人以自己的名义为委托人从事贸易活动,委托人支付报酬的合同。行纪人处理委托事务支出的费用,由行纪人负担,但当事人另有约定的除外。行纪人占有委托物的,应当妥善保管委托物。

15. 居间合同

居间合同是居间人向委托人报告订立合同的机会或者提供订立合同的媒介服务,委托人支付报酬的合同。居间人应当就有关订立合同的事项向委托人如实报告。居间人故意隐瞒与订立合同有关的重要事实或者提供虚假情况,损害委托人利益的,不得要求委托人支付报酬并应当承担损害赔偿责任。

二、买卖合同

(一)买卖合同的概念

买卖合同是出卖人转移标的物的所有权于买受人,买受人支付价款的合同。有偿转移标的物所有权是买卖合同最基本的法律特征。随着社会的发展,买卖合同的适用范围越来越广,作用越来越突出。

(二)买卖合同的写作格式

买卖合同一般包括首部、引言、条款、尾部、附件五个部分。

1. 首部

首部由标题、当事人基本情况构成。标题要写明合同的性质、内容、种类,切不可出现标题和内容不一致的现象。当事人基本情况包括双方当事人的名称或姓名、住所,同时写明双方在合同中的关系,如"买方"、"卖方"等。

2. 引言

引言即用短小的篇幅说明双方签署合同的目的及共同遵守的原则。

3. 条款

买卖合同的条款包括标的、数量、质量、价款、履行期限、履行地点、履行方式、违约责任、解决争议的方法以及其他内容。买卖货物不同,条款的内容也会有诸多不同,这部分是合同最重要的部分,一定要认真对待,要字斟句酌,以免出现错漏之处。

4. 尾部

买卖合同的尾部一般包括双方当事人签名盖章、双方单位地址、电话号码、邮政编码、银行开户名称和账号等。

5. 附件

如果有与合同有关的说明性材料或证明性材料,可作为附件处理。附件也是合同的组成部分,同样具有法律效力。

(三)买卖合同的条款及写作方法

1. 标的条款

标的是合同当事人权利和义务所指向的对象,是合同成立的前提。标的必须明确具体,具备可操作性。

2. 质量条款

为了执行方便,质量要由明确的数据或无歧义的描述来确定,如标的物的物理或化学成分;标的物的长、宽、高等规格;标的物的硬度、强度、耐热性、弹性、传导性等;标的物的款式,如色彩、图案等;标的物的感觉要素,如味道、音质等。

3. 数量条款

数量要根据标的物的度量方式,以个数、质量、面积、长度、体积、容积等数据,标示清楚,不能用一堆、一捆、一批等模糊概念来标示数量。

4. 价格条款

价格条款要写明货款数额及其支付方式,这是合同中最为重要的条款之一。目前,大多数买卖实行当事人自由协商定价,买卖双方通过协商确定价格。

5. 履行条款

履行条款涉及合同履行的期限、地点和方式。期限可以按年度、季度、月、旬、日计算,时间界限要定得准确、具体、合理。履行地点是指双方相互交货、付款的具体位置。履行方式是指双方约定的交货、提货、运输的方式和结算的方式。

6. 违约责任条款

违约责任条款是指当事人不履行合同的义务及所应承担的责任。此条款是对双方当事人准确履行合同的约束,也是预防合同欺骗的重要措施。违约责任的确定原则是:有法律规定的,依法行事;无法律规定的,双方协商确定。

7. 免责条款

免责条款是指当事人把可能发生的、影响合同正常改造的情况考虑充分后,在合同中明确写入当发生这些情况时可以免除义务的法律责任条款。

8. 仲裁条款

如果在履行合同的过程中双方发生纠纷,可以用申请仲裁的方式进行解决。但仲裁法规定,仲裁实行自愿的原则,所以仲裁条款对合同来说并不是必要的。如果双方都认定出现纠纷应该申请仲裁,可写出仲裁条款,在仲裁条款中须指定一个仲裁机构。

9. 公证条款

我国的合同公证也实行自愿原则,合同当事人双方可以申请公证,也可以不申请公证。申请公证的,应当在合同中明确规定公证条款。经公证处公证后,公证文本就是合同的一个组成部分,具有相应的法律效力。

10. 日期、期限条款

买卖合同须写明合同的签订日期、生效日期和有效期限。

11. 其他条款

其他条款是指由双方当事人经协商,认为有必要写入合同的其他各种条款,如保证条款、定金条款等。

【实例6-2】

设备销售合同

甲方:_____　　　　　　　　乙方:_____

地址:_____　　　　　　　　地址:_____

法定代表人:_____　　　　　法定代表人:_____

邮政编码:_____　　　　　　邮政编码:_____

联系电话:_____　　　　　　联系电话:_____

传真号码:_____　　　　　　传真号码:_____

第一条　合同标的

1.1　甲方同意向乙方购买,且乙方同意向甲方出售_____设备(以下简称合同设备)用于_____项目。将由乙方提供的合同设备的内容详见合同附件一。

1.2　乙方负责合同设备的安装、调试工作,由甲方提供必要配合。

1.3　双方同意附件中各项条款为合同不可分割的部分,若附件与合同正文有任何不一致,以合同正文为准。

第二条　价格

2.1　合同设备的价格(以下称为:合同总价)为:_____,价格清单详见附件一。

2.2　上述合同总价是固定的。

第三条　付款条款

合同第二条中确定的合同总价由甲方向乙方以如下方式支付。

3.1　预付款:在本合同生效后5个工作日内,甲方支付乙方合同总价_____%的款项,即人民币_____元。乙方同时提供甲方同等金额的资金往来发票。

3.2　交货款:在合同设备交货后5个工作日内,甲方支付乙方合同总价_____%的款项,即人民币_____元。

3.3　验收款:在合同设备验收后5个工作日内,甲方支付乙方合同总价_____%的款项,即人民币_____元。

第四条　合同设备的交货

4.1　所有合同设备应在合同正式生效后_____周内(此周应为最晚交货设备的周期),由乙方负责运至交货地点。交货地点为_____机场。货物的所有权及风险在卖方将货物交至承运人后转移至买方。

4.2　乙方应于交货日7日之前,通过传真的方式通知甲方,通知内容包括合同号,合同设备的名称、数量、估计总重量与总体积,以及预计交货日期。甲方在收到乙方通知后,应尽快向乙方确认交货地点与交货日期。

第五条　合同设备的检验

5.1　合同设备的开箱检验应在设备运至交货地点后_____日内进行。双方应指派代表参加检验。

5.2　设备开箱检验合格后,双方签署验货合格证书。

5.3　如双方认可的合同设备的小缺陷,并不影响设备性能,双方仍然签署验货合格证书,但乙方应立即采取措施修复缺陷。

5.4　如果在联合开箱检验中发现货物有任何缺陷,缺陷或与合同规定不符,双方代表将签署一份详细报告,该报告将作为甲方要求乙方进行更换、修理或补充发货的有效证据。如果确认为乙方责任,乙方应自费取得补充或替换设备。如果确认为甲方责任,乙方应在收到甲方的通知后尽快向甲方补充或替换设备。

第六条　保证与赔偿

6.1　乙方保证其向甲方提供的合同设备是全新并未使用过的。

6.2　乙方所提供的合同设备的免费保修期与原厂商提供的保修期相同,详见附件二。

第七条　不可抗力(略)

第八条　仲裁条款(略)

第九条　保密条款(略)

第十条　合同的生效、解除和终止

10.1　本合同签约双方授权代表签字、盖条日期,即本合同的生效日期。

10.2　如果发生以下情况,可以视为合同解除或终止:

(1) 一方进入解体或倒闭阶段;

(2) 一方被判为破产或其他原因致使资不抵债;

(3) 本合同已有效、全部得到履行;

(4) 双方共同同意提前解除合同;

(5) 按仲裁机构的裁决,合同解除或终止。

第十一条　其他

11.1　本合同一式二份,双方各执一份。本合同列出的附件是本合同不可分割的组成部分,与本合同具有同等的法律效力。

11.2　对本合同条款的任何修改、变更或增减,须经双方授权代表签署书面文件,成为本合同的补充文件,具有同等法律效力。

11.3　任一方均不得向第三方公开透露合同内容,除非事先征得对方的同意。但是,如须将合同提交政府有关部门批准则不须对方事先同意。

11.4　未尽事宜由双方另行协商决定。

11.5　本合同均按《中华人民共和国合同法》执行。

甲方(盖章):_____　　　　　乙方(盖章):_____

代表(签字):_____　　　　　代表(签字):_____

____年____月____日　　　　　　____年____月____日

附件一:合同设备清单及价格(略)

附件二:原厂商提供的主要设备保修期(略)

三、借款合同

(一)借款合同的概念

借款合同是借款人向贷款人借款,到期返还借款并支付利息的合同。借款合同采用书面形式,但自然人之间借款另有约定的除外。借款合同的内容包括借款种类、币种、用途、数额、利率、期限和还款方式等条款。

订立借款合同,贷款人可以要求借款人提供担保,担保依照《中华人民共和国担保法》的规定。订立借款合同时,借款人应当按照贷款人的要求提供与借款有关的业务活动和财务状况的真实情况。借款的利息不得预先在本金中扣除,利息预先在本金中扣除的,应当按照实际借款数额返还借款并计算利息。贷款人未按照约定的日期、数额提供借款,造成借款人损失的,应当赔偿损失。借款人未按照约定的日期、数额收取借款的,应当按照约定的日期、数额支付利息。

(二)贷款人和借款人的权利义务

在借款合同中,贷款人不得利用优势地位预先在本金中扣除利息。利息预先在本金中扣除的,按实际借款数额返还借款并计算利息。贷款人不得将借款人的营业秘密泄露于第三方,否则,应承担相应的法律责任。

贷款人的权利主要有:有权请求返还本金和利息;对借款使用情况行使监督检查权,贷款人可以按照约定监督检查贷款的使用情况;借款人未按照约定的借款用途使用借款的,贷款人可以停止发放借款、提前收回借款或者解除合同。

借款人的权利和义务有:提供真实情况,订立借款合同,借款人应当按照贷款人的要求提供与借款有关的业务活动和财务状况的真实情况,按照约定用途使用借款;合同对借款有约定用途的,借款人须按照约定的借款用途使用借款,接受贷款人对贷款的使用情况实施监督检查;按期归还借款本金和利息;当借款为无偿时,借款人须按期归还借款本金;当借款为有偿时,借款人除须归还借款本金外,还必须按约定支付利息。

（三）借款合同的内容

1. 借款种类

借款种类主要是按借款方的行业属性、借款用途以及资金来源和运用方式进行划分的。针对不同种类的借款,国家信贷政策在贷款的限额、利率等方面有不同规定,以体现区别对待、择优扶持的信贷原则。因此,借款合同一定要写明借款种类,它是借款合同中必不可少的主要条款。

2. 借款币种

借款币种即借款合同标的的种类。借款合同的标的除人民币外,还包括一些外币,如美元、日元、欧元等。不同的货币种类借款利率有所不同,借款合同应对货币种类进行明确规定。

3. 借款用途

借款用途是指借款使用的范围和内容,即贷款在生产和再生产过程中与哪种生产要素相结合,它规定了贷款的使用方向。借款用途是由借款种类和条件所决定的,银行严格规定各种借款用途并监督贷款的使用情况,有利于保证国家产业政策的实施和国民经济的协调发展,同时也有利于保证贷款的安全性。

4. 借款数额

借款数额是指借贷货币数量的多少。任何合同都必须有数量条款,只有标的而没有数量的合同是无法履行的。没有数量,当事人权利义务的大小就无法确定,借款合同没有借款数额,就无法确定借贷货币的多少,也失去了计算借贷利息的依据。没有借款数额条款,借款合同便不能成立。

5. 借款利率

借款利率是指一定时期借款利息与借款本金的比率。利率的高低对确定借贷双方当事人权利义务的多少至关重要,借款合同不能没有利率条款。

6. 借款期限

借款期限是指借贷双方依照有关规定,在合同中约定的借款使用期限。借款期限应按借款种类、借款性质、借款用途分别确定。在借款合同中,当事人订立借款期限必须具体、明确、全面,以确保借款合同的顺利履行。

7. 还款方式

还款方式是指借款人采取何种结算方式将借款返还给贷款人。借款人一般可以采用一次结清和分期分批偿还,如果是分期的情况,应明确具体时间以及具体金额等。

8. 违约责任

违约责任是指当事人不履行合同义务时所应承担的法律责任。如果在借款合同中缺少了违约责任条款,当事人的违约行为就失去了法律约束依据,当事人的权利就失去了保障,合同履行将受到严重的影响。借款合同中约定违约责任条款对于督促当事人及时、正确、全面地履行合同,保障当事人权益有重要意义。

【实例 6-3】

借 款 合 同

合同编号:

借款人:_____　　贷款人:_____

地　址:_____　　地　址:_____

电　话:_____　　电　话:_____

鉴于借款人向贷款人申请贷款,根据中华人民共和国有关法律、法规及其他有关规定,借款人与贷款人双方协商一致,特订立本合同。

第一条　贷款

1.1　币种:人民币。

1.2　金额:(大写金额)_____。

1.3　期限自_____年_____月_____日至_____年_____月_____日。

1.4　本合同项下的贷款用于_____。

借款人不得将本合同项下的贷款挪作他用。

第二条　利息及计息方法

2.1　月利率:_____‰。

2.2　一年期以内的短期贷款,遇中国人民银行调整利率时,本合同利率不作调整。

2.3　一年期以上(含一年)的中长期贷款,遇中国人民银行调整利率时,根据基准利率的浮动比例,于次季度首月按同比例调整本合同利率。

2.4　贷款利息的计算公式:

贷款利息=本合同约定利率×放款金额×实际占用天数,其中实际占用天数从放款日开始计算。

2.5　本合同项下贷款按月结息,贷款人在每月的 20 日向借款人计收利息。贷款最后到期时利随本清。

第三条　贷款的发放

3.1　借款人在第 1.3 条确定的期限内可一次或分次办理手续,向贷款人申请放款。但每次应至少提前 5 个银行工作日向贷款人提出申请。

3.2　贷款人在放款前有权审查下列事项,并根据审查结果自主决定是否放款:

(1) 借款人是否办妥有关的政府许可、批准、登记等法定手续及贷款人要求办理的其他手续;

(2) 有关的担保合同是否已生效。

3.3　贷款人根据《借款凭证》一次或分次向借款人放款。

3.4　放款日和放款金额以《借款凭证》的记载为准；如实际放款日与借款合同和《借款凭证》不一致时，以实际放款日为准。

第四条　还款（略）

第五条　借款人陈述与保证（略）

第六条　债权担保（略）

第七条　违约事件（略）

第八条　违约责任（略）

第九条　其他约定事项＿＿＿＿＿＿＿＿＿＿＿＿＿＿＿＿＿＿＿＿＿＿＿＿。

第十条　其他条款

10.1　本合同在履行中所发生的争议，由双方协商解决；协商不成的，则按下列第＿＿＿＿＿＿种方式解决。

一、向贷款人所在地的人民法院起诉；

二、提交＿＿＿＿＿＿＿＿＿＿＿＿仲裁委员会进行仲裁。

10.2　借款人不可撤销地授权贷款人向中国人民银行个人信用信息基础数据库查询其本人个人信用报告，用以审核借款人个人贷款申请，并将个人信用信息向中国人民银行个人信用信息基础数据库报送。

10.3　本合同项下的《借款凭证》以及双方确认的相关文件、资料均为本合同不可分割的组成部分。

10.4　本合同经双方签订或盖章后生效。

10.5　本合同正本一式二份，签约双方各执一份，副本数份备查。

借款人（签字或盖章）　　　　　　　　贷款人（公章）

授权代理人：　　　　　　　　　　　　法定代表人或授权代理人：

（签字或盖章）　　　　　　　　　　　（签字或盖章）

签署日期：＿＿＿年＿＿＿月＿＿＿日　　签署日期：＿＿＿年＿＿＿月＿＿＿日

四、保管合同

（一）保管合同的概念

保管合同是保管人保管寄存人交付的保管物，并返还该物的合同。寄存人应当按照约定向保管人支付保管费。

（二）保管合同的特点

（1）保管合同是提供劳务的合同。保管合同以物的保管为目的，保管人为寄存人提供的是保管服务。保管合同的履行，仅转移保管物的位置，而对保管物的所有权、使用权不产生影响。

（2）保管合同是实践合同。就保管合同而言，仅有当事人双方意思表示一致时，合同还

不能成立,还必须有寄存人将保管物交付给保管人的事实。保管合同自保管物交付时成立,但当事人另有约定的除外。

(3) 保管合同既可以是单务、无偿、不要式合同,也可以是双务、有偿、要式合同。在有偿的保管合同中,保管合同是双务合同。

(三) 保管合同的注意事项

1. 保管合同的成立

保管合同仅有承诺生效、双方意思表示一致时,该合同仍不能成立,还须寄存人将保管物送至保管人,保管合同方才成立。

2. 保管凭证应记载的事项

若保管凭证仅为接受保管物凭证,则所记载事项较为简单,只须记明保管人及所收保管物的名称、数量等基本情况。若保管凭证即为保管合同,则签订保管合同应使用全国统一的保管合同文本,保管合同应尽量做到条款齐备、文字含义清楚、责任明确。

3. 保管人的限制

保管合同是以保管物品为目的的合同。委托人将自己的物品交给保管人保管,只是把该物品的使用权交给保管人保管,该物的物权仍归委托人,保管人只能按合同约定承担管理的义务,并承担保管期间物品的毁损、灭失责任。

保管人不得将保管物转交第三人保管,但当事人另有约定的除外。若保管人违反该规定将保管物转交给第三人保管,对保管物造成损失的,保管人应当承担损害赔偿责任。

4. 保管费用

在订立保管合同时,应当明确保管费用,否则保管是无偿的义务行为。

无偿的保管行为除保管人能证明自己没有重大过错行为,不承担赔偿责任外,其他情形也要承担保管物的损害赔偿责任。因此,在订立保管合同时,应明确保管物应支付的费用。

5. 保管合同的终止

保管合同终止的原因有:因履行而终止;因抵销而终止;因提存而终止;因双方协议而终止。

6. 保管合同的诉讼时效

寄存财物被丢失或者损毁的,诉讼时效期间为 1 年。

【实例 6-4】

保管合同

保管人:_____ 存货人:_____

根据《中华人民共和国合同法》的规定,保管人和存货人根据委托储存计划和仓储容量的状况,双方协商一致,签订本协议,共同信守。

第一条 储存货物的名称、规格、数量、质量、包装

1. 货物名称:_____。
2. 品种规格:_____。
3. 货物数量:_____。
4. 货物质量:_____。

5. 货物包装：_____。

第二条　货物包装

1. 存货人负责货物的包装，包装标准按国家或专业标准规定执行，没有以上标准的，在保证运输和储存安全的前提下，由协议当事人议定。

2. 包装不符合国家或协议规定，造成货物损坏、变质的，由存货人负责。

第三条　保管人应当根据有关规定进行保管，或者根据双方协商方法进行保管。

第四条　保管期限：从_____年_____月_____日起至_____年_____月_____日止。

第五条　验收项目和验收方法

1. 存货人应当带给保管人必要的货物验收资料，如未带给必要的货物验收资料或带给的资料不齐全、不及时，所造成的验收差错及贻误索赔期或者发生货物品种、数量、质量不符合协议规定时，保管人不承担赔偿职责。

2. 保管人应按照协议规定的包装外观、货物品种、数量和质量，对入库货物进行验收，如果发现入库货物与协议规定不符，应及时通知存货人。保管人未按规定的项目、方法和期限验收，或验收不准确而造成的实际经济损失，由保管人负责。

3. 验收期限：国内货物不超过10天，国外到货不超过30天。超过验收期限所造成的损失，由保管人负责。货物验收期限是指货物和验收资料全部送达保管人之日起，至验收报告送出之日止。日期均以运输或邮电部门的戳记或直接送达的签收日期为准。

第六条　入库和出库的手续

按照有关入库、出库的规定办理，如无规定，按双方协议办理。在入库和出库时，双方代表或经办人都应在场，检验后的记录要由双方代表或经办人签字。该记录应视为协议的有效组成部分，当事人双方各保存一份。

第七条　损耗标准和损耗处理

按照有关损耗标准和损耗处理的规定办理，如无规定，按双方协议办理。

第八条　费用负担、结算办法_____。

第九条　违约职责（略）

第十条　其他：_____。

保管人：_____　　存货人：_____
代表人：_____　　代表人：_____
地址：_____　　地址：_____
开户银行：_____　　开户银行：_____
账号：_____　　账号：_____
日期：____年____月____日　　　　　　　日期：____年____月____日

五、居间合同

（一）居间合同的概念

居间合同是居间人向委托人报告订立合同的机会或者提供订立合同的媒介服务，委托人支付报酬的合同。

居间人应当就有关订立合同的事项向委托人如实报告。居间人故意隐瞒与订立合同有关的重要事实或者提供虚假情况、损害委托人利益的,不得要求支付报酬并应当承担损害赔偿责任。居间人促成合同成立的,委托人应当按照约定支付报酬。对居间人的报酬没有约定或者约定不明确的,依照《中华人民共和国合同法》第六十一条的规定仍不能确定的,根据居间人的劳务合理确定。因居间人提供订立合同的媒介服务而促成合同成立的,由该合同的当事人平均负担居间人的报酬。

居间人促成合同成立的,居间活动的费用,由居间人负担。居间人未促成合同成立的,不得要求支付报酬,但可以要求委托人支付从事居间活动支出的必要费用。

(二)居间合同的特征

居间合同又称"中介服务合同",是居间人根据委托人的要求为委托人与第三人订立合同提供机会或进行介绍,而委托人须向居间人给付约定报酬的协议,例如,委托人委托房屋中介机构为其租房或者买卖房产而订立的居间合同。其特征有:①其合同标的不是法律行为,而是介绍订约的劳务;②居间人在委托人与第三个订立的合同中既非当事人,亦非任何一方的代理人,而是中间媒介人;③它是有偿合同,居间人只有在居间产生有效结果时,才可请求报酬给付。

(三)居间合同的注意事项

居间合同是中介机构常用的一个合同,关系到居间人和委托人的利益,因此,在签订时要注意以下三点事项。

1. 保密约定

在签订居间合同时,若委托人要求居间人不得将其姓名或商号、名称告知对方,则应在居间合同中体现出来,居间人负有对委托人信息保密的义务。居间人在交易双方订立合同时或之后都应履行保密的义务。居间人如违反该义务致使委托人受损害的,应承担损害赔偿责任。

2. 支付条件

只有当居间人促成合同成立时,居间人才能要求委托人支付报酬。当居间人促成合同成立时,居间活动的费用由居间人来负担;若居间人未促成合同成立时,可以要求委托人支付从事居间活动支出的必要费用,但不得要求委托人支付报酬。

3. 居间人损害委托人利益的后果

居间人故意隐瞒与订立合同有关的重要事实或者提供虚假情况,损害委托人利益的,不得要求支付报酬并应承担损害赔偿责任。

【实例6-5】

居 间 合 同

合同编号:

委托人:_____   居间人:_____

签订地点:_____   签订时间:____年____月____日

第一条 委托事项及具体要求:_____。

第二条　居间期限：从____年____月____日至____年____月____日。

第三条　报酬及支付期限：居间人促成合同成立的,报酬为促成合同成立金额的_____%或者(大写)_____元。委托人应在合同成立后的_____日内支付报酬。未促成合同成立的,居间人不得要求支付报酬。

第四条　居间费用的负担：居间人促成合同成立的,居间活动的费用由居间人负担;未促成合同成立的,委托人应向居间人支付必要费用(大写)_____元。

第五条　本合同解除的条件

1．当事人就解除合同协商一致；

2．因不可抗力致使不能实现合同目的；

3．在委托期限届满之前,当事人一方明确表示或者以自己的行为表明不履行主要义务；

4．当事人一方迟延履行主要义务,经催告后在合理期限内仍未履行；

5．当事人一方迟延履行义务或者有其他违约行为致使不能实现合同目的。

第六条　委托人的违约责任：_____。

第七条　居间人的违约责任：_____。

第八条　合同争议的解决方式：本合同在履行过程中发生的争议,由双方当事人协商解决,也可由当地工商行政管理部门调解;协商或调解不成的,按下列第_____种方式解决。

(一)提交_____仲裁委员会仲裁；

(二)依法向人民法院起诉。

第九条　其他约定事项：_____。

第十条　本合同未作规定的,按《中华人民共和国合同法》的规定执行。

委托人(章)：	居间人(章)：	鉴(公)证意见：
住所：	住所：	鉴(公)证机关(章)
法定代表人：	法定代表人：	经办人：
居民身份证号码：	居民身份证号码：	
委托代理人：	委托代理人：	
电话：	电话：	
开户银行：	开户银行：	
账号：	账号：	
年　月　日	年　月　日	

第三节　经济宣传文书写作

一、广告文案

(一)广告文案的概念

广告文案又称广告文,是指通过一定的传播媒介向公众介绍和推销商品、服务内容的应用文。目前广告文案有广义与狭义之说,广义的广告文案是指广告作品的全部,不仅包括语言文字部分,还包括画面等部分;狭义的广告文案仅指广告作品的语言文字部分。

(二)广告文案的地位

(1) 广告文案是广告的核心,传达整个广告的重要信息。
(2) 广告文案强化广告的主题。
(3) 广告文案传达商品的独特信息。
(4) 广告文案可使受众领会广告的卖点。

(三)广告文案的作用

1. 表现广告创意的核心

广告创意是关于广告信息如何表现的基本概念,广告文案和广告画面是这一概念的物化表现。

2. 传达广告意图、诉求和承诺

广告文案具体阐述了商品或服务的功能、特点等信息,使消费者对商品或服务产生认知、兴趣、好感,引发消费者的购买行为。

3. 塑造企业形象和品牌形象

广告文案通过语言文字的表达,包含着令受众产生切实可感的形象、意境,由此引发对商品、服务、企业的有益联想,塑造企业形象和品牌形象。

4. 点活广告画面,揭示广告内涵

广告表现形式包括视觉要素和听觉要素。视觉要素包括平面广告的图形、影视广告的画面和任何广告作品中的文字。听觉要素包括广播影视广告中的语言、音乐和音响。为了防止不同公众对同一广告画面产生歧义或误解,违背广告信息传达的初衷,同时也为了突出广告主题,广告文案可以选用语言文字对广告画面的内涵进行限定或强调,起到画龙点睛的作用。

(四)广告文案的基本结构

广告文案由广告标题、广告正文、广告口号和附文组成,它是广告内容文字化的表现。在广告设计中,文案与画面同等重要,画面具有视觉冲击力,广告文案具有较深的影响力。

1. 广告标题

广告标题是广告文案的主题,也是广告内容的诉求重点,它将广告中最重要的、最吸引人的信息进行富有创意的表现,引起人们对广告的兴趣。只有当受众对标语产生兴趣,才会继续关注广告正文。根据广告标语的内容,可以分为直接标题和间接标题,例如:陈述式,"某某甜品春季新品品鉴";报道式,"某某牌电动汽车全新上市";劝诱式,"某某天然水 伴您生活每一天"等。广告标语在撰写时要语言简明,易懂易记,传递清楚,个性新颖。

2. 广告正文

广告正文是指在广告文案中处于主体地位的语言文字部分,是以客观的事实对产品及服务进行较详细的介绍,来增加消费者的了解与认识,促进购买行为的产生。

广告正文撰写内容要实事求是,通俗易懂。根据广告文案正文的表达方式,可分为:记叙式广告正文,主要通过记叙产品的研制、开发、市场销售情况、企业发展历史和未来展望等来宣传企业和产品;描写式广告正文,以描写为主要表达方式,勾画出广告宣传的具体形象、状况、环境,既可用浓墨重彩的方式,也可用白描传神的方式,给人以身临其境、直观形象之感;抒情式广告正文,立足于渲染一种浓烈的情感氛围,以情感人,形成消费欲望。不论采用何种题材式样,都要抓住主要的信息来叙述,言简意明。

3. 广告口号

广告口号是战略性的语言,目的是经过反复和相同的口号性语句,突出概括商品、服务、企业的特征、企业文化精神等,使消费者增强对商品、服务、企业的印象,树立长远的品牌优势等战略目标。广告口号可以独立出现在广告中的任何位置。广告口号常见的形式有联想式、比喻式、许诺式、推理式、赞扬式、命令式等。广告口号的撰写要注意简洁明了、语言明确、独创有趣、便于记忆以及口语化的表达。

4. 附文

附文也称随文,它是广告不可缺少的附属性文字,一般出现在广告文案的结尾部分,传达企业名称、地址、联系方式等信息。

(五)广告文案的写作要求

1. 准确规范,点明主题

准确规范是广告文案中最基本的要求。广告文案要向广告受众传达的广告信息必须来源于客观真实的存在。广告借此以说服消费者产生消费行为的内容,必须是真实的、客观存在的。在广告文案中,语言表达应规范完整,避免语法错误或表达残缺,避免产生歧义或误解。广告文案中的语言要尽量通俗化、大众化,避免使用冷僻字以及过于专业化的词语。

2. 简明精练,言简意赅

广告文案在文字语言的使用上,要简洁、精练、明了、易懂,使受众便于理解和记忆。以尽可能少的语言和文字表达出广告产品的精髓,实现有效的广告信息传播。简明精练的广告文案有助于吸引广告受众的注意力和快速记忆。

3. 生动形象,突出个性

广告文案的生动形象能够吸引受众的注意,激发受众兴趣。广告文案应与商品、服务、企业形象的特点及独特的个性相联系,建立长期的广告战略目标,结合广告卖点与广告主题,强化视听觉印象,塑造商品及品牌的鲜明个性。

4. 感召鼓舞,追求新颖

广告文案的终极目的是市场推广和促销,因此,要打动受众、感染受众、说服受众,让受众乐于接纳,被广告文案所鼓舞,不知不觉地接受广告的产品定位,继而采取购买行动,这便是广告文案创作的重要使命。广告文案是大众流行文化的一部分,在追求新颖时尚的同时,应把握时代的脉搏,反映出时代的新概念、新价值观。

【实例6-6】

新百伦 每一步都算数

事过境迁终于明白

人一生中每一个经历过的城市,都是相通的

每一个努力过的脚印,都是相连的
它一步一步带我到今天,成就今天的我
人生没有白走的路,每一步都算数

【实例评析】

新百伦品牌在2016年的12分钟广告片《每一步都算数》与音乐人李宗盛合作,以个人传记的方式演绎新百伦的精神与李宗盛的情怀,让受众在广告片和李宗盛的歌中,感受到一条属于自己的路。

二、说明书

(一)说明书的概念

说明书是以应用文体的方式对某事或某物进行相对详细的描述,方便人们认识和了解某事或某物,主要用于商业产品、工程介绍、产品设计、影视戏剧演出、旅游景区等作介绍、说明的一种文体。说明书要实事求是,不可为达到某种目的而夸大产品的作用和性能。产品说明书、使用说明书、安装说明书一般采用说明性文字,而影视戏剧演出说明书则可以以记叙、抒情为主。说明书还可以根据情况需要,使用图片、图表等多种多样的形式,以达到最佳说明效果。

(二)说明书的作用

1. 传播科学文化知识,帮助消费者了解信息

随着科学技术的不断发展,新产品、新技术、新服务不断出现,为了使大家能更好地使用这些产品,真正为大家的生活服务,说明书在传播、普及科学文化知识方面起到积极作用。解释说明是说明书的基本作用,说明书让使用者更加方便、直观地了解并掌握相关产品或服务的特点、用途等,培养正确的消费行为,防止因使用不当而造成损失。

2. 广告宣传的作用

说明书的广告宣传作用也是不可忽略的。好的说明书可以使用户产生购买欲望,达到促销的目的。

(三)广告和说明书的区别

广告和说明书的相同点在于,两者都通过介绍商品或服务的特点、效果等起到宣传的作用,从而吸引消费者,提高品牌影响力。不同之处在于,广告是通过一定的传媒媒介直接或间接的发布,而说明书往往是随商品一起附送,是商品或服务的一部分;广告突出艺术性和感染力,而说明书注重科学性和实用性。

(四)说明书的基本结构

说明书由标题、正文、附文三部分构成。

1. 标题

标题一般直接以文种作为标题,如"产品说明书"、"使用说明书"等,或者以商品名称加文种作为标题,如"某某感冒药使用说明书"等。

2. 正文

正文是说明书的核心部分,通常详细介绍产品的产地、原料、功能、使用方法、注意事项等知识。不同的说明书侧重点各不相同,如化妆品说明书主要说明其成分、功效、用量等;电器设备说明书主要说明其使用方法、保养方法等。说明书写作的基本结构包含以下几个方面:概说,就是抓住事物的主要特征或主要情况,进行简明的交代和说明;陈述,主要根据事物的说明顺序,一般包括产品的性能、规格、用途、安装使用方法、保养维修方法,以及其他需要说明的内容进行交代。

3. 附文

附文也称落款,要写明厂家的名称、地址、邮编、电话、生产日期、保质期等,不同的说明书的附文项目有所不同,根据具体需要撰写。

（五）说明书的写作要点

说明书的写作有四个要点,即严谨性、通俗性、条理性、直观性。

三、广告策划书

（一）广告策划书的概念

广告策划是对广告的整体战略与策略的运筹规划。广告策划是对于提出广告决策、实施广告决策、检验广告决策全过程作预先的考虑与设想。广告策划不是具体的广告业务,而是广告决策的形成过程。广告策划书是根据广告策划的结果而形成一个纲领式的总结文件,是对整个广告宣传进行预先考虑和设想的方案。

（二）广告策划书的基本结构

广告策划书的基本结构包含以下八个部分。

1. 前言

前言也称执行摘要。前言应简要说明广告活动的时限、任务和目标,以及广告主的营销战略。前言是全部广告计划的纲要,目的是把广告计划的要点提出来,让企业的决策者或执行人快速阅读和了解,当最高层次的决策者或执行人员对策划的某一部分有疑问时,能通过翻阅该部分迅速了解细节。前言篇幅不宜过长。

2. 市场分析

市场分析也称情况分析。市场分析一般包括四个方面的内容:企业经营情况分析、产品分析、市场分析、消费者分析。根据产品分析的结果,说明广告产品自身所具备的特点和优点,再根据市场分析的情况,把广告产品与市场中各种同类商品进行比较,并指出消费者的爱好和偏向,也可提出对广告产品的改进或建议。

3. 广告战略或广告重点

一般应根据产品定位和市场研究结果,阐明广告策略的重点,说明用什么方法使广告产品在消费者心目中建立起深刻的印象,用什么方法刺激消费者产生购买兴趣,用什么方法改变消费者的使用习惯,用什么方法扩大广告产品的销售对象范围,用什么方法使消费者形成新的购买习惯。有的广告策划书在这部分内容中增设促销活动计划,写明促销活动的目的、策略和设想。

4. 广告对象或广告诉求

根据产品定位和市场研究来测算出广告对象有多少人、多少户,再根据人口研究结果,列出有关人口的分析数据,概述潜在消费者的需求特征和心理特征、生活方式和消费方式等。

5. 广告地区或诉求地区

对于此部分应确定目标市场,并说明选择此特定分布地区的理由。

6. 广告策略

此部分要详细说明广告实施的具体细节。撰文者应把所涉及的媒体计划清晰、完整地设计出来,详细程度可根据媒体计划的复杂性而定,或另行制定媒体策划书。如果选用多种媒体,则须对各类媒体如何交叉配合加以说明。

7. 广告预算及分配

要根据广告策略的内容,详细列出媒体选择的情况及所需费用、每次播出的价格,并列出相关费用。

8. 广告效果预测

主要说明经广告主认可,按照广告计划实施广告活动预计可达到的目标。这一目标应该和前言部分规定的目标任务相呼应。

在实际撰写广告策划书时,上述内容应根据具体情况进行增减或合并。

(三)广告策划书的写作要点

广告策划书以解决问题为核心。在策划书中,广告诉求主题和表现方法要清晰简洁。策划实施策略要体现成本低、效果好的最佳方案。策划书应量化、具体,必要时用数字来表达,比如目标受众人数、覆盖地区数量、广告活动的目标购买率和增长率等都须有量化的数据指标。

策划书还应具有可操作性,注意其在客观实施环境中的可行性。策划书应围绕课题中的重要内容、重点问题和重要的策略进行论证及阐述。广告策划书篇幅不宜过长,可将图表及有关说明材料列入附件。

第四节 经济调研文书写作

一、经济活动分析报告

(一)经济活动分析报告的概念

经济活动分析是实现企业现代化管理的重要环节,无论是对宏观的国民经济管理,还是对微观的企业经济管理,都是一项重要的工作。经济活动分析以经济政策和经济理论为指导,以各种经济核算资料和调查研究情况为基础,运用科学的方法,对企业的经济活动进行分析研究,从中探讨经济规律,评价成败得失,总结经验教训,寻找改进方法。反映经济活动分析结果的书面材料,就是"经济活动分析报告",简称为"经济活动分析"。

经济活动分析报告与市场调查报告、市场预测报告的区别在于:市场调查报告是对市场当下情况的分析和判断,市场预测报告是对市场未来情况的推测和把握,而经济活动分析报告是对已经发生过的经济过程进行剖析,总结经验和规律,更加"务实"。

(二)经济活动分析报告的作用

(1)经济活动分析报告可以为经济管理部门了解有关经济活动情况提供依据和参考,从而及时、准确地作出决策,有效地引导和规范经济活动。

(2)促进企业提高管理水平,认识经济规律。帮助企业了解生产经营情况,使他们能及时肯定成绩、揭露问题、找出原因,进而提出改善措施,加强管理,提高经济效益。

(三)经济活动分析报告的分类

在经济领域中,经济活动分析报告使用广泛、种类繁多,按照不同的角度可划分为以下几类。

(1)按分析的目的和内容分类,经济活动分析报告可分为专题分析报告和综合分析报告。

(2)按经济部门、经济活动领域的不同,经济活动分析报告可分为工业经济分析报告、商业经济活动分析报告、农业经济活动分析报告等。

(3)按分析对象、业务内容的不同,经济活动分析报告可分为财务状况分析报告、成本分析报告、设备情况分析报告、产品质量分析报告、产品销售分析报告、库存情况分析报告、市场动态分析报告、商品流转情况分析报告、税务执行情况分析报告、资金运用情况分析报告等。

(4)按分析的时间分类,经济活动分析报告可分为事前预测分析报告、不定期分析报告、事后分析报告。

(5)按分析报告的形式分类,经济活动分析报告可分为文字分析报告和表格分析报告。

(四)经济活动分析报告的结构

经济活动分析报告可分为标题、前言、分析评价、建议、落款五个部分。

1. 标题

标题可以采用单标题或者双标题,单标题一般有公文式标题和论文式标题,例如:有"单位名称+时间+对象+文种",如"某公司2018年第三季度财务分析报告"属于公文式标题,"加强某型号发动机购销过程的经济核算"属于论文式标题。

2. 前言

前言是以概括性的文字和数据说明基本情况、分析背景、意义、总体评价或者突出问题。

3. 分析评价

运用事实和数据,结合具体情况,对各项重大经济指标进行分析,可以使用综合陈述法或者分项陈述法。在分析时,不能就事论事,要结合生产经营的实际情况,揭示经济活动的本质和规律。

4. 建议

既要分析经济活动的成败,总结经验和教训,又要找出问题的客观原因,提出今后如何改进的建议、措施和办法。

5. 落款

落款要注明报告单位、成文日期,并加盖单位印章或领导签名盖章。

(五)经济活动分析报告的写作要求

1. 充分使用相关材料

经济活动分析报告以大量的材料为依据,主要有统计核算、计划指标等数据,也包括一些非数据的事实和情况。材料是产生正确观点的基础,材料是否真实、充分以及选用是否恰当,决定着文章的质量。

2. 使用恰当的分析方法

撰写经济活动分析报告,要精通相关业务,选择恰当的分析方法,严谨客观地分析问题。比如使用比较分析法、因素分析法、平衡分析法、动态分析法等。

3. 以解决问题为目的

经济活动分析的目的是了解情况,寻找解决问题的有效方法和途径,使下一步的经济活动取得好的效益。因此要针对现实,提出具体实在、切实可行的对策,使问题得以尽快解决。

二、市场调查报告

(一)市场调查报告的概念

市场调查报告是指企业单位或经济部门运用科学的调查方法,有目的、有计划地对商品生产、供应、需求、销售等状况进行全面而系统的调查、收集、记录、整理和分析,从而得出结论的文书,也就是用市场经济规律去分析,进行深入细致的调查研究,透过市场现状,揭示市场运行的规律、本质。市场调查报告是市场调查人员以书面形式反映市场调查内容及工作过程,并提供调查结论和建议的报告。市场调查报告是市场调查研究成果的集中体现,其撰写的好坏将直接影响到整个市场调查研究工作的成果质量。一份好的市场调查报告,能为企业的市场经营活动提供有效的导向作用,能为企业的决策提供客观依据。

(二)市场调查报告的特点

1. 针对性

市场调查报告必须有明确的调查目的和阅读对象。市场调查报告是决策机关进行决策的重要依据之一,必须有的放矢。

2. 真实性

市场调查报告的材料必须真实可靠、准确无误,通过对真实材料的客观分析,才能得出正确的结论。

3. 典型性

调查得来的材料须进行科学分析,找出反映市场变化的内在规律。

4. 时效性

市场调查报告要及时、迅速、准确地反映和解决现实经济生活中出现的新情况、新问题。

(三)市场调查报告的结构

不同的市场调查报告写作,主要依据调查的目的、内容、结果,以及主要用途来决定。各种市场调查报告在结构上一般都包括标题、导言、主体、结尾、落款五个部分。

1. 标题

市场调查报告的标题必须准确揭示调查报告的主题思想。标题简单明了、高度概括、题文相符,如"某市电动汽车消费需求调查报告"、"关于某品牌酸奶的市场调查报告"等。

2. 导言

导言是市场调查报告的开头,一般交代市场调查的目的和意义、时间和地点、内容和对象以及采用的调查方法、方式。有的调查报告在导言部分直接写明调查的结论或直接提出问题等。

3. 主体

主体是市场调查报告的主要内容,是表现调查报告主题的重要部分。主体部分要客观、全面地阐述市场调查所获得的材料、数据,用它们来说明有关问题,提出建设性的意见、计划和措施,对市场动向作出预测。

4. 结尾

结尾主要是形成市场调查的基本结论,强调全文的观点。有的调查报告还提出解决问题的对策和措施,供有关决策者参考。

5. 落款

落款要注明调查单位名称或者调查人员姓名,以及完成日期。

(四)市场调查报告的写作要求

在写作前,要根据确定的调查目的,进行深入细致的市场调查,掌握充分的材料和数据,并运用科学的方法,进行分析研究判断,为写作市场调查报告打下良好的基础。写作市场调查报告一定要从实际出发,实事求是地反映市场的真实情况,要用真实、可靠、典型的材料反映市场的原本面貌,要中心突出,条理清楚。运用多种方式进行市场调查,面对大量而庞杂的材料,要善于根据主旨的需要对材料进行严格的鉴别和筛选,给材料归类并分清主次轻重,按条理将有价值的材料组织到文章中使用。

三、市场预测报告

(一)市场预测报告的概念

市场预测报告是依据已掌握的有关市场的信息和资料,通过科学的分析方法进行研究,从而预测、推算未来发展趋势的一种预见性报告。它是在市场调查的基础上,综合调查的材料,用科学的方法估计和预测未来市场的趋势,从而为有关部门和企业提供信息,改善经营管理,提高经济效益。市场预测报告实际上是调查报告的一种特殊形式,也是应用写作研究的一种文体。

(二)市场预测报告的特点

1. 预见性

市场预测报告的性质是对市场未来的发展趋势作出预见性的判断,它是在深入分析市场既往历史和现状的基础上的合理判断,目的是将市场的不确定性极小化,使预测结果和未来的实际情况的偏差概率达到最小。

2. 科学性

市场预测报告在内容上必须使用充分翔实的资料,并运用科学的预测理论和预测方法,以周密的调查研究为基础,充分搜集各种真实可靠的数据资料,才能找出预测对象的客观运动规律,得出合乎实际的结论,从而有效地指导实践。

3. 针对性

市场预测的内容十分广泛,每一次市场调查和预测,只能针对某一具体的经济活动或某一产品的发展前景。选定的预测对象越明确,市场预测报告的现实指导意义就越重大。

(三)市场预测报告的格式

市场预测报告由以下七个部分构成。

1. 标题

市场预测报告的标题一般由对象、时间、范围、文体名称构成。

2. 前言

市场预测报告的前言要求以简明扼要的文字,说明预测的主旨、预测对象、目的和意义,也可以介绍预测对象的现状,揭示初步预测的结果,引起读者的注意。

3. 正文

正文是市场预测报告的核心部分,一般包括现状、预测、建议三个方面。现状部分,首先要从收集的材料中选择有代表性的资料、数据来说明经济活动的历史和现状,为进行预测提供依据;预测部分,利用资料数据进行科学的定性分析和定量分析,从而预测经济活动的趋势和规律,提出预测结论,是市场预测报告的重点所在;建议部分,为适应经济活动未来的发展变化,为领导决策提供有价值的参考建议,是写市场预测报告的目的。

4. 结尾

结尾是总结预测结论,可以提出展望,鼓舞人心,也可以重申观点,加深认识。但切忌空喊口号、画蛇添足。

5. 附件

附件主要是图、表等数据材料,以及其他具体的辅助材料。

6. 署名

正文右下方写明拟此报告的单位或拟写人。

7. 日期

市场预测报告要写明具体的年、月、日。

第五节　经济纠纷文书写作

一、经济纠纷起诉状

（一）经济纠纷起诉状的概念

经济纠纷起诉状又称经济诉状，是经济纠纷案件的原告认为自己的权益受到侵犯而向法院陈述纠纷事实、阐明起诉理由、提出诉讼请求的书状。经济纠纷是指法人之间、法人与公民个人之间或公民个人之间，发生在经济方面的权利与义务之争。起诉状，俗称"状子"，诉状分为民事诉状和刑事诉状。经济诉讼属于民事诉状。

（二）经济纠纷起诉状的特点

1. 请求诉讼性
任何国家机关、社会团体、企事业单位和公民个人或其法定代理人向人民法院递交经济纠纷起诉状便是提出了诉讼请求。

2. 适用范围的特定性
经济纠纷起诉状针对的是归人民法院管辖而未被审理过的案件。

3. 处理案件的参证性
经济纠纷起诉状本身就是一种处理案件时的证据。

（三）经济纠纷起诉状的结构

经济纠纷起诉状一般由以下七部分内容构成。

1. 标题
标题要标明"经济纠纷起诉状"或"起诉状"。

2. 状头
状头即当事人的基本情况，包括原告人和被告人，要写明当事人的情况，或单位的全称、性质、所在地、法定代表人姓名、职务、开户银行及账号；有诉讼代理人时，应写明代理人的姓名和所在单位、代理权限和其他情况。

3. 案由或事由
经济纠纷起诉状的案由或事由即概括写明因何事起诉。

4. 诉讼请求
诉讼请求即概括写明请求人民法院依法裁决的具体事项，或诉讼要达到的最终目的。

5. 事实和理由
经济纠纷起诉状的事实和理由是起诉状的核心部分，关系到人民法院是否受理此案，主要内容包括事实经过、证据、理由和法律依据。

6. 结尾

结尾内容要求按信函格式写:"此致"和"××人民法院";起诉人签名或盖章,并写明年、月、日。

7. 附项

起诉状最后一页的左下角写附项,其包括本状副本份数、物证件数、书证件数等。

(四)经济纠纷起诉状的写作要求

(1)提出请求事实要具体、全面,不得笼统或含糊不清,数字必须准确无误。

(2)诉讼理由要建立在确实充分的证据和明确清楚的事实基础之上,说清楚案件事实与理由之间存在的因果关系。引用的法律条文要准确、完备。

(3)注意人称的一致性。在陈述事实与理由时,叙述的人称要前后一致,如用第三人称时就要称原告与被告。

(4)语言准确、严谨,表述富有逻辑性。

【实例6-7】

经济纠纷起诉状

原告人:××市××区××公司

地址:××市××区××路×号

法人代表:×××　男　49岁　公司总经理

被告人:××市××区××商城

地址:××市××区××大街×号

法人代表:×××　男　36岁　商城总经理

案由:追索货款,赔偿损失

诉讼请求:

1. 责令被告偿还原告货款50万元。

2. 责令被告赔偿拖欠原告货款6个月的利息损失。

3. 责令被告赔偿原告提起诉讼而产生的一切损失,包括诉讼费、律师费等。

诉讼事实和理由:

原告和被告于20××年10月18日商定,被告从原告处购进某进口化妆品300箱,价值人民币50万元。原告于当年10月20日将300箱某进口化妆品用车送至被告处,被告立即开出50万元的转账支票交付原告,原告在收到支票的第二天去银行转账时,被告开户银行告知原告,被告账户上存款只有10万元,不足清偿货款。由于被告透支,支票被银行退回。当原告再次找被告索要货款时,被告无理拒付。后来原告多次找被告交涉,均被被告以经理不在为由拒之门外。

根据《中华人民共和国民法通则》第106条第一款和第134条第一款第七项的规定,被告应当承担民事责任,原告有权要求被告偿付货款,并赔偿由于被告拖欠贷款而给原告带来的一切经济损失。

证据和证据来源:

1. 被告收到货后签收的收条1份。

2. 银行退回的被告方开出的支票1张。
3. 法院和律师事务所的收费收据×张。
此致
××区人民法院!
起诉人:××市××区××公司(公章)
××××年××月××日
附:1.本状副本1份;
2.书证×份。

二、经济纠纷上诉状

(一)经济纠纷上诉状的概念

经济纠纷上诉状是指经济纠纷诉讼当事人或其法定代理人不服人民法院的第一审判决或裁定,向上一级人民法院提起上诉,请求撤销、变更原审裁判,或重新审判而提出的诉状。

经济纠纷上诉状是第二审法院受理案件,并进行审理的依据。经济纠纷上诉状对于第二审法院全面了解案情、审理案件、保护当事人的合法权益、提高办案质量,具有重要的作用。

(二)经济纠纷上诉状的特点

1. 提起上诉的直接性

有权提出经济纠纷上诉状的必须是当事人或其诉讼权利承担人、法定代表人、特别授权委托代理人。

2. 针对性

经济纠纷上诉状是针对法院第一审判决和裁定而写的,因此要直接指出原判认定事实的错误、原判理由的不充分或适用法律的错误,并有针对性地写出不服一审判决的意见、看法以及自己的请求。

3. 时限性

上诉有时间限制,上诉人必须在法院规定的有效时间内进行上诉,超过规定时间则被视作服从一审判决。

(三)经济纠纷上诉状的结构

经济纠纷上诉状一般由七部分内容组成。

1. 标题

标题须具体写明"经济纠纷上诉状"或"上诉状"。

2. 状头

状头须写明上诉人与被上诉人的基本情况,书写项目与顺序同起诉状。

3. 案由

案由即不服第一审判决或裁定的缘由,需概括写明上诉人因何案、不服人民法院于何

时、以何字号(×字第×号)发出的判决或裁定而提出上诉。

4. 上诉请求

上诉请求是上诉的目的所在,必须概括写明请求第二审法院撤销或变更原审判决或裁定,或请求重新审理。

5. 上诉理由

上诉理由部分是上诉状的关键所在,通常从四个方面写明理由:第一,针对原审判决和裁定对事实的认定有错误、出入和遗漏,或证据不足,而提出纠正或否定的事实和证据;第二,针对原审判决或裁定对事实的定性不当,而提出恰当的定性判断;第三,针对原审判决或裁定引用的法律条文不准、不对,而提出正确适用的法律根据;第四,针对原审判决或裁定不合法定程序,而提出纠正的法律依据。

6. 结尾

经济纠纷上诉状的结尾写法与起诉状的基本相同。

7. 附项

经济纠纷上诉状的附项写法与起诉状的基本相同。

(四)经济纠纷上诉状的写作要点

(1)针对性要强,要有的放矢。
(2)语言明晰、简洁,做到条理清楚、逻辑性强。
(3)在限期内将上诉状送交上级法院。

【实例6-8】

经济纠纷上诉状

上诉人(原审被告):×××,男,19××年6月6日,身份证号:××××,住址:××××。

被上诉人(原审原告):×××,男,19××年8月8日,身份证号:××××,住址:××××。

上诉人因不服××人民法院于20××年12月12日作出的(20××)××民初字第20××号民事判决书,现提出上诉。

诉讼请求:

1. 请依法撤销××人民法院作出的(20××)××民初字第20××号民事判决书。
2. 请求依法发回重审或者判决驳回被上诉人的诉讼请求。
3. 本案一、二审诉讼费用由被上诉人承担。

事实及理由:

1. 本案一审以经济纠纷与本案不属于同一法律事实为由,不予受理上诉人的反诉请求错误。
2. 上诉人与被上诉人合伙在××县××路做房建工程项目,工程结束后,被上诉人不按合伙约定支付上诉人与另一合伙人李××的工程投资款和应得利润分红,经上诉人与李××多次催要无果,扣留相关车辆,要求清偿债务以取回车辆。一审法院不应以本案与经济纠纷不属于同一法律关系为由,不予受理反诉请求或不予采纳抗辩理由。
3. 本案案情复杂,一审法院适用简易程序审理,不符合《民事诉讼法》关于简易程序审理的有关规定。

本案是因合伙关系引起的扣押物品行为,其背后的关系错综复杂,一审法院应在查清所有事实的基础上才能作出裁判,而要查清事实真相的难度较大。因此,本案不宜适用简易程序审理。故一审法院适用简易程序审理本案,程序上不合法。

4. 一审法院未按职权追加必要共同诉讼参加人,程序上有重大错误。

(略)

5. 一审法院审理另有重大程序瑕疵。

(略)

综上所述,一审法院审理此案,在案情上没能准确认定事实,程序上有重大错误,以致上诉人的合法权益未能得到保障。根据《中华人民共和国民事诉讼法》相关规定,特诉至贵院,请求依法判决。

此致
×××中级人民法院!

上诉人:×××
××××年××月××日

三、经济纠纷答辩状

(一)经济纠纷答辩状的概念

经济纠纷答辩状也称经济纠纷上诉答辩状,是指被告针对原告的起诉状,或被上诉人针对上诉人的上诉状向人民法院递交的进行辩护、反驳或答复的书状。

被告人或被上诉人可以通过答辩状针对原告或上诉人提出的事实、理由以及请求事项,进行有针对性的答辩,阐明自己的理由和请求,维护自身的合法权益。经济纠纷答辩状还有助于法院兼听双方当事人的陈述理由和请求,以便全面掌握案情,以求公正地审理案件。

(二)经济纠纷答辩状的特点

1. 使用对象的特定性

经济纠纷答辩状只能由被告或被上诉人提出。

2. 答辩内容的针对性

经济纠纷答辩状必须针对起诉状或上诉状的内容有的放矢地进行答辩。

3. 行文方式的论辩性

经济纠纷答辩状通过摆事实、讲道理,通过运用有利的论据和有关的法律条文,通过辩论和反驳,以求驳倒对方的观点和论据,从而证明自己观点的正确。

(三)经济纠纷答辩状的结构

经济纠纷答辩状由七个部分组成。

1. 标题

标题可以具体写"经济纠纷答辩状"字样。如属二审程序的答辩,要写明"上诉答辩状"

字样。

2. 答辩人基本情况

答辩人的基本情况须写明答辩人的单位全称、性质、地址及电话、开户银行、法定代表人姓名及职务等。对方当事人的基本情况不必写。

3. 案由

案由要概括写明对何单位或对上诉的何案进行答辩,例如,答辩人于×年×月×日收到××法院交来原告人(或上诉人)因××一案的起诉状(或上诉状),现答辩如下。

4. 答辩理由

答辩理由是经济纠纷答辩状中最关键的部分,要明确回答原告人或上诉人所提出的诉讼请求,并明确阐明本方对争议事实的主张和理由。

5. 答辩意见

在有针对性且充分地阐明答辩理由的基础上,答辩人应提出自己的答辩意见。答辩意见可包括:根据确凿事实与证据,证明己方行为的合理性;依据有关法律条文,说明己方答辩理由的正确性;归纳答辩事实,揭示对方当事人法律行为的谬误;提出对本案的处理意见,请求人民法院予以合理的裁决。

6. 尾部

经济纠纷答辩状的尾部的结构及写法与起诉状的基本相同。

7. 附项

经济纠纷答辩状的附项写法与起诉状的基本相同。

(四)经济纠纷答辩状的写作要求

1. 据理反驳

在撰写答辩状时,要紧紧抓住对方所陈述的错误事实或者所引用有关法律的错误,建立反驳的论点,列举客观真实的事实、恰当的证据作为反驳的论据,再经过分析论证,推出合乎逻辑的结论。如果对方的诉讼请求合理、合法,应该实事求是地予以承认,绝不能违背事实和法律。

2. 抓准关键

找到双方当事人在纠纷案件中争执的焦点、问题的要害,针锋相对地答辩。

四、经济纠纷申诉状

(一)经济纠纷申诉状的概念

经济纠纷申诉状是指经济案件中的当事人或法定代理人,认为已经产生法律效力的判决、因裁定有错误而向原审人民法院提出申诉,请求复查纠正或重新审理的书状。经济纠纷申诉状是保护当事人合法权益的诉讼文书,但提交申诉状后并不能停止已生效的判决、裁定的执行。

（二）经济纠纷申诉状的特点

1. 不受限制性

申诉人不论裁判是否经过上诉，也不论这些裁判是否已执行完毕，都可以不受时间限制而提交申诉状。提交申诉状不影响判决、裁定的执行。

2. 效应难测性

申诉状只能被视作决定是否引起重新审判程序的参考材料，不一定能引发重判程序的发生。

（三）经济纠纷申诉状的结构

经济纠纷申诉状的结构和写法与经济纠纷起诉状基本相同。不同之处主要有以下五点。

①标题应标为《申诉状》或《经济纠纷案申诉状》；
②因为申诉状是针对原审法院判决、裁定有误而要求复审改判的，所以状头可不写"被申诉人"一项；
③尾部送达法院应写原审人民法院院名；
④具状人应称"申诉人"；
⑤附项应附上原审判决书、裁定书的原件复印件。

（四）经济纠纷申诉状的写作要点

1. 对申诉的事实务必求全、求真

原审裁判如果不是依据全面事实裁判的，申诉状应从案情事实、原来的处理经过及处理结果进行归纳叙述，阐明所认为的原审裁定的不当之处。

2. 要实事求是

对原审裁定中对的、属实的处理，应该承认其恰当而不应反驳，做到实事求是。

3. 尽量列示例证

应将与请求目的相符的人证、物证、书证等在申诉状里明确列示，并加以说明，以实证服人。如能提供有助于说明申诉事实的新证据，将更具说服力。

练 习 题

一、填空题

1. _____,是指出卖人转移标的物的所有权于买受人,买受人支付价款的合同。
2. 经济类文书的特点有:_____、_____、_____、_____。
3. 保管合同是保管人保管_____交付的保管物,并返还该物的合同。_____应当按照约定向保管人支付_____。
4. 居间合同是_____向委托人报告订立合同的机会或者提供订立合同的媒介服务,委托人支付报酬的合同。
5. 广告创意是关于广告信息如何表现的基本概念,_____和_____是这一概念的物化表现。

二、判断题

1. 合同必须是平等互利、等价交换的,任何一方当事人不得把自己的意志强加给另一方。(　　)
2. 合同依法签订后,任何一方提出更改或解除合同,都可生效。(　　)
3. 广告文案在文字语言的使用上,为了让受众便于理解和记忆,需要使用华丽、夸张的语言表达出广告产品的精髓。(　　)
4. 在借款合同中,当事人订立借款期限必须具体、明确、全面,借款用途由借款人自己支配。(　　)
5. 广告和说明书的相同点在于:介绍商品或服务的特点、效果等起到宣传的作用,吸引消费者,提高品牌影响力。(　　)

三、分析修改题

试分析这份房屋租赁合同有哪些不规范之处?并加以修改。

房屋租赁合同

出租方(甲方):王冰　　　　　　　　　承租方(乙方):张晓妍

甲、乙双方就房屋租赁事宜,达成如下协议:

一、甲方将位于××市帝豪小区 888 号的房屋出租给乙方使用,租赁期限 10 年。

二、本房屋月租金为人民币 6000 元,按月结算。每月月初 3 日内,乙方向甲方支付全月租金。

三、乙方租赁期间,水费、电费、取暖费、燃气费、电话费、物业费以及其他由乙方居住产生的费用由乙方负担。租赁结束时,乙方须结清相关欠费。

四、乙方不得随意损坏房屋设施,如需装修或改造,需先征得甲方同意,并承担装修改造费用。租赁结束时,乙方须将房屋设施恢复原状。

五、租赁期满后,如乙方要求继续租赁,则须提前 1 个月向甲方提出,甲方收到乙方要求后 3 天内答复。如同意继续租赁,则续签租赁合同。同等条件下,乙方享有优先租赁的权利。

六、租赁期间,任何一方提出终止合同,需提前 1 个月通知对方。若一方强行中止合同,须向另一方支付违约金 10000 元。

七、若发生争议,甲、乙双方须友好协商解决。

八、本合同一式两份,甲、乙双方各执一份,自双方签字之日起生效。

甲方:王冰　　　　　　　　　　　　乙方:晓妍

日期:9.10　　　　　　　　　　　　日期:9.12

四、写作题

1. 北京某大学毕业生唐丽,目前已找到一份在上海市某科技公司的工作。初到上海,她选择了一家房屋中介公司为其寻找合适的房子居住。请问唐丽和房屋中介公司需要签订什么合同?如果找到合适房源,她与房东签订什么合同?请自拟两份合同。

2. 请为某品牌方便火锅写一份广告文案。

3. 请为你喜欢的一件物品写一份详细的产品说明书。

第七章 学业求职类文书写作

第一节 学 业 类

一、实习报告

(一)实习报告的含义

实习是对所学课程的综合训练,是把专业理论知识转化为职业实际能力的重要环节,实习报告是学生在实习期间撰写地对实习经历和收获进行描述和总结的文本。

(二)实习报告的写作内容

实习报告的内容包括以下两个部分。

1. 封面

封面需要填写系别、专业、班级、姓名、学号、指导老师、实习时间、实习单位、报告题目等。

2. 正文

正文是实习报告的核心。写作内容可根据实习内容和性质而有所不同。

(1) 实习目的:介绍实习的目的和意义、实习单位的概况及发展情况、实习要求等内容。

(2) 实习内容:介绍实习安排概况,包括时间、内容、地点等,然后按照安排顺序逐项介绍具体内容。在完整介绍实习内容的基础上,以自己认为有重要意义或需要研究解决的问题作重点介绍,其他一般内容则简述。

(3) 实习结果:围绕实习目的的要求,对在实习过程中发现的问题,提出解决的对策和建议,分析、讨论对策并提出建议,建议要有依据及参考资料,并在正文后附录。分析讨论的内容及推理过程要重点阐述,提出的对策和建议是反映或评价实习报告水平的重要依据之一。

(4) 实习总结或体会:用自己的语言对实习的效果进行评价,着重介绍自己的收获、体会。内容较多时可列出小标题,逐一汇报。总结或体会的最后部分,应针对实习中发现的自身不足之处,简要地提出今后学习、锻炼的努力方向。

(5) 参考资料:在实习过程中查阅过的,对实习过程和实习报告有直接作用或有影响的书籍等有关资料。

(三) 注意事项

(1) 从开始实习就要注意广泛收集资料,并以各种形式记录下来(如写实习日志)。丰富的资料是写好实习报告的基础。

(2) 善于提炼总结实习报告的内容,突出自己在专业能力、职业能力与个人综合素质方面的体会、感悟、收获,不能写成流水账,也不能只是简单介绍实习单位的状况和自己的工作情况,必须写出实习生活所带来的感受、看法,并总结出自己的收获与不足。

(3) 如有引用或从别处摘录的内容,一定要标明出处。这既是对他人成果的尊重,是自己的见解、论点的依据,也是科学求实精神的体现。

【实例7-1】

法院实习报告

实习人:张晴
专业:法学
实习地点:荥阳市人民法院人民法院
实习时间:2018年2月20日到4月25日
年级:2016级
学号:2016×××××

2018年2月20日到4月25日,我在荥阳市人民法院进行了为期两个月的毕业实习。首先,在这里我想向所有为我的实习提供帮助和指导的荥阳市人民法院的工作人员及我的指导老师致谢,感谢你们为我的顺利实习提供的帮助。虽然只有短短的两个多月时间,但是我却感悟很深,收获颇多。

一、实习概况

根据法院老师的建议及我的意愿,本次实习,我被安排在民一庭。在实习中,我的主要岗位是书记员和法官助理。具体工作内容是,办公室日常事务处理、参加案件旁听和调解、整理装订案卷、书写法律文书等。在此次实习中,我认真遵守各项规章制度,虚心地向法官们学习,并与他们建立了良好的关系,积累了社会经验,让我终身受益。与此同时,我也看了许多实际案例和一些专业书籍与杂志,让我初步地进入了角色。负责带我实习的法官们都很耐心地指导我,细致地为我答疑解惑,让我学到了一些实实在在的本领。按照实习计划,我圆满地完成了实习任务。

二、实习主要内容

(一) 旁听庭审

荥阳市人民法院作为基层法院,案件比较多,而民一庭又是全法院管辖事务中最多最杂的,所以几乎每天都有开庭。通过旁听案件,我对民事的审判特点和程序有了详细的了解,懂得了审理民事案件的关键在于化解当事人的矛盾,和刑事案件着重体现国家强制力惩罚

犯罪不同,民事案件的理想状态应是让双方当事人共赢而又不失法律的尊严,这一点就对法官的个人素质要求很高。

旁听时,我认真听取了每一案件的来龙去脉,原、被告双方的事实,理论依据和法律依据,分别作好了笔记,把当中的重点记录下来,之后通过翻阅课本和法律条文,增强理解。这一过程让我懂得了如何运用法律来保护自身利益,而且也借此机会了解到每宗案件纠纷的特点,使我认识到要想知道每一案件的真相,必须要通过了解和分析,才能明白事情的真实情况。

(二)整理和翻阅卷宗

案卷整理在法院工作中是必不可少的,每个审结的案件都要及时订卷归档,以备日后查阅。整理案卷也为我提供了接触各类案件的机会,例如,在档案整理中,我发现特别多的离婚纠纷。整理案卷也让我能够从整体、全面的角度去看问题。而且,通过认真查阅和整理浓缩了多方工作流程的卷宗之后,我还了解到一个案件的具体工作程序,并从中体会到案件审理的基本思路。在上述提及的每一个流程都不能大意和马虎,这体现了法律工作的严谨性。虽然整理和翻阅卷宗看起来是一件很普通的工作,但这也是一件非常重要的事情,对于了解、分析每个案件的关键起着重要的作用。

(三)学习法律文书的制作和书写

法律文书的制作和书写在很多法院工作中都有所涉及,可是说是最基本的工作。这些法律文书包括判决书、起诉书、庭审笔录、合议庭笔录等。虽然它们都有一个固定化的模式框架,但是其中的内容却是需要根据每个案件的情节来构建的,不能一概而论,这需要十分仔细和认真地抓住每一个具体细节问题,简明扼要,思路清晰,逻辑严密,突出重点,所以法律文书的制作者需要有高素质和高深的专业知识。而做这一工作,有利于训练大脑思维,提高文字的表达能力。

(四)送达法律文书

原先我总以为送达文书是一件很简单的事情,现在才知道并不是那么回事,每件事都有它的难处和方法。例如,一份传票送给被告,有时要送很多次被告才肯接受,就是签收一个送达回证就要给他们解释半天,因为在那些不懂法的人眼里,签字是件很慎重的事情,他们心里在想,这签了字是不是就判刑了啊,会不会对自己不利,有人甚至把门关起来故意不让我们进去,给他耐心地解释半天,给他说明送达回证签收只是表明你收到传票和开庭通知了。现在才体会到普法教育任重道远。

(五)帮忙接待当事人,调解矛盾

基层法院直接面对群众,所以接待当事人也是平时工作的一部分。我经常会去信访大厅帮忙,遇到过各种各样的群众,有的喊冤诉苦,有的叫骂不公,无论是遇到多么刁钻野蛮的当事人,我们都要想尽办法去平息他们的情绪,去帮助解决他们的问题。当然,这个活生生的实战演练场地为我提供了很多灵活的案例材料,让我不仅锻炼了专业能力,还提高了我的调解艺术。

三、实习体会

(一)总结收获

首先,巩固理论知识,提高业务素质。任何理论知识,终究都要通过实践的检验。法学是一门学术型、理论性学科,更是一个应用型、实践性的工具。我系统地学习法律知识有近四年的时间,在这期间法律基础知识逐渐扎实,理论水平也有明显提高,但是对于实务接触甚少,所学理论知识无法在实践中得到验证,不仅不能发现不足,而且反过来影响了理论水平的进一步提高。通过参加这次毕业实习,以理论为基础,实践内容与理论知识相结合,在实践中加深了对理论的理解,在实务工作中学会了对理论知识的运用,而且不断提升法律素养和实务水平。

其次,对法院工作有了更加直观深刻的了解。

第一,法院工作的重要性。法院工作直接关系到社会公平正义的实现,所以每个案件都需要以公正客观的心态对待,确保受害人利益得到切实保障,被告人得到应有惩罚,正义得以伸张。第二,法院工作的复杂性和严谨性。实践中的案件事实具有诸多模糊之处,而且还有许多其他因素需要考虑,每个案件都需要法官耗费大量的心血反复推敲、斟酌,有的甚至通过数次合议,仍不能达成统一意见。在这种情况下则须提交审判委员会定夺。第三,法官工作的艰辛。真实的法官不仅要面对案件双方的双重压力,还要抵御来自不同方面的拉拢诱惑。实习期间,经常遇到群众上访、静坐,甚至冲击法院,法官的工作环境需要更加切实的保障。

再次,提高了适应能力、交际能力。

以前,我们在"象牙塔"的保护下安然自得,可是到法院实习之后,天天要面对不同的环境和场合,接触形形色色的人,不得不努力使自己做好、表现好,才能在这里如鱼得水。通过这次实习,提高了我对环境的应变能力和适应能力。另外,做事先做人,我明白了如何与人相处是现代社会做人的一个最基本的问题。作为一个实习生,我们不仅只是把领导交给我们的事做好,更要有眼力,有积极的态度,只有这样才能真正地有所收获。无论是跟领导、同事、律师,还是当事人接触,都要端正自己的态度,摆清自己的位置。

(二)分析不足

首先,自身仍存在一些不足。

第一,理论知识匮乏,实践能力低下。在旁听过程中,我发现很多简单的案件,自己都不会分析和解决,或者曾经学过的东西却拿不出来,不会用于实践。而审判员和律师对整个案件的驾驭能力以及他们清晰的思路、严谨的作风、严密的逻辑语言,令我羡慕和惊叹。想起自己虽然学习了好几年的法律,但是真切感觉到自己仅有的专业知识是远远不够的。所以在往后的学习中,在加强理论修养、学习好法律知识的同时,更需要积累实际办案经验和社会阅历。

第二,应变能力差。在实习期间,我发现,如果遇到紧急情况或者在比较严肃的环境下,我的反应总是比较迟钝,也许是心理素质不够好所引起的,这方面需要多加注意和锻炼。

第三,做事效率比较低。我做事比较慢,以前我总找借口说是因为自己做得比较细致,追求完美,可是我发现其实效率和质量并不总是成反比,我要努力使自己在最短的时间里做出最漂亮的工作。

其次,法院自身也存在一些问题。

第一,庭审走过场。

第二,久调不决问题严重。为了构建和谐社会,如今法院大力倡导调解优先,更有的法院还给法官下达调解率任务,作为目标责任制考核业绩。法官对当事人不愿调解的案件,久拖不决。

第三,现有的法官素质仍有欠缺。

第四,执行问题仍然很难。在实习期间目睹了许多案子有了判决却仍得不到应有的赔偿。究其原因,并非一方面,有法律自身存在的问题,有法官的职业素质,当然也有当事人自身法律素养的欠缺。

四、展望未来

两个多月的法院实习使我深刻地体会到:法律是一门实践性很强的学科,它仅有基本的专业知识是远远不够的,它更需要的是实务操作、办案经验和社会阅历,做一名法官不仅需要有独立的法律人格,更需要有崇高的法律素养。

首先,时刻加强自身学习。对于我这样一个即将步入社会的学生而言,需要学习的东西很多,周围的同事就是老师,正所谓"三人行,必有我师"。另外,还要不断加强对法律知识的学习。随着社会环境的巨大变化以及我国法治的逐渐完善,每年都有许多部法律法规出台。如果满足于现状,你会发现你所掌握的法律知识很快就会过时。作为一名法律人,必须有足够强的学习能力,时刻注意把握法律的最新动向。

其次,加强法院自身建设。法院在平时暴露出来的问题也是不容忽视的。如律师、法官的职业水平较低;法院的工作独立性不强,经常会受到来自各方面的压力甚至干涉等问题,等等。法院自身也要立足于这些不足,加强素质建设。另外,作为准法律人,我们应树立信心,满怀责任,为中国的法治建设添砖加瓦。

最后,加强普法工作。作为基层人民法院,普通群众的法律意识和法律观念薄弱,在这个物欲横流的社会,我们更要重视法治宣传与教育工作。我们的普法活动不能只作表面文章,要深入实际,真真正正让人们了解法律的含义,知道法规的具体意义,并在这个基础上,逐步确立人们对法律的信仰,确立法律神圣地位,只有这样,我们建设法治社会才有希望。

这两个月短暂而又充实的实习,是我走向社会的一座桥梁,为以后步入社会打下了基础。实习结束了,但我并没有感觉那么轻松,我觉得自己面临着更多的压力与挑战。在法院实习的这段工作经历让我看到了未来职业的发展方向,让我懂得了如何独立生活,如何凭借法律人的智慧和真诚赢得他人的尊敬和信赖,如何尽己所能关心需要帮助的人。经历就是一种美丽,经历就是一种积累,这短短的两个多月使我变得自信而富足。最后我要说的是:"实习的收获就是悟出了一个道理,路还很长,要学的东西还有很多!"

【实例评析】

该实习报告较为详细地介绍了在法院实习的主要经历和实习内容。通过实习,实习生对法院工作有了较为深入的了解,并在报告中对法院工作存在的问题进行了分析,明确了今后的努力方向。

二、开题报告

(一)开题报告的含义

开题报告是毕业论文工作的重要环节,是指为阐述、审核和确定毕业论文题目而作的专题书面报告,由选题者把自己所选课题的概况向有关老师、专家、学者进行陈述,然后由他们对科研课题进行评议,确定是否同意这一选题。

（二）开题报告的作用

开题报告是随着现代科学研究活动计划性的增强和科研选题程序化管理的需要应运而生的一种新的应用写作文体。对于高校毕业生来说，它是实施毕业论文研究的前瞻性计划和依据，是监督和保证论文质量的重要措施，同时也是训练毕业生科研能力与学术论文撰写能力的有效的实践活动。

（三）开题报告的选题

毕业论文是毕业生总结性的独立作业，是学生运用在校学习的基本知识和基础理论，去分析、解决一两个实际问题的实践锻炼过程，也是学生在校学习期间学习成果的综合性总结。毕业论文应反映出作者能够准确地掌握所学的专业基础知识，基本学会综合运用所学知识进行科学研究的方法，对所研究的题目有一定的心得体会。

毕业论文题目的选定，通常可以采取先选出一个大的研究方向，再围绕该研究方向查找文献资料，通过阅读、思考、分析材料，逐渐把毕业论文题目范围缩小的方法。因此，毕业论文的选题应当做到尽早酝酿，这样才可以有充分的时间进行思考和准备。一般来说，选题最好在大学三年级就定下来，因为一般在大学三年级该学科的专业课程已基本开设完备，学生已经全面了解该学科，可以有足够的空间从中选择自己感兴趣的研究方向。

确定选题只是第一步，接下来在查阅资料的过程中，就要思考如何研究这个问题。从严格意义上来说，选题只有确定了切入点，才是最终的完成。而切入点一定要强调新意，也就是说论证的角度、研究的方向要有新意，要善于运用新方法、新角度思考问题。即使是有人研究过的旧论题，也可以从新的角度去开发。

（四）开题报告的结构和写法

开题报告主要由论文题目、研究目的和意义、文献综述、拟研究解决的问题、研究价值与创新、研究的主要内容及论文提纲、参考文献、研究和论文写作进度安排等八个部分构成。各高校开题报告表格设置的具体内容或有不同，但一般都应具备以上几项。

1. 论文题目

题目是论文研究内容的高度概括，是整篇论文的研讨中心。题目拟定要注意以下几方面：

（1）题目应精练而完整地表达文章的本意，但切忌简单地罗列现象或陈述事实。

（2）题目要体现研究的侧重点，要呈现研究对象及要解决的问题。

（3）题目要新颖、简洁，不超过20字。如果确因研究需要，可以采用主副标题。

2. 研究目的和意义

研究目的即回答为什么要研究，交代研究的理论和实践意义，切忌空洞无物的口号。在简单介绍论文所研究的问题的基本概念和背景之后，简明明了地指出论文所要研究的具体问题及解决该问题对学术发展或社会实践的推动作用。

3. 文献综述

文献综述即评述国内外相关问题研究现状。在论文写作过程中，文献是我们文章的理论基础和实践支撑，在理论和实践上都具有一定的价值。

作文献综述,要以查阅文献为前提,所查阅的文献应与研究问题相关,但又不能过于局限。文献综述很容易犯两方面的错误,一是高度地加以概括和总结,三言两语就结束了;二是把所有的文章和书本都一一罗列上去。文献综述的目的在于帮助我们理清思路,看前人是如何研究的及已有哪些方面的研究成果,是对学术观点和理论方法的整理,具有评论性。因此要带着作者本人批判的眼光来归纳和评论文献,而不仅仅是对相关领域学术研究的"堆砌"。评论的主线要按照问题展开,别的学者是如何看待和解决你提出的问题的,他们的方法和理论是否有缺陷? 在作文献综述前,首先要针对该课题进行广泛的资料收集,如该领域的核心期刊、经典著作、专职部门的研究报告等。

4. 拟研究解决的问题

这部分要明确提出论文所要解决的具体学术问题,也就是论文拟定的创新点。评述就这一问题在学术界已经提出的观点、结论、解决方法、阶段性成果,以及上述文献研究成果的不足,进而提出本论文准备论证的观点或解决方法,简述初步理由。而本论文观点或方法正是需要通过论文研究撰写所要论证的核心内容,提出并论证它是论文的目的和任务,因而并不是定论,研究中可能被推翻,也可能得不出结果。开题报告的目的就是要请专家帮助判断你所提出的问题是否值得研究,你准备论证的观点或方法是否有研究的可行性。

5. 研究价值与创新

研究价值与创新主要阐明选题的理论价值和实践意义,介绍该选题研究的创新点。研究的价值与创新应立足于选题和自身实际,不能把与选题无关或自己根本不可能实现的内容罗列上去。

6. 研究的主要内容及论文提纲

初步提出整个论文的写作大纲或内容结构,是对"论文拟研究解决的问题"的更具体的说明。开题报告包含的论文提纲可以是粗线条的,是一个研究构想的基本框架,可采用整句式或整段式提纲形式。在开题阶段,提纲的目的是让人清楚论文的基本框架,没有必要像论文目录那样详细。

7. 参考文献

开题报告中应包括相关参考文献的目录,一方面可以反映作者立论的真实依据;另一方面也是对原著者创造性劳动的尊重。

参考文献的格式要规范,其顺序为论文作者、论文题目、出版社或刊物名称、出版日期。另外,每部分的标点符号都有明确规定,字号一般用小五号。对于来源渠道不一样的文章,要分别用大写英文字母标明其文章类型。

8. 研究和论文写作进度安排

研究阶段主要是指从选题思考阶段到论文成熟阶段。对研究阶段的进度安排,一定要细化。要明确各阶段的研究目标和任务,合理分配各阶段的时间、步骤,有计划地进行研究和论文写作。

三、毕业论文

(一)毕业论文的含义

毕业论文是高等学校毕业生提交的有一定学术价值和学术水平的文章。它是大学生的理论知识学习到从事科学技术研究与创新活动的最初尝试,是对大学生在读书期间所学各种基础课和专业课的一次总的测试、全面的考核。目的在于培养和锻炼学生综合运用所学知识和技能,理论联系实际,独立分析解决实际问题的能力及进行科学研究的能力。在我国,高等院校学生的毕业论文可以作为在申请授予学士学位、硕士学位或博士学位时,供评审学位使用的学位论文。

（二）毕业论文的作用

毕业论文是教学科研过程的一个环节,也是学业成绩考核和评定的一种重要方式。毕业论文的目的在于总结学生在校期间的学习成果,培养学生具有综合地、创造性地运用所学的全部专业知识和技能解决较为复杂问题的能力,并使他们得到科研研究的基本训练。

毕业论文也是对大学生毕业后从事科学性研究和工作的一次初步训练。在科学研究的实践中,学生可以熟悉科学研究和论文撰写中的基本环节、程序和方法,初步确定科研方向,为今后从事科研工作打下基础。大学生在毕业论文的写作过程中,能够比较充分地展现自己的成绩和才华,学校和用人单位能从毕业论文的写作和答辩中发现人才、推荐人才。

通过毕业论文的写作,可以使大学生熟悉科学研究论文写作的基本方法、基本的论文格式与规范,初步了解科研工作的一些技巧,了解本专业方向的一些研究内容,掌握文献资料查找的基本方法。

（三）毕业论文的特点

1. 学术性

毕业论文是对某一学术领域的专题进行专门系统的研究。无论是宏观研究还是微观研究,都应注重对有关本源、现状、特点、功能、关系的把握,抓住事物的有机联系和本质特点,抽象出带有强烈理论色彩的、具有普遍指导意义的规律性的东西,从而使其带有浓厚的学术性。

2. 创造性

毕业论文强调阐述个人的独到见解,其内容应有所发现、有所发明、有所前进,而不是重复、模仿、抄袭前人的研究成果。具体而言,一是提出前人从未提出过的新观点、新理论或发现那些尚未被人们认识的客观规律,并提出自己的新理论。这一点对应届大学生来说有较大难度,但也并非高不可攀。二是所研究的问题前人已进行过大量研究,则可以在吸收前人成果的基础上,继续进行探索,以新的材料、从新的角度提出自己的观点。三是对旧说或通说的商榷之中体现自己的创见。

3. 科学性

科学性是指撰写者首先要具有严肃认真的科学态度,要用科学的原理和方法去研究、探索,要以探求客观真理、提示事物规律为目的。它要求作者从客观实际出发,用通过观察、调查、实验所掌握的大量有说服力的材料作论据,通过对论题作细致、深入的研究和分析及运用逻辑思维加以论证,准确地表达作者的学术观点和主张。科学性决定着论文的成败。

4. 专业性

专业性一是指毕业论文在内容上专业性强;二是指多用专门学术术语。"术业有专攻",一篇学术论文要对某一问题进行研究,往往带有明显的专业指向性,即便是跨学科的研究也仅是以某几个专业为知识基础。专业性的内容必然要求较多地运用某一方面的专业术语予以表达,例如:经济学论文,须多用经济学术语;法学论文,须多用法学术语等。

（四）毕业论文的结构

毕业论文一般由前置、正文、附录、尾部四部分构成。

1. 前置

各高等院校根据实际情况,对毕业论文的前置部分制定了相关的格式标准,学生只需要根据其规定填写相关内容即可。

（1）标题

标题是文章的眉目。各类文章的标题,样式繁多,但无论是何种形式,总要以全面或不同的侧面体现作者的写作意图、文章的主旨。毕业论文的标题一般可分为总标题、副标题和分标题三种。

总标题是文章总体内容的体现。标题可以高度概括全文内容,便于读者把握全文内容的核心,如《关于经济体制的模式问题》、《经济中心论》、《天津方言特点浅析》。标题也可以只对文章内容的范围作出限定,一方面是文章的主要论点难以用一句简短的话加以归纳;另一方面,交代文章内容的范围,可引起同仁读者的注意,以引起共鸣,如《试论我国农村的双层经营体制》。

副标题是为了点明论文的研究对象、研究内容、研究目的,对总目标加以补充、解说,如《〈傲慢与偏见〉中的反讽——基于言语行为理论的研究》。

分标题的设置是为清楚地显示文章的层次。有的用文字,一般都把本层次的中心内容昭然其上;也有的用数码,仅标明"一、二、三"等的顺序,起承上启下的作用。需要注意的是,无论采用哪种形式,都要紧扣所属层次的内容,紧密联系上下文。

（2）作者与专业班级

作者属于论文的责任者之一。根据文责自负的规定,论文应署上作者的姓名,所在院系、专业、班级的名称。

（3）内容摘要

内容摘要是全文内容的缩影。在这里,作者以极简的笔墨,勾画出全文的整体面目,提出主要论点,揭示论文的研究成果,简要叙述全文的框架结构。内容摘要是正文部分的附属部分,一般放置在论文的篇首。

写作内容摘要的目的在于使指导老师在未审阅论文全文时,先对文章的主要内容有大体了解,知道研究所取得的主要成果和研究的主要逻辑顺序;也使其他读者通过阅读内容摘要,就能大略了解作者所研究的问题,假如产生共鸣,则再进一步阅读全文。论文摘要要求写得简明而又全面,一般只简要叙述研究的成果(数据、看法、意见、结论等),对研究手段、方法、过程等较少涉及。

编写摘要应注意客观地反映原文内容,不得简单重复题名中已有的信息,要着重反映论文的新内容和特别强调的观点。摘要宜采用第三人称过去式的写法,如"对……进行了研究"、"综述了……"等,不应写成"我校……"等。摘要字数要求不完全一致,一般控制在200—500字。

(4) 关键词

关键词是标示文献主题关键内容,但未经规范处理的主题词。它是为了文献标引工作,从论文中选取出来,用以表示全文主要内容信息款目的单词或术语。一篇论文可选取 3—5 个词作为关键词。

(5) 英文内容摘要和关键词

英文内容摘要和关键词通常直接根据中文的内容摘要和关键词翻译,词汇和语法必须准确。

(6) 目录

根据论文各部分内容的标题及其所在页码编制目录。目录中的标题一般不能超过三级。

2. 正文

正文部分是毕业论文写作的核心和重点,一般由引论、本论、结论、注释、参考文献等构成。

(1) 引论

引论也称绪论、引言、前言,起着引导读者去领会下文内容的作用。引论应简要说明研究工作的目的、范围,相关领域的前人成果及存在的研究空白,研究设想及采用方法的预期结果和研究工作的意义。

(2) 本论

本论是毕业论文的核心部分,占主要篇幅。一般来说,本论内容应包括以下三个方面:第一,事实根据,包括通过本人实际考察所得到的语言、文化、文学、教育、社会、思想等事例或现象,提出的事实根据要客观、真实,必要时要注明出处;第二,前人的相关论述,包括前人的考察方法、考察过程、所得结论等,在理论分析中,应将他人的意见、观点与本人的意见、观点明确地区分,无论是直接引用还是间接引用他人的成果,都应该注明出处;第三,本人的分析、论述和结论等,做到使事实根据、前人的成果和本人的分析论述有机结合,注意其间的逻辑关系。

本论主要表达本人的研究成果,阐述本人的观点及其论据。这部分要以充分有力的材料阐述观点,要准确把握文章内容的层次、大小段落间的内在联系。篇幅较长的论文常用推论式和分论式相结合的方法。推论式即由此论点到彼论点逐层展开、步步深入的写法;分论式即把从属于基本论点的几个分论点并列起来,一个个分别加以论述的写法。

本论的格式,如标题的字级、字体、标题占行等,各学校要求不尽相同,但一般要符合学术论文的写作规范。

(3) 结论

结论即毕业论文最终的、总体的结论。换句话说,结论是整篇论文的结局和归宿,而不是某一局部问题或某一分支问题的结论,也不是本论中各段的小结的简单重复。结论应当体现作者更深层的认识,且是从全篇论文的全部材料出发,经过推理、判断、归纳等逻辑分析过程而得到的新的学术总观念、总见解。结论部分的标题可采用"结论"等字样,要求精练、准确地阐述自己的创造性工作,或新的见解及其意义和作用,还可提出需要进一步讨论的问题和建议。结论应该准确、完整、明确、精练。

(4) 注释

毕业论文内容涉及他人的观点、统计数据、图表或计算公式的要有出处（引注），因而采用脚注形式。中文脚注字体一般要求五号宋体，英文脚注一般要求为五号 Time New Roman 字体。在同一页中有两个或两个以上的注释时，按先后顺序编注释号，采用阿拉伯数字，编在右上角，注释内容当页写完，不得隔页。所引资料来自著作的须注明作者姓名、书名、出版地、出版社、出版年、起止页码等信息。所引资料来自期刊的须注明作者姓名、文题、刊名、出版年、卷号（期号）、起止页码等信息，卷号、期号均使用阿拉伯数码。

(5) 参考文献

在学术论文后一般应列出参考文献，这样既能反映出真实的科学依据，体现严肃的科学态度，分清是自己的观点或成果还是别人的观点或成果，也是对前人的科学成果表示尊重，同时也指明了引用资料的出处，便于检索。参考文献可以按正文中出现的顺序列出直接引用的主要参考文献，也可以分类列出。

各高校对参考文献的格式要求不完全一致。

3. 附录

对于一些不宜放入正文中但作为毕业论文又是不可缺少的部分，或有重要参考价值的内容，可编入毕业论文的附录中，例如问卷调查原件、数据、图表及其说明等。

4. 尾部

这部分为毕业论文写作格式的选择项目，需要时可以使用，包括致谢、作者及科研成果简介等。致谢用于对在毕业论文写作中给予指导、帮助、提供便利条件的单位或个人表示感谢。作者及科研成果简介是对毕业论文作者及其在校期间所取得的科研成果的简要介绍。

四、毕业设计

（一）概念及写作要求

毕业设计是学生在校学习的最后阶段，是培养学生综合运用所学知识、分析和解决实际问题、锻炼创新能力的重要环节，是学生开始从事设计、开发、制作、实验和研究的初步尝试。毕业设计报告是记录设计过程和结果的重要文献资料，是学生在指导教师的指导下所取得成果的科学表述，也是学生毕业资格认定的重要依据。学生应在完成毕业设计要求的基础上撰写毕业设计报告，毕业设计报告的撰写是学生培养过程的基本训练之一，应规范、合理，并符合有关标准和汉语语法规范。毕业设计报告应反映出学生掌握所学专业基础知识的基本情况，体现综合运用所学知识进行设计、开发、制作、实验和研究的基本能力，以及对从事的设计内容和所研究课题的心得体会。

（二）毕业设计报告撰写格式要求

1. 毕业设计报告的撰写

毕业设计报告包括题目、摘要、关键词、目录、正文、致谢、参考文献和附录等部分。

(1) 题目

毕业设计报告的题目也就是毕业设计课题名称，它是毕业设计报告中重要内容的概括，应该简短、明确,做到文题贴切。通过题目能大致了解报告的内容、专业的特点和学科的范畴。题目中不要使用非规范的缩略词、符号、代号和公式,也不宜采用提问式。题目一般不超过 20 个汉字。

(2) 摘要

摘要是毕业设计报告主要内容的提要,是报告内容不加注释和评论的简短陈述。摘要应说明毕业设计的目的、方法、结果和结论,主要包括以下内容:①毕业设计的目的与重要性;②毕业设计的主要内容,指明完成了哪些主要工作;③设计的结果或结论,突出设计的新思想、新方法、新见解;④结果或结论的意义。

摘要应具有独立性与自含性,即不阅读报告全文就可获得必要的信息,是一篇独立而完整的短文。摘要应采用第三人称的方式表述毕业设计的性质与主题,书写要符合逻辑关系,尽量与正文的文体保持一致,避免将摘要写成目录式内容介绍。摘要的结构要严谨,表达要简明,语义要确切,一般不超过 300 字。为锻炼与提高毕业生的英文写作能力,建议在报告中增加翻译成英文的摘要。

(3) 关键词

关键词是供检索用的主题词条,应采用能覆盖毕业设计报告主要内容的通用技术词条,一般列出 3—5 个。

关键词从毕业设计报告的题目、摘要和正文中选取出来,是对表述毕业设计报告的中心内容有实质意义的词汇或术语。关键词用作计算机系统标引毕业设计报告的内容特征,便于信息系统汇集,供读者检索,应尽量采用《汉语主题词表》等词表中提供的规范词。

(4) 目录

目录独立成页,包括毕业设计报告中全部章节的序号、标题及页码。

(5) 正文

正文是毕业设计报告的核心内容,包括前言、主体、结论三大部分。字数一般不少于 3000 汉字(包括标点符号、图表等,具体字数要求因学校而异)。

前言用于毕业设计报告的引论部分,一般要说明毕业设计选题的依据,设计的目的、意义、范围、思想、方法等内容,概括地写出作者的工作。前言要紧扣主题,简洁明确,不要与摘要雷同。前言还可以综述前人的工作并对现状进行分析,在此基础上说明本人将有哪些补充、纠正或发展,并简要介绍创新思想与实现方法。

主体是毕业设计报告的主要部分,应该文字简练通顺,内容实事求是,须客观真实、准确完备、合乎逻辑、层次分明、语言流畅、结构严谨、重点突出以及符合学科与专业的有关要求。设计中的用语、图形、图片、表格等应规范准确,符合国家标准。正文中出现的符号、记号、缩略词和首字母缩写字,应采用本专业学科的权威机构或学术团体所公布的,否则必须在第一次出现时一一加以说明,给以明确的定义。使用各种量、单位和符号,必须符合国家标准,单位名称和符号的书写方式一律采用国际通用符号。引用他人资料要有标注。正文中可以采用图形、表格等形式辅助论述观点或描述设计过程,适当采用程序界面、关键源程序段,并结合设计任务或研究工作进行说明,但不要大量粘贴图形和源程序(可作为附录)。

正文的主体部分主要陈述设计目标、方案论证、技术手段、设计过程、结果分析等内容。

①设计目标:明确用户需求,确定设计目标。阐述本课题的设计应为用户提供的主要功能,相应须解决的主要问题,以及最终要实现的目标。

②方案论证:提出设计思路,选择设计方案。通过分析、比较不同的设计方案,从中确定一种技术先进、经济合理的方案,同时阐明选择该方案的理由及其特点。

③技术手段:根据设计方案,选取技术手段,包括选择和确定设计的软硬件环境、开发工具、核心技术和主要算法,采用的新技术、新方法、新工艺、新材料及其他创新的内容。

④设计过程:详述设计步骤,论证设计思路。通过对设计步骤和过程的详细描述,对设计方案与原理、实现方法与手段、技术性能与流程的准确说明,借以表明自己对本课题了解、研究的程度,所掌握基础理论知识的深度和专业实践技能的高低,以及综合分析、解决实际问题的能力,同时反映自己在本课题的设计过程中付出的劳动。

⑤结果分析:总结设计结果,分析技术性能。在总结、归纳设计过程的基础上,说明设计的最终结果是否达到预期的设计目标,并对设计过程中所获得的主要数据、现象进行定性或定量分析,同时对设计成果所达到的技术指标与技术性能进行必要的阐述、分析,从而得出相应的结论或推论。

结论是对整个毕业设计报告主要成果的归纳和评价,要突出设计的创新点,做到首尾对应;结论部分一般还应对设计过程中尚存在的问题,以及需要进一步探讨的问题,作必要的阐述,并提出相应的见解、建议和设想,为更深入的研究打下基础。结论部分作为新的段落,可以用空行分隔毕业设计报告主体,不必写结论这个标题。如果结论部分内容很多,也可以设置结论作为一个标题。

(6) 致谢

致谢即对指导教师和给予指导或协助完成毕业设计工作的组织和个人表示感谢。内容应简洁明了、实事求是,避免俗套。

(7) 参考文献

参考文献是毕业设计和撰写设计报告过程中研读的一些文章或资料。要按照报告中引用文献的先后顺序,另起一页编号罗列。

参考文献是设计报告中不可缺少的组成部分。它反映毕业设计报告的取材来源、材料的广博程度和材料的可靠程度。报告中引用的文献应以近期发表的与设计工作直接有关的学术期刊类文献为主。罗列参考文献既是对被引用文献作者的尊重,也是毕业设计报告的有力补充。

为便于读者查找,应该遵循国家标准的著录格式要求书写参考文献,内容要完整准确。一般可供引用的参考文献包括四大类:著作类、期刊类、论文类和网络类。

(8) 附录

附录是与毕业设计报告有关,但不宜放在正文中,却又直接反映完成设计工作的成果内容,如程序流程图、源程序清单、公式的推导、图纸、数据表格等具有参考价值的内容。

2. 毕业设计报告的格式

题目(居中、黑体小二号字,不超过20字)

摘要(黑体小四号字)　摘要内容(宋体小四号字,不超过300字)

关键词(黑体小四号字)　关键词内容(宋体小四号字,3—5个)

目录(居中、黑体小三号字,单独一页)

序号标题…………页码(左对齐、宋体五号字)

前言(居中、宋体,小四号字)

前言内容(正文格式:两端对齐、宋体五号字,首行缩进2个字符)

1　标题1(左对齐、黑体三号字)

1.1　标题2(左对齐、黑体小三号字)

1.1.1　标题3(左对齐、黑体四号字)

1.1.1.1　标题4(左对齐、黑体小四号字,缩进2个字符)

正文内容(正文格式)

结论内容(正文格式)

致谢(标题2格式)

致谢内容(正文格式)

参考文献(标题2格式)

典型文献著录格式如下(左端对齐、宋体五号字)

①著作类

[序号]作者.书名.版次.出版地:出版者,出版年:引用部分起止页码.

②期刊类

[序号]作者.文章名.学术刊物名,年,卷(期):引用部分起止页码.

③论文类

[序号]作者.文章名.出版地:出版者,出版年:引用部分起止页码.

④网络类(包括电子文献)

[序号]作者.电子文献题名[电子文献及载体类型标识],发表或更新日期/引用日期.电子文献的出处或网址.

附录(标题2格式)

附录内容(两端对齐、宋体五号字,首行缩进2个字符)

图号(宋体小五号,置于图片下方正中),图号的格式为:图号+图名,如:"图1　系统结构"。

表号(宋体小五号,置于表格上方正中),表号格式为:表号+表名,如:"表1　系统功能分配表"。

第二节　求　职　类

一、求职材料

随着时代的发展,求职成为人们日常生活中的一项重要内容。一份完整的求职材料应包括简历、求职信和支撑材料三部分,在某些特殊情况下也可以附加一份推荐信。

(一)简历

1. 简历的基本内容

简历最好设计成表格的形式,因为表格体现信息可以更明朗化。作为个人情况的简历,一般包括以下内容：

（1）个人基本情况。包括姓名、性别、出生年月（年龄）、籍贯、文化程度、政治面貌、联系方式（固定电话、手机号、电子邮件、详细联系地址、邮政编码）等。

（2）个人履历。包括教育背景（如果是本科生，则从中学填起；如果是硕士研究生及以上，则从本科填起）、所学专业课程（与谋职单位有重要关系的课程要放在显眼的位置上）、外语和计算机情况、获奖情况、发表文章情况（本科生所发表的杂感、评论等都可以）、导师或者名人的推荐信（手写体，如较多，可放置于第三部分附件里）、参加实习和社会活动情况、配偶状况等。如果是硕士研究生及以上学历求职，应该突出自己的科研成果；如果是有长时间工作经验的跳槽者，应该突出自己以往的工作经历和工作业绩。

2. 简历的写作要求

（1）客观性

简历中的内容都是客观的，最好使用一些数字，有数字支持的成就是最好的说服工具。

（2）针对性

应该针对不同的单位、不同的应聘岗位、不同的求职目标，做出相应的调整，做到有针对性，不能一份简历"打天下"。

（二）求职信

1. 求职信的概念

求职信又称自荐信，是求职者根据用人单位岗位需要或自己的求职愿望，向其介绍自己的情况、举荐自己的专用书信。求职信主要用于展示求职者的才能，增强沟通，帮助用人单位了解求职者的基本情况，从而获得面试机会。

2. 求职信的特点

（1）针对性

写求职信必须针对用人单位的实际情况、自己条件的实际情况，针对读信人的心理，针对自己的求职目标。

（2）自荐性

求职信是沟通求职者与用人者的一种媒介，在相互不了解的情况下，求职者要恰如其分地展现自己，用你的"闪光点"吸引对方，以期引起用人单位的兴趣。

（3）竞争性

择业、择人是双向选择，求职、应聘就是竞争。想要在竞争中取胜，必须突出自己的优势，而且要将证明自己优势的材料附上，如科研成果、学术论文、获奖证书、学历证书、各种等级证书和资格证书等。

3. 求职信的写法

求职信的书写格式，一般包括标题、称呼、正文、敬语及落款五部分。

（1）标题

标题可直接标明文种"求职信"、"求职书"、"自荐信"、"应聘信"，首行居中位置。

（2）称呼

称呼即写单位名称或联系人、负责人姓名。在第一行顶格单独写，称呼后要用冒号，表示下面有话要说。求职信的称呼一般视具体情况而定，一般可称呼"××公司"、"××经理"、"××先生(女士)"等。有时,还可以在称谓前面加上表示尊敬的词语,如"尊敬的××"来称呼。

(3) 正文

正文是求职信的主体也是求职信的重点,它一般包括以下几个部分。

①问候语。问候语是对收信人礼貌的表示。写在称呼下一行,缩进两个字符,用感叹号。一般写上"您好"、"近好"即可。如果收信方是某单位的话,可省略问候语。

②写明求职信息的由来与要申请的职位。开头通常要说明写信的由来,因为求职者一般是看到了哪里登的招聘广告或听到别人介绍后才写的求职信。求职信可以开门见山地写"本人求学期间就十分仰慕贵公司,近日看到《×××报》招聘×××一名,更激发我到贵公司求职的渴望"。

如果不知道目标公司是否需要招聘新人时,你可以写一封自荐信去投石问路,如"久闻贵公司实力不凡,据悉贵公司欲开拓省外市场……故冒昧写信自荐,热切希望早日加盟贵公司。我的基本情况如下……"。

③说明自己能胜任本岗位工作的各种知识和技能。雇主们都想知道你可以为他们做什么,他们最关心的是你有哪些专业知识、才能,过去和近一段时间干过或正在干什么。说明能胜任申请职位的各种能力,是求职信的核心部分。目的就是要明确表明自己具有的专业知识和社会实践经验,以及与工作要求相关的特长、兴趣、性格和能力。对想要申请的职位,如果在竞争中处于劣势或者自身存在不足之处,必须在求职信中巧妙地化劣为优,在信中要表达自己对职位的理解,效果远远胜过表达自己对职位的兴趣。

另外,还要表达希望被录用的愿望。先说明自己对本工作的喜爱和迫切的心情,再谈谈入选后的想法、打算或计划,增强用人单位录用你的决心。

④提出希望和要求。感谢对方阅读并希望用人单位能予以接纳、恳请对方给予回复等。在正文即将结束时,简单概括一下全文的内容,加深收信人的印象。求职信常用的结束语有"如蒙赐复,不胜感激"、"若认为本人条件尚可,请惠予面试,本人将准时赴试"等。

(4) 敬语

出于礼节,信的最后往往写上简短的表示敬意、祝愿之类的祝词。常用的有"此致敬礼"、"愿贵公司鹏程万里,事业发达"等。

(5) 落款

在结尾语右下方写上求职人姓名,可以用"敬上"或"谨呈"等词以示礼貌和谦逊。姓名下面写日期,成文日期要年、月、日俱全。如用打印机打出,在求职人姓名处最好使用亲笔签名。

4. 注意事项

(1) 杜绝错别字

求职信中字词的选择能反映一个人做事是否仔细、严谨。一篇内容不错的求职信,往往会因为错别字而产生不好的效果。在实际生活中,由于计算机打印问题而出现的错别字现象较为普遍,因而要认真校对。

(2) 措辞要礼貌

有的求职者求职心切,但处理不好容易引起用人单位反感。例如,"我家人都在某市,故很想去贵单位就职",本来可能是要表达去了以后能安心,但给人感觉你是为和家人在一起

才去应聘的,对单位并不感兴趣;"望×月×日前复信为盼",表面上看相当客气,但却限定对方时间,容易引起反感。

(3)少用简写词语

用于实际生活中的简称不能写在求职信中,如将自己的毕业院校简称为"大"、"院"等,容易使招聘人员产生误解,认为求职者态度不庄重,影响录用。

(4)特色要突出

没有任何针对性的求职信很难让求职者在众多的求职者中"脱颖而出",因此一封有特色、针对性强的信就成为求职信奏效与否的"生命线"。

(三)支撑材料

如果说简历和求职信分别是客观自我和主观自我的展现,那么支撑材料则是主客观自我的证明。支撑材料主要包括学历、职称、立功受奖等证明的复印件,科研成果、各种资格考试证明(计算机等级证书、英语四六级证书或成绩单等)的复印件,已发表文章、实验成果、专业课程成绩单的复印件,导师或名人推荐信的复印件。

(四)求职材料的写作要求

求职材料的写作要求有以下四点:一是定位准确;二是实事求是;三是态度诚恳;四是装订完整。求职材料要加封面,封面一般包括图案设计、学校名称、姓名、专业等内容。封面图案可以根据自己的兴趣爱好进行个性化设计或者使用学校的徽标,要求做到简单大方,有象征意义。

【实例7-2】

个人简历

基本信息	姓名	张明	性别	男	出生年月	1995.9	相片
	民族	汉	户籍	广东东莞	目前所在地	广州	
	政治面貌	中共党员	学历	本科	专业	法学(法律)	
	毕业院校		广东外语外贸大学				
联系方式	电话	×××××××××××			E-mail	×××××××××××@qq.com	
	通信地址	××××××××××			邮政编码	×××××××	
教育简历	2009年9月—2012年7月 就读于东莞市××××中学						
	2012年9月—2016年7月 就读于广东外语外贸大学法学院法学(法律)专业						
主要学习课程	法理学、宪法、民法、刑法、经济法、商法、知识产权法、行政法与行政诉讼法、民事诉讼法、刑事诉讼法、国际经济法、国际法、国际私法、中国法制史、法律逻辑、司法文书、亲属法等						

实践经历		2013年9月—2014年7月　任法学2班班长
		2014年9月—2015年7月　任法律系学生会副主席、普法协会副会长
		2015年9月—2016年7月　任法律系学生党支部支委会委员
		2015年3月—2016年3月　任××市金海岸中学初二4班法制助理班主任,从事法制宣传
		2015年7月—2015年8月　在××市博大电子有限公司实习,从事办公室实务工作
		2016年3月—2016年6月　在××市金海区司法局顶岗实习,从事司法行政工作实务
获奖情况		2014年5月　××区益街道2012年度"优秀青年志愿者"
		2015年7月　市"优秀学生班干部"
		2015年9月　被评为校"优秀社团会员"、"优秀法制助理班主任"
		2015年11月　校奖学金、校"十佳学生干部"
		2015年12月　校诗歌征文比赛二等奖
		2016年6月　校"优秀共产党员"荣誉称号
个人能力	能力证明	全国计算机二级、英语四级、办公自动化高级证书,通晓国语、粤语、潮汕方言
	爱好特长	演讲　足球　音乐
个人评价		本人性格开朗、稳重、有活力,待人热情、真诚。对工作认真负责,积极主动,能吃苦耐劳,有较强的组织能力、实际动手能力和团队协作精神,能迅速地适应各种环境,并融入其中。曾多次组织策划学院学生会、社团的各类活动,具备相应的组织领导能力;积极参加社会实践活动,先后于博大电子有限公司、金海岸中学、金海区司法局等单位进行实习,锻炼自己不怕苦、不怕累的作风;注重自身道德的修养,热心公益事业,多次参加无偿献血、义务劳动及捐款活动,主动向党组织靠拢,终于成为一名共产党员,并获得学校"优秀共产党员"的光荣称号
求职意向		行政管理　法务专员

【实例评析】

这份大学生表格式求职简历介绍了求职者的联系方式、教育简历、在校的学习情况、获奖情况以及个人评价等个人基本情况,不尚空谈而注重以事实说话,结构清晰,信息具体。

应用写作

【实例 7-3】

求 职 信

惠州市公路局：

　　我是广东交通学校公路与桥梁专业四年级学生，惠州市区人，将于今年七月份毕业。我希望毕业后到贵局工作，为家乡的公路建设贡献一分力量。

　　在校期间，我认真学习，比较扎实地掌握了一定的专业理论和技术，学习成绩一直名列前茅，连续三年被评为"三好学生"，还担任校团委文体部委员。虽然我是个女生，但不怕吃苦，一样可以胜任工作。在半年多的实习里，我在茂名市电白区国道325线改建工程工地上参加过施工监理、质检等工作，被评为实习优秀分子。平时还常协助老师运用计算机研究设计，获得了国家颁发的"计算机初级程序员"资格证书。

　　不知贵局是否同意接收，如蒙录用，我一定虚心学习，勤勉工作。现将本人简历、学校推荐表等资料随函呈上。如有答复，请回信或寄一份公函给学校学生科。

　　此致

敬礼

陈婉婷上
2019 年 1 月 10 日

【实例评析】

　　此求职信是大学毕业生所撰，求职单位目标明确。求职信中主要介绍了求职者的专业、所掌握的知识结构和所具有的能力。语言真挚、恳切，有一定的求职针对性。

【实例 7-4】

求 职 信

尊敬的先生/小姐：

　　您好！

　　我从报纸上看到贵公司的招聘信息，我对网页兼职编辑一职很感兴趣。

　　我现在是出版社的在职编辑，从 2013 年获得硕士学位至今，一直在出版社担任编辑工作。五年来，对出版社编辑的工作已经有了相当的了解和熟悉。经过出版者工作协会的正规培训和拥有五年的工作经验，我相信我有能力承担起贵公司所要求的网页编辑任务。

　　由于编辑业务的性质，决定了我拥有灵活的工作时间安排和方便的办公条件，这一切也在客观上为我的兼职编辑工作提供了必要的帮助。基于对互联网和编辑事务的精通与喜好，以及我自身客观条件和贵公司的要求，我相信贵公司能给我提供施展才能的另一片天空，而且我也相信我的努力能让贵公司的事业更上一层楼。

　　我能熟练使用 Frontpage 和 Dreamweaver 等网页制作工具，本人也做了一个个人主页，日访量达到了 200 人左右。通过互联网，我不仅学到了很多在日常生活中学不到的东西，而且在计算机前轻点鼠标就能尽晓天下事的快乐，更是别的任何活动所不及的。

　　即使贵公司认为我还不符合你们的条件，我也将一如既往地关注贵公司的发展，并在此致以最诚挚的祝愿。
　　此致
敬礼

求职者:杨亿

2018年11月18日

【实例评析】
　　此求职信是在职人士所撰,主要是寻求一份兼职工作。求职信中主要介绍了求职者的学历、现在的工作情况以及所具有的专业能力,力证自己非常符合这个工作岗位,并对求职单位的态度也表达了自己的愿望。

(五)推荐信

1. 推荐信用途

　　推荐信是一个人为推荐另一个人去获得某个职位、参与某项工作或求学等所写的信件,常用于留学申请和求职等。

2. 基本格式和要求

　　(1)推荐者姓名、职位、单位名称、地址等。
　　(2)简单介绍推荐人自己的背景、自己与被推荐人的关系、推荐他/她的目的。
　　(3)陈述被推荐人的工作经历或个人特点,如:在工作、学习、为人、性格等方面的优点,重点突出他/她的技术、完成的任务、对公司或社会的贡献等。
　　(4)结尾部分向收件人表示感谢和期待。
　　(5)信件寄送方式可以是书信,也可以是电子邮件,据对方具体要求而定。
　　(6)语气热情诚恳,推荐的内容实事求是。
　　(7)信文篇幅以一页为宜,但也不能寥寥数语,敷衍了事。
　　(8)精心组织正文内容。

3. 正文内容

　　正文内容一般包括以下几个方面,应予以精心组织。
　　(1)为便于对方查阅、归档,正文部分应尽快提及被推荐者的全名,其所用字母、大小写、连写和分写等拼写法,应与被推荐人的申请信或简历上的拼写法完全相同。
　　(2)开宗明义,表明态度,说明自己乐意推荐某人,自己同被推荐人之间的关系。
　　(3)接下来可介绍与推荐人何时认识、熟悉程度、有何联系等内容。
　　(4)正文中的重点是对被推荐人的人品、能力、性格特点作介绍。尽可能做到言简意赅、点面结合。
　　(5)正文的最后部分,一般以提出建议作为结束,即推荐人建议校方或用人单位对被推荐人的申请惠予考虑,录取或聘用被推荐人。此外,也可就对方接受自己的推荐表示谢意并结束全文。
　　(6)签名之后应注明推荐人的职衔或职称。如果使用的是普通信笺,而不是带有信头的公文信笺,不便于对方联系,最好在职衔或称呼之下再注上推荐人的通信地址(包括单位名称、地址、电话、邮政编码等)。

【实例 7-5】

A Letter of Recommendation

Admissions, University of Kentucky
Library Science Program
320 Lucille Little Fine Arts Library,
Lexington, KY 40506-0224

Dear Sir/Madam,

  I'm writing you on behalf of Rachel Barnett about the Master's program in Library Science at your university. I'm a university instructor and doctoral student based in Wuhan, China. I recruited Rachel to work at my alma mater last year and served as the liaison between her and the university. I got to know Rachel during her tenure at our university and therefore I'm able to whole-heartedly recommend her to your program.

  Rachel taught conversational spoken English to first and second year university students who major in foreign language. She also taught an IELTS course for accounting students and voluntarily conducted an informal speaking group for students who are planning to study abroad.

  Rachel is a hard-worker. She thoroughly planned her lessons far beyond the expectations of her superiors and was dedicated to making herself available to the students. She can command a class well and her gentle personality makes her easily approachable for students. She even aided me in my own academic research by providing relevant materials and appearing in a videotaped interview. Rachel was always a pleasure to be around. Because of her personable demeanor and strong work ethic, I absolutely believe the traits that made her a great asset to our university are the same traits that will make her an excellent candidate for your program.

  Therefore, I'm able to enthusiastically and without reservation endorse Rachel for the Master's program in Library Science at the University of Kentucky. If given this opportunity, I know she will be successful and that she'll prove to be an immense credit to your institution.

  Rachel projects all the best qualities of an honorable and beautiful American person that I can think of. I would be more than glad to provide more information on Rachel's work performance or other details that I have knowledge of upon request.

  Sincerely,
  Li Ming(Chinese Signature:)
  Position: Instructor of Foreign Languages School, Dean's Assistant
  Email: jccug_teachers@126.com
  Contact Phone Number: 0086 1898 * * * * * * (cellphone)   0086 27 8182 * * * *(office)
  Fax Number: 0086 27 8182 * * * *

School homepage website:http://www.wuhues.com/

Address:Number Te 8, Xiongtingbi Street, Zifang, Jiangxia District, Wuhan City, Hubei Province,China

Post code:430200

Wuhan University of Engineering Sciences
March 26th,2019

推 荐 信

肯塔基大学招生办公室
图书馆学课程
320 露西尔小美术图书馆,
列克星敦,肯塔基州 40506-0224

尊敬的先生/女士:

  我是代表雷切尔·巴奈特就贵校图书馆学硕士项目致函。我是中国武汉的一所大学的讲师和博士生。去年,我招募雷切尔到我的母校工作,并担任她和大学之间的联络人。我在大学任职期间认识了雷切尔,因此我能够全心全意地推荐她参加贵校该硕士项目。

  雷切尔为主修外语的一年级和二年级大学生讲授会话英语口语。她还为会计专业学生教授雅思课程,并自愿为计划出国留学的学生组成一个非正式的演讲小组。

  雷切尔是一个勤奋的人。她备课认真透彻,远远超出了她的上司的期望,并致力于让学生自己可以使用。她可以很好地掌握一门课程,她温柔的个性使学生很容易接近她。她甚至在我自己的学术研究中帮助我提供相关材料并出现在我制作的录像采访中。雷切尔总是乐于助人。由于她风度翩翩的行为和强烈的职业道德,我绝对相信她拥有成为我们大学的重要资产的特质,同样,她也将成为贵校硕士项目的优秀候选人。

  因此,我能够热情而毫无保留地赞同雷切尔获得肯塔基大学图书馆学硕士项目入学资格。如果有这个机会,我知道她会成功,并且她将证明她自己会成为贵单位的一个巨大的荣誉。

  雷切尔展示了我能想到的一个正直而美丽的美国人的所有最佳品质。如有需要,我很乐意提供有关雷切尔工作表现的更多信息或我所了解的其他细节。

李明(中文签名:)
岗位:外国语学院讲师、院长助理
电子邮件:jccug_teachers@126.com
联系电话:0086 1898******(手机) 0086 27 8182***(办公室)
传真号码:0086 27 8182***
学校主页:http://www.wuhues.com/
地址:武汉市江夏区纸坊熊廷弼街特8号
邮政编码:430200

武汉工程科技学院
2019 年 6 月 25 日

二、申论

(一) 申论的含义

申论是国家公务员考试的一种形式。申论主要通过应试者对给定材料的分析、个人概括、提炼和加工,测查应试者解决实际问题的能力,以及阅读理解能力、综合分析能力和文字表达问题能力。申论的命题结构是根据材料设置各类问题,而材料又以某一社会问题或现象为内容。申论命题结构的三个构成要素是材料、题型和社会问题,而材料构成了题型和社会问题的基础。换句话说,作为面向不同门类、不同职位考生的公共科目,申论考试所给的材料内容非常广泛,但又是应考者在生活、工作中经常接触到的或者社会中的热点问题。考生得到的信息涉及政治、经济、文化、法律等诸多方面,这就要求应试者必须"世事洞察"、"人情练达",具有尽可能多的知识储备。

(二) 申论的特点

1. 考核形式的多样性

申论考试由概括部分、方案部分、议论部分三个方面组成。就文体而言,概括部分既可能属于记叙文、说明文、议论文其中某一形式,也可能综合了多种文体形式,或者可能是应用写作中的公文写作。方案部分则纯粹是公文写作。从这个意义上说,申论既考查了普通文体的写作能力,也考查了公文写作能力,具有灵活多样性。

2. 考核材料的广泛

为了考查应试者的综合能力和素质,申论所给定的写作材料的范围极其广泛,内容涵盖了政治、经济、法律、教育等社会问题的诸多方面。给定资料所反映的问题主要立足于考察应试者的分析和判断能力,不论涉及哪方面的内容和观点,都会让每个应试者均有话可说。

3. 考核目标的针对性

申论考试的针对性很强,即主要考察应试者的阅读、分析、概括和解决问题的能力。体现在题目中主要有分析、概括两个方面,然后还须在此基础上进行论述,这主要是考查考生的思辨能力。在应考时,考生要仔细阅读材料,理清其间的逻辑关系;对其中的复杂事件,要抓住主要问题;对尚有争议的事件,要分清各方面意见。在抓住主要问题的基础上,考虑给出的条件、环境,结合社会现实,进行综合考虑,作出正确的判断,提出可行的解决方案,力争做到合情合法,切忌提出一些过于理想化的、超越现实的东西。

(三) 申论的写作要领

1. 潜心阅读,准确概括

根据申论考试要求,应试者要在 40 分钟左右的时间内通过快速阅读,弄通复杂的材料并理出头绪,找出问题,准确概括。在这一环节中,切忌匆匆浏览、仓促动笔、边写边看,否则会导致"返工",从而浪费时间,更容易忽略重要细节或事实,甚至挂一漏万或偏离材料主旨。所以考生在拿到材料后,要像参加外语考试中的阅读理解一样,运用意群阅读法集中精力潜心阅读。在阅读的过程中,要迅速完成四个任务:材料分类、寻找共性、抓住特点、准确概括。

材料分类就是把所占有的材料按一定的标准分类,分类的关键在于对材料的分析、研究。只有吃透材料,才能认清材料的性质,估价材料的意义,掂量材料的作用。如果对所占有的材料没有深刻的理解,就不可能进行分类。寻找共性就是由此及彼、由表及里的找出全部材料所存在的共同点,在分类的基础上,深入分析材料,研究每个材料之间的内部联系,进一步寻求材料中存在的共同点。找到了事物的共同点就把握了事物的本质,主旨就具有强烈的共性。抓住特点就是运用比较分析的方法,抓住事物的特点,找出主要问题。准确概括就是在头脑中迅速将材料排列组合,分清主次,确定取舍,找出事件的核心,并用150字左右(有的要求200—250字)的篇幅将主要问题概括成文。

2. 确定主旨,提出对策

申论考试的第二部分,是要求考生以"某职能部门工作人员"的身份,针对阅读材料中的问题提出自己的处理意见。这可以看作公务员处理公务的预演,考生要站在一个国家公务员的工作角度思考、分析问题,并紧扣社会现实。

主旨又称为"意",是作者对事物的认识和评价,是作者写作的核心意图。它是一种观念形态的东西,如果没有认识的飞跃,没有思想的升华,便无法确立新颖主旨。因为主旨是化无形为有形、融思维于载体的出发点。材料与主旨之间的关系,是一个双向互动的辩证关系。材料好比蚕,主旨好比丝,至于抽出的丝要织成什么锦缎,那就是主旨如何具体驾驭材料、统帅材料的问题了。作者在炼意时,浓缩性要强,结晶度要高,蕴涵量要大。而提炼主旨一定要从个人、本地区、本部门的实际情况出发,善于把对象放在整体和全局中去分析、比较、衡量,充分抓住事物的修改特征及其本质意义。只有从实际出发,抓住事物本质,提出的方案才能有的放矢、切实可行,才有社会价值。

提出对策是申论写作的关键一环,目的是考察应试者的思维开阔程度,以及解决实际问题的能力。考生应尽可能自出机杼,提出解决方案。对策是针对背景材料所反映的主要问题的解决方案,有很强的限制性,一定不能超出资料给定的范围和条件,并且方案应切实可行。要做到这一点,除了与材料吻合外,还要考虑到国情、民情、政策、法律等综合因素。在提出方案时,要考虑五个方面的问题,即采用把方案置于大局中去观察的方法筛选,力求方案的全局观念;采用政策对照的方法筛选,力求方案的实践观念;采用权衡各阶层利益的方法筛选,力求方案的群众观念;采用向前看的方法筛选,力求方案的发展观念;采用比较的方法筛选,力求方案的辩证观念。而且,这部分的写作特别要注意表达的客观性、内容的科学性。语言也应该简洁、明晰、准确、朴素、通俗易懂。

3. 论证分析,鞭辟入里

论证分析是申论写作的最后环节。在一定意义上说,这才是名副其实的"申论"。考生应充分利用给定的材料切入问题的要害,阐述见解,论证方案的合理性。前面的步骤不可大意,最后的环节则尤其要重视。因为这一部分字数多,分值高(占总分的50%),是申论的核心,而且论证是否有力直接关系到方案能否被认可。因此,在论证写作时应拟一个简要的提纲,这样有利于文思畅通、逻辑严密。在定作中,首先是选好议论的角度。申论考试的材料涉及面广,背景较为复杂,这样的事件显示的本质特征往往不止一个。这就要从客观实际的需要出发,写出的文章才会有深刻的社会意义和重要的社会价值。

练 习 题

一、填空题

1. 求职信具有_____、_____和_____三个特点。

2. 毕业论文一般由_____、_____、_____、_____四部分构成。

3. 申论主要通过应试者对给定材料的分析、个人概括、提炼和加工，测查应试者解决实际问题的能力，以及_____能力、_____能力和文字表达问题能力。

二、改错题

病文诊断：下面是一位同学应聘某地铁公司站务员的求职信，请认真阅读，根据求职信的写作要求，指出其存在的问题。

求　职　信

尊敬的公司领导：

　　您好！

　　首先感谢您能抽出宝贵的时间来看我的自荐信。我叫姜玉树，现年22岁，身高174厘米，来自四川峨眉山，是××××××学院精品班——城市轨道专业2019届毕业生。今天我怀着快乐而又激动的心情呈上这份求职信。之所以激动，是我决定到贵公司，实现共同的辉煌。在三年的大专生活中，我勤奋刻苦，力求向上，努力学习基础与专业知识，三年来，各学科没有补考的记录，专业学科成绩优良，在校期间曾被评为优秀团员和优秀学生干部。普通话达到国家标准水平，计算机已拿到国家四级等级考试证书，同时英语也达到了国家四级水平。

　　三年的学习生活，铸就了我勤奋诚实、积极热情的性格，培养了我拼搏向上的精神，提高了自我判断、策划、协调等多方面能力，为自己注入了全新的营养，为今后的工作打下了良好的基础。由以上情况可知，本人适合担任地铁站务员工作，能与外国人交流，为他们指引方向。哪里需要就往哪里跑，随叫随到，有一分光发一分热。让乘客上下车井然有序，老幼病残有专人护理，到地铁站就像到自己家一样幸福温馨！

　　实践是检验真理的唯一标准。所以每年我利用放假时间参加了春运、暑运！了解到怎样工作才能让乘客满意、旅客放心，并且我还参观了地铁设施，查阅了大量的资料，对地铁方面的规章制度、管理要求都比较清楚！我想，一个人只有把聪明才智应用到实际工作中去，服务于社会，有利于社会，让效益来证明自己，才能真正体现自身的价值！虽然现在应聘的只是一名普通的站务员，但我坚信，不久后我一定会有惊人的进步和提升，能够担任更高一级的职务。路是一步一步走出来的，只有脚踏实地，努力工作，才能做出更出色的成绩！

　　通过我的这封求职信，能使您对我有一个更全面深入的了解，我愿意以极大的热情与责任心投入贵公司的发展建设中去。您的选择是我的期望，给我一次机会，还您一份巨大的惊喜。

　　此致

敬礼！

求职者：姜玉树
2019年5月2日

三、根据给定资料,对调研组的调研材料,从成绩、问题和建议三方面进行概述。

N市为推动"中国制造2025"试点示范城市在本地落地实施,组成调研组对本市制造业情况进行了调研。下面是调研所形成的材料。

我市已经基本形成了比较完备的智能制造政策框架体系,智能制造试点示范工作稳步推进,智能制造创新平台和核心技术突破初见成效,龙头企业智能化转型和区域集聚加快形成,以工业机器人为引领的智能制造装备产业发展驶入"快车道"。可以说,在以智能制造为重心的方略下,智能经济之"核"初步形成,但仍面临问题和不足:智能制造的基础有待夯实,物联网、云计算和大数据等基础性关键环境要素的建设滞后于智能制造发展需求。其中,智能制造装备缺"核"少"芯"问题最为突出,核心控制技术依赖进口,工业机器人等智能制造核心产业研发投入大部分仍处于实验室阶段。这导致了我市智能经济在发展过程中存在着示范引领有待加强、智能制造标准指数缺位、国际技术合作服务乏力等诸多亟待解决的难题。

"要推进强基工程,打通智能制造承载能力的'卡口'。"调研组建议,要瞄准关键基础材料、核心基础零部件、先进基础工艺和产业技术基础的"四基"短板,着力在新材料、智能装备、新一代信息技术等重点领域的"四基"工程化、产业化生产和应用上取得突破;要通过培育一批行业细分领域的"工匠型"企业,积极采用新技术、新工艺、新设备、新材料,促进"产品"向"精品"转变,并积极参与行业标准制订,形成一批能够代表"N市智造"、引领国内产业发展的技术标准。

传统产业是我市目前经济发展的主要支柱,占全市规模以上工业总产值的比重超过70%,是我市经济整体转型升级的主战场,更是智能制造推广应用的大市场。

在调研中发现,在东南亚国家低成本吸引力和发达国家制造业回归的双面夹击下,我市传统产业渴望通过智能化改造提升生产效率、产品品质以及增强盈利能力的内生需求十分强烈。市委市政府也适时地把传统产业智能化改造列为建设"中国制造2025"试点示范城市的主要任务;建立了N市智能制造产业研究院,在全国率先成立智能制造协会。具有示范意义的项目也在不断涌现。传统产业智能化改造的动力很强、基础扎实。

但数据显示:全市7300多家规模以上工业企业中实施智能化改造的比例不到30%,部分中小企业尚未开展智能化改造。调研组认为,对于实施智能化改造,传统产业的绝大多数企业主存在不懂、不敢、不愿三种态度,主体意识并不强。同时,智能化改造的核心技术发展滞后、系统集成供给不足、人才和网络基础设施支撑有待加强等问题,也延缓了传统产业智能化改造的步伐。

推进传统产业进行智能化改造,就要引导创新协同,构建最大限度发挥大中小微企业、产学研用各方优势的协同创新创业共同体,集中攻克一批以软硬件一体化为主要特征、带动性强的智能装备,自主培育扶持一批具有很强市场竞争力的系统集成、装备研制、软件开发与智能制造新模式应用等领域的智能装备骨干企业。要开展试点示范,在化工、汽车、纺织、家电、机械制造等重点行业中开展智能化改造示范应用,培育一批"专精特新"的"工匠型"企业。

生产性服务业是智能制造发展的推动力,而我市在这方面的发展相对滞后,成了发展"瓶颈"之一。当前我市生产性服务业规模小、结构差等问题依然突出,主要表现在:制造企业普遍不能接受生产性服务外包这种模式,导致其发展迟缓;生产性服务业"重硬轻软",重视工艺技术服务而轻视管理、市场、人才服务;缺乏本土的全国性生产性服务企业;服务资源

整合共享机制尚未建立。

要加快谋划新增关键生产性服务业集聚平台,如把电商经济创新园区建成"N市定制制造和定制电商生产性服务业集聚区",整合现有制造业服务平台,建设"N市生产服务业综合对接平台"等。要大力推进企业内生产性服务建设,积极鼓励制造业企业成立生产性服务业公司,培育企业研究院和工程技术中心。要大力培育智能制造生产性服务龙头企业,重点引进和培育引领性智能制造系统集成服务商、全国性的制造工业设计服务商,建立生产性服务应用技术创新联盟。

写作要求:(1)准确、全面;(2)恰当提炼,条理清晰;(3)不超过350字。

附录一
党政机关公文处理工作条例

第一章 总则

第一条 为了适应中国共产党机关和国家行政机关(以下简称党政机关)工作需要,推进党政机关公文处理工作科学化、制度化、规范化,制定本条例。

第二条 本条例适用于各级党政机关公文处理工作。

第三条 党政机关公文是党政机关实施领导、履行职能、处理公务的具有特定效力和规范体式的文书,是传达贯彻党和国家的方针政策,公布法规和规章,指导、布置和商洽工作,请示和答复问题,报告、通报和交流情况等的重要工具。

第四条 公文处理工作是指公文拟制、办理、管理等一系列相互关联、衔接有序的工作。

第五条 公文处理工作应当坚持实事求是、准确规范、精简高效、安全保密的原则。

第六条 各级党政机关应当高度重视公文处理工作,加强组织领导,强化队伍建设,设立文秘部门或者由专人负责公文处理工作。

第七条 各级党政机关办公厅(室)主管本机关的公文处理工作,并对下级机关的公文处理工作进行业务指导和督促检查。

第二章 公文种类

第八条 公文种类主要有:

(一)决议。适用于会议讨论通过的重大决策事项。

(二)决定。适用于对重要事项作出决策和部署、奖惩有关单位和人员、变更或者撤销下级机关不适当的决定事项。

(三)命令(令)。适用于公布行政法规和规章、宣布施行重大强制性措施、批准授予和晋升衔级、嘉奖有关单位和人员。

(四)公报。适用于公布重要决定或者重大事项。

(五)公告。适用于向国内外宣布重要事项或者法定事项。

(六)通告。适用于在一定范围内公布应当遵守或者周知的事项。

(七)意见。适用于对重要问题提出见解和处理办法。

(八)通知。适用于发布、传达要求下级机关执行和有关单位周知或者执行的事项,批转、转发公文。

(九)通报。适用于表彰先进、批评错误、传达重要精神和告知重要情况。

(十)报告。适用于向上级机关汇报工作、反映情况,回复上级机关的询问。

（十一）请示。适用于向上级机关请求指示、批准。

（十二）批复。适用于答复下级机关请示事项。

（十三）议案。适用于各级人民政府按照法律程序向同级人民代表大会或者人民代表大会常务委员会提请审议事项。

（十四）函。适用于不相隶属机关之间商洽工作、询问和答复问题、请求批准和答复审批事项。

（十五）纪要。适用于记载会议主要情况和议定事项。

第三章　公文格式

第九条　公文一般由份号、密级和保密期限、紧急程度、发文机关标志、发文字号、签发人、标题、主送机关、正文、附件说明、发文机关署名、成文日期、印章、附注、附件、抄送机关、印发机关和印发日期、页码等组成。

（一）份号。公文印制份数的顺序号。涉密公文应当标注份号。

（二）密级和保密期限。公文的秘密等级和保密的期限。涉密公文应当根据涉密程度分别标注"绝密""机密""秘密"和保密期限。

（三）紧急程度。公文送达和办理的时限要求。根据紧急程度，紧急公文应当分别标注"特急""加急"，电报应当分别标注"特提""特急""加急""平急"。

（四）发文机关标志。由发文机关全称或者规范化简称加"文件"二字组成，也可以使用发文机关全称或者规范化简称。联合行文时，发文机关标志可以并用联合发文机关名称，也可以单独用主办机关名称。

（五）发文字号。由发文机关代字、年份、发文顺序号组成。联合行文时，使用主办机关的发文字号。

（六）签发人。上行文应当标注签发人姓名。

（七）标题。由发文机关名称、事由和文种组成。

（八）主送机关。公文的主要受理机关，应当使用机关全称、规范化简称或者同类型机关统称。

（九）正文。公文的主体，用来表述公文的内容。

（十）附件说明。公文附件的顺序号和名称。

（十一）发文机关署名。署发文机关全称或者规范化简称。

（十二）成文日期。署会议通过或者发文机关负责人签发的日期。联合行文时，署最后签发机关负责人签发的日期。

（十三）印章。公文中有发文机关署名的，应当加盖发文机关印章，并与署名机关相符。有特定发文机关标志的普发性公文和电报可以不加盖印章。

（十四）附注。公文印发传达范围等需要说明的事项。

（十五）附件。公文正文的说明、补充或者参考资料。

（十六）抄送机关。除主送机关外需要执行或者知晓公文内容的其他机关，应当使用机关全称、规范化简称或者同类型机关统称。

（十七）印发机关和印发日期。公文的送印机关和送印日期。

（十八）页码。公文页数顺序号。

第十条　公文的版式按照《党政机关公文格式》国家标准执行。

第十一条 公文使用的汉字、数字、外文字符、计量单位和标点符号等,按照有关国家标准和规定执行。民族自治地方的公文,可以并用汉字和当地通用的少数民族文字。

第十二条 公文用纸幅面采用国际标准 A4 型。特殊形式的公文用纸幅面,根据实际需要确定。

第四章 行文规则

第十三条 行文应当确有必要,讲求实效,注重针对性和可操作性。

第十四条 行文关系根据隶属关系和职权范围确定。一般不得越级行文,特殊情况需要越级行文的,应当同时抄送被越过的机关。

第十五条 向上级机关行文,应当遵循以下规则:

(一)原则上主送一个上级机关,根据需要同时抄送相关上级机关和同级机关,不抄送下级机关。

(二)党委、政府的部门向上级主管部门请示、报告重大事项,应当经本级党委、政府同意或者授权;属于部门职权范围内的事项应当直接报送上级主管部门。

(三)下级机关的请示事项,如需以本机关名义向上级机关请示,应当提出倾向性意见后上报,不得原文转报上级机关。

(四)请示应当一文一事。不得在报告等非请示性公文中夹带请示事项。

(五)除上级机关负责人直接交办事项外,不得以本机关名义向上级机关负责人报送公文,不得以本机关负责人名义向上级机关报送公文。

(六)受双重领导的机关向一个上级机关行文,必要时抄送另一个上级机关。

第十六条 向下级机关行文,应当遵循以下规则:

(一)主送受理机关,根据需要抄送相关机关。重要行文应当同时抄送发文机关的直接上级机关。

(二)党委、政府的办公厅(室)根据本级党委、政府授权,可以向下级党委、政府行文,其他部门和单位不得向下级党委、政府发布指令性公文或者在公文中向下级党委、政府提出指令性要求。需经政府审批的具体事项,经政府同意后可以由政府职能部门行文,文中须注明已经政府同意。

(三)党委、政府的部门在各自职权范围内可以向下级党委、政府的相关部门行文。

(四)涉及多个部门职权范围内的事务,部门之间未协商一致的,不得向下行文;擅自行文的,上级机关应当责令其纠正或者撤销。

(五)上级机关向受双重领导的下级机关行文,必要时抄送该下级机关的另一个上级机关。

第十七条 同级党政机关、党政机关与其他同级机关必要时可以联合行文。属于党委、政府各自职权范围内的工作,不得联合行文。

党委、政府的部门依据职权可以相互行文。

部门内设机构除办公厅(室)外不得对外正式行文。

第五章 公文拟制

第十八条 公文拟制包括公文的起草、审核、签发等程序。

第十九条 公文起草应当做到:

(一)符合党的理论路线方针政策和国家法律法规,完整准确体现发文机关意图,并同现行有关公文相衔接。

（二）一切从实际出发，分析问题实事求是，所提政策措施和办法切实可行。

（三）内容简洁，主题突出，观点鲜明，结构严谨，表述准确，文字精练。

（四）文种正确，格式规范。

（五）深入调查研究，充分进行论证，广泛听取意见。

（六）公文涉及其他地区或者部门职权范围内的事项，起草单位必须征求相关地区或者部门意见，力求达成一致。

（七）机关负责人应当主持、指导重要公文起草工作。

第二十条　公文文稿签发前，应当由发文机关办公厅（室）进行审核。审核的重点是：

（一）行文理由是否充分，行文依据是否准确。

（二）内容是否符合党的理论路线方针政策和国家法律法规；是否完整准确体现发文机关意图；是否同现行有关公文相衔接；所提政策措施和办法是否切实可行。

（三）涉及有关地区或者部门职权范围内的事项是否经过充分协商并达成一致意见。

（四）文种是否正确，格式是否规范；人名、地名、时间、数字、段落顺序、引文等是否准确；文字、数字、计量单位和标点符号等用法是否规范。

（五）其他内容是否符合公文起草的有关要求。

需要发文机关审议的重要公文文稿，审议前由发文机关办公厅（室）进行初核。

第二十一条　经审核不宜发文的公文文稿，应当退回起草单位并说明理由；符合发文条件但内容需作进一步研究和修改的，由起草单位修改后重新报送。

第二十二条　公文应当经本机关负责人审批签发。重要公文和上行文由机关主要负责人签发。党委、政府的办公厅（室）根据党委、政府授权制发的公文，由受权机关主要负责人签发或者按照有关规定签发。签发人签发公文，应当签署意见、姓名和完整日期；圈阅或者签名的，视为同意。联合发文由所有联署机关的负责人会签。

第六章　公文办理

第二十三条　公文办理包括收文办理、发文办理和整理归档。

第二十四条　收文办理主要程序是：

（一）签收。对收到的公文应当逐件清点，核对无误后签字或者盖章，并注明签收时间。

（二）登记。对公文的主要信息和办理情况应当详细记载。

（三）初审。对收到的公文应当进行初审。初审的重点是：是否应当由本机关办理，是否符合行文规则，文种、格式是否符合要求，涉及其他地区或者部门职权范围内的事项是否已经协商、会签，是否符合公文起草的其他要求。经初审不符合规定的公文，应当及时退回来文单位并说明理由。

（四）承办。阅知性公文应当根据公文内容、要求和工作需要确定范围后分送。批办性公文应当提出拟办意见报本机关负责人批示或者转有关部门办理；需要两个以上部门办理的，应当明确主办部门。紧急公文应当明确办理时限。承办部门对交办的公文应当及时办理，有明确办理时限要求的应当在规定时限内办理完毕。

（五）传阅。根据领导批示和工作需要将公文及时送传阅对象阅知或者批示。办理公文传阅应当随时掌握公文去向，不得漏传、误传、延误。

（六）催办。及时了解掌握公文的办理进展情况，督促承办部门按期办结。紧急公文或者重要公文应当由专人负责催办。

（七）答复。公文的办理结果应当及时答复来文单位,并根据需要告知相关单位。

第二十五条　发文办理主要程序是：

（一）复核。已经发文机关负责人签批的公文,印发前应当对公文的审批手续、内容、文种、格式等进行复核；需作实质性修改的,应当报原签批人复审。

（二）登记。对复核后的公文,应当确定发文字号、分送范围和印制份数并详细记载。

（三）印制。公文印制必须确保质量和时效。涉密公文应当在符合保密要求的场所印制。

（四）核发。公文印制完毕,应当对公文的文字、格式和印刷质量进行检查后分发。

第二十六条　涉密公文应当通过机要交通、邮政机要通信、城市机要文件交换站或者收发件机关机要收发人员进行传递,通过密码电报或者符合国家保密规定的计算机信息系统进行传输。

第二十七条　需要归档的公文及有关材料,应当根据有关档案法律法规以及机关档案管理规定,及时收集齐全、整理归档。两个以上机关联合办理的公文,原件由主办机关归档,相关机关保存复制件。机关负责人兼任其他机关职务的,在履行所兼职务过程中形成的公文,由其兼职机关归档。

第七章　公文管理

第二十八条　各级党政机关应当建立健全本机关公文管理制度,确保管理严格规范,充分发挥公文效用。

第二十九条　党政机关公文由文秘部门或者专人统一管理。设立党委(党组)的县级以上单位应当建立机要保密室和机要阅文室,并按照有关保密规定配备工作人员和必要的安全保密设施设备。

第三十条　公文确定密级前,应当按照拟定的密级先行采取保密措施。确定密级后,应当按照所定密级严格管理。绝密级公文应当由专人管理。

公文的密级需要变更或者解除的,由原确定密级的机关或者其上级机关决定。

第三十一条　公文的印发传达范围应当按照发文机关的要求执行；需要变更的,应当经发文机关批准。

涉密公文公开发布前应当履行解密程序。公开发布的时间、形式和渠道,由发文机关确定。

经批准公开发布的公文,同发文机关正式印发的公文具有同等效力。

第三十二条　复制、汇编机密级、秘密级公文,应当符合有关规定并经本机关负责人批准。绝密级公文一般不得复制、汇编,确有工作需要的,应当经发文机关或者其上级机关批准。复制、汇编的公文视同原件管理。

复制件应当加盖复制机关戳记。翻印件应当注明翻印的机关名称、日期。汇编本的密级按照编入公文的最高密级标注。

第三十三条　公文的撤销和废止,由发文机关、上级机关或者权力机关根据职权范围和有关法律法规决定。公文被撤销的,视为自始无效；公文被废止的,视为自废止之日起失效。

第三十四条　涉密公文应当按照发文机关的要求和有关规定进行清退或者销毁。

第三十五条　不具备归档和保存价值的公文,经批准后可以销毁。销毁涉密公文必须严格按照有关规定履行审批登记手续，确保不丢失、不漏销。个人不得私自销毁、留存涉密公文。

第三十六条　机关合并时，全部公文应当随之合并管理；机关撤销时，需要归档的公文经整理后按照有关规定移交档案管理部门。

工作人员离岗离职时，所在机关应当督促其将暂存、借用的公文按照有关规定移交、清退。

第三十七条　新设立的机关应当向本级党委、政府的办公厅（室）提出发文立户申请。经审查符合条件的，列为发文单位，机关合并或者撤销时，相应进行调整。

第八章　附则

第三十八条　党政机关公文含电子公文。电子公文处理工作的具体办法另行制定。

第三十九条　法规、规章方面的公文，依照有关规定处理。外事方面的公文，依照外事主管部门的有关规定处理。

第四十条　其他机关和单位的公文处理工作，可以参照本条例执行。

第四十一条　本条例由中共中央办公厅、国务院办公厅负责解释。

第四十二条　本条例自2012年7月1日起施行。1996年5月3日中共中央办公厅发布的《中国共产党机关公文处理条例》和2000年8月24日国务院发布的《国家行政机关公文处理办法》停止执行。

附录二
标点符号用法(GB/T 15834—2011)

1 范围
本标准规定了现代汉语标点符号的用法。
本标准适用于汉语的书面语(包括汉语和外语混合排版时的汉语部分)。

2 术语和定义
下列术语和定义适用于本文件。

2.1 标点符号 punctuation
辅助文字记录语言的符号,是书面语的有机组成部分,用来表示语句的停顿、语气以及标示某些成分(主要是词语)的特定性质和作用。
注:数学符号、货币符号、校勘符号、辞书符号、注音符号等特殊领域的专门符号不属于标点符号。

2.2 句子 sentence
前后都有较大停顿、带有一定的语气和语调、表达相对完整意义的语言单位。

2.3 复句 complex sentence
由两个或多个在意义上有密切关系的分句组成的语言单位,包括简单复句(内部只有一层语义关系)和多重复句(内部包含多层语义关系)。

2.4 分句 clause
复句内两个或多个前后有停顿、表达相对完整意义、不带有句末语气和语调、有的前面可添加关联词语的语言单位。

2.5 语段 expression
指语言片段,是对各种语言单位(如词、短语、句子、复句等)不做特别区分时的统称。

3 标点符号的种类

3.1 点号
点号的作用是点断,主要表示停顿和语气。分为句末点号和句内点号。

3.1.1 句末点号
用于句末的点号,表示句末停顿和句子的语气。包括句号、问号、叹号。

3.1.2 句内点号
用于句内的点号,表示句内各种不同性质的停顿。包括逗号、顿号、分号、冒号。

3.2 标号

标号的作用是标明,主要标示某些成分(主要是词语)的特定性质和作用。包括引号、括号、破折号、省略号、着重号、连接号、间隔号、书名号、专名号、分隔号。

4 标点符号的定义、形式和用法

4.1 句号

4.1.1 定义

句末点号的一种,主要表示句子的陈述语气。

4.1.2 形式

句号的形式是"。"。

4.1.3 基本用法

4.1.3.1 用于句子末尾,表示陈述语气。使用句号主要根据语段前后有较大停顿、带有陈述语气和语调,并不取决于句子的长短。

示例1:北京是中华人民共和国的首都。

示例2:(甲:咱们走着去吧?)乙:好。

4.1.3.2 有时也可表示较缓和的祈使语气和感叹语气。

示例1:请您稍等一下。

示例2:我不由地感到,这些普通劳动者也同样是很值得尊敬的。

4.2 问号

4.2.1 定义

句末点号的一种,主要表示句子的疑问语气。

4.2.2 形式

问号的形式是"?"。

4.2.3 基本用法

4.2.3.1 用于句子末尾,表示疑问语气(包括反问、设问等疑问类型)。使用问号主要根据语段前后有较大停顿、带有疑问语气和语调,并不取决于句子的长短。

示例1:你怎么还不回家去呢?

示例2:难道这些普通的战士不值得歌颂吗?

示例3:(一个外国人,不远万里来到中国,帮助中国的抗日战争。)这是什么精神?这是国际主义的精神。

4.2.3.2 选择问句中,通常只在最后一个选项的末尾用问号,各个选项之间一般用逗号隔开。当选项较短且选项之间几乎没有停顿时,选项之间可不用逗号。当选项较多或较长,或有意突出每个选项的独立性时,也可每个选项之后都用问号。

示例1:诗中记述的这场战争究竟是真实的历史描述,还是诗人的虚构?

示例2:这是巧合还是有意安排?

示例3:要一个什么样的结尾:现实主义的?传统的?大团圆的?荒诞的?民族形式的?有象征意义的?

示例4:(他看着我的作品称赞了我。)但到底是称赞我什么:是有几处画得好?还是什么都敢画?抑或只是一种对于失败者的无可奈何的安慰?我不得而知。

示例5:这一切都是由客观的条件造成的?还是由行为的惯性造成的?

4.2.3.3 在多个问句连用或表达疑问语气加重时,可叠用问号。通常应先单用,再叠用,最多叠用三个问号。在没有异常强烈的情感表达需要时不宜叠用问号。

示例:这就是你的做法吗？你这个总经理是怎么当的？？你怎么竟敢这样欺骗消费者？？？

4.2.3.4 问号也有标号的用法,即用于句内,表示存疑或不详。

示例1:马致远(1250？—1321),大都人,元代戏曲家、散曲家。

示例2:钟嵘(？—518),颍川长社人,南朝梁代文学批评家。

示例3:出现这样的文字错误,说明作者(编者？校者？)很不认真。

4.3 叹号

4.3.1 定义
句末点号的一种,主要表示句子的感叹语气。

4.3.2 形式
叹号的形式是"！"。

4.3.3 基本用法

4.3.3.1 用于句子末尾,主要表示感叹语气,有时也可表示强烈的祈使语气、反问语气等。使用叹号主要根据语段前后有较大停顿、带有感叹语气和语调或带有强烈的祈使、反问语气和语调,并不取决于句子的长短。

示例1:才一年不见,这孩子都长这么高啦！

示例2:你给我住嘴！

示例3:谁知道他今天是怎么搞的！

4.3.3.2 用于拟声词后,表示声音短促或突然。

示例1:咔嚓！一道闪电划破了夜空。

示例2:咚！咚咚！突然传来一阵急促的敲门声。

4.3.3.3 表示声音巨大或声音不断加大时,可叠用叹号;表达强烈语气时,也可叠用叹号,最多叠用三个叹号。在没有异常强烈的情感表达需要时不宜叠用叹号。

示例1:轰!! 在这天崩地塌的声音中,女娲猛然醒来。

示例2:我要揭露！我要控诉!! 我要以死抗争!!!

4.3.3.4 当句子包含疑问、感叹两种语气且都比较强烈时(如带有强烈感情的反问句和带有惊愕语气的疑问句),可在问号后再加叹号(问号、叹号各一)。

示例1:这么点困难就能把我们吓倒吗?!

示例2:他连这些最起码的常识都不懂,还敢说自己是高科技人才?!

4.4 逗号

4.4.1 定义
句内点号的一种,表示句子或语段内部的一般性停顿。

4.4.2 形式
逗号的形式是","。

4.4.3 基本用法

4.4.3.1 复句内各分句之间的停顿,除了有时用分号(见4.6.3.1),一般都用逗号。

示例1:不是人们的意识决定人们的存在,而是人们的社会存在决定人们的意识。

应用写作

示例 2：学历史使人更明智，学文学使人更聪慧，学数学使人更精细，学考古使人更深沉。

示例 3：要是不相信我们的理论能反映现实，要是不相信我们的世界有内在和谐，那就不可能有科学。

4.4.3.2 用于下列各种语法位置：

a) 较长的主语之后。

示例 1：苏州园林建筑各种门窗的精美设计和雕镂功夫，都令人叹为观止。

b) 句首的状语之后。

示例 2：在苍茫的大海上，狂风卷集着乌云。

c) 较长的宾语之前。

示例 3：有的考古工作者认为，南方古猿生存于上新世至更新世的初期和中期。

d) 带句内语气词的主语（或其他成分）之后，或带句内语气词的并列成分之间。

示例 4：他呢，倒是很乐意地、全神贯注地干起来了。

示例 5：（那是个没有月亮的夜晚。）可是整个村子——白房顶啦，白树木啦，雪堆啦，全看得见。

e) 较长的主语中间、谓语中间或宾语中间。

示例 6：母亲沉痛的诉说，以及亲眼见到的事实，都启发了我幼年时期追求真理的思想。

示例 7：那姑娘头戴一顶草帽，身穿一条绿色的裙子，腰间还系着一根橙色的腰带。

示例 8：必须懂得，对于文化传统，既不能不分青红皂白统统抛弃，也不能不管精华糟粕全盘继承。

f) 前置的谓语之后或后置的状语、定语之前。

示例 9：真美啊，这条蜿蜒的林间小路。

示例 10：她吃力地站了起来，慢慢地。

示例 11：我只是一个人，孤孤单单的。

4.4.3.3 用于下列各种停顿处：

a) 复指成分或插说成分前后。

示例 1：老张，就是原来的办公室主任，上星期已经调走了。

示例 2：车，不用说，当然是头等。

b) 语气缓和的感叹语、称谓语或呼唤语之后。

示例 3：哎哟，这儿，快给我揉揉。

示例 4：大娘，您到哪儿去啊？

示例 5：喂，你是哪个单位的？

c) 某些序次语（"第"字头、"其"字头及"首先"类序次语）之后。

示例 6：为什么许多人都有长不大的感觉呢？原因有三：第一，父母总认为自己比孩子成熟；第二，父母总要以自己的标准来衡量孩子；第三，父母出于爱心而总不想让孩子在成长的过程中走弯路。

示例 7：《玄秘塔碑》所以成为书法的范本，不外乎以下几方面的因素：其一，具有楷书点画、构体的典范性；其二，承上启下，成为唐楷的极致；其三，字如其人，爱人及字，柳公权高尚的书品、人品为后人所崇仰。

示例 8：下面从三个方面讲讲语言的污染问题：首先，是特殊语言环境中的语言污染问题;其次,是滥用缩略语引起的语言污染问题;再次,是空话和废话引起的语言污染问题。

4.5 顿号

4.5.1 定义

句内点号的一种,表示语段中并列词语之间或某些序次语之后的停顿。

4.5.2 形式

顿号的形式是"、"。

4.5.3 基本用法

4.5.3.1 用于并列词语之间。

示例1:这里有自由、民主、平等、开放的风气和氛围。

示例2:造型科学、技艺精湛、气韵生动,是盛唐石雕的特色。

4.5.3.2 用于需要停顿的重复词语之间。

示例:他几次三番、几次三番地辩解着。

4.5.3.3 用于某些序次语(不带括号的汉字数字或"天干地支"类序次语)之后。

示例1:我准备讲两个问题:一、逻辑学是什么? 二、怎样学好逻辑学?

示例2:风格的具体内容主要有以下四点:甲、题材;乙、用字;丙、表达;丁、色彩。

4.5.3.4 相邻或相近两数字连用表示概数通常不用顿号。若相邻两数字连用为缩略形式,宜用顿号。

示例1:飞机在6 000米高空水平飞行时,只能看到两侧八九公里和前方一二十公里范围内的地面。

示例2:这种凶猛的动物常常三五成群地外出觅食和活动。

示例3:农业是国民经济的基础,也是二、三产业的基础。

4.5.3.5 标有引号的并列成分之间、标有书名号的并列成分之间通常不用顿号。若有其他成分插在并列的引号之间或并列的书名号之间(如引语或书名号之后还有括注),宜用顿号。

示例1:"日""月"构成"明"字。

示例2:店里挂着"顾客就是上帝""质量就是生命"等横幅。

示例3:《红楼梦》《三国演义》《西游记》《水浒传》,是我国长篇小说的四大名著。

示例4:李白的"白发三千丈"(《秋浦歌》)、"朝如青丝暮成雪"(《将进酒》)都是脍炙人口的诗句。

示例5:办公室里订有《人民日报》(海外版)、《光明日报》和《时代周刊》等报刊。

4.6 分号

4.6.1 定义

句内点号的一种,表示复句内部并列关系分句之间的停顿,以及非并列关系的多重复句中第一层分句之间的停顿。

4.6.2 形式

分号的形式是";"。

4.6.3 基本用法

4.6.3.1 表示复句内部并列关系的分句(尤其当分句内部还有逗号时)之间的停顿。

示例1:语言文字的学习,就理解方面说,是得到一种知识;就运用方面说,是养成一种习惯。

示例2:内容有分量,尽管文章短小,也是有分量的;内容没有分量,即使写得再长也没有用。

4.6.3.2 表示非并列关系的多重复句中第一层分句(主要是选择、转折等关系)之间的停顿。

示例1:人还没看见,已经先听见歌声了;或者人已经转过山头望不见了,歌声还余音袅袅。

示例2:尽管人民革命的力量在开始时总是弱小的,所以总是受压的;但是由于革命的力量代表历史发展的方向,因此本质上又是不可战胜的。

示例3:不管一个人如何伟大,也总是生活在一定的环境和条件下;因此,个人的见解总难免带有某种局限性。

示例4:昨天夜里下了一场雨,以为可以凉快些;谁知没有凉快下来,反而更热了。

4.6.3.3 用于分项列举的各项之间。

示例:特聘教授的岗位职责为:一、讲授本学科的主干基础课程;二、主持本学科的重大科研项目;三、领导本学科的学术队伍建设;四、带领本学科赶超或保持世界先进水平。

4.7 冒号

4.7.1 定义

句内点号的一种,表示语段中提示下文或总结上文的停顿。

4.7.2 形式

冒号的形式是":"。

4.7.3 基本用法

4.7.3.1 用于总说性或提示性词语(如"说""例如""证明"等)之后,表示提示下文。

示例1:北京紫禁城有四座城门:午门、神武门、东华门和西华门。

示例2:她高兴地说:"咱们去好好庆祝一下吧!"

示例3:小王笑着点了点头:"我就是这么想的。"

示例4:这一事实证明:人能创造环境,环境同样也能创造人。

4.7.3.2 表示总结上文。

示例:张华上了大学,李萍进了技校,我当了工人:我们都有美好的前途。

4.7.3.3 用在需要说明的词语之后,表示注释和说明。

示例1:(本市将举办首届大型书市。)主办单位:市文化局;承办单位:市图书进出口公司;时间:8月15日—20日;地点:市体育馆观众休息厅。

示例2:(做阅读理解题有两个办法。)办法之一:先读题干,再读原文,带着问题有针对性地读课文。办法之二:直接读原文,读完再做题,减少先入为主的干扰。

4.7.3.4 用于书信、讲话稿中称谓语或称呼语之后。

示例1:广平先生:……

示例2:同志们、朋友们:……

4.7.3.5 一个句子内部一般不应套用冒号。在列举式或条文式表述中,如不得不套用冒号时,宜另起段落来显示各个层次。

示例:第十条 遗产按照下列顺序继承:

第一顺序:配偶、子女、父母。

第二顺序：兄弟姐妹、祖父母、外祖父母。

4.8 引号

4.8.1 定义

标号的一种，标示语段中直接引用的内容或需要特别指出的成分。

4.8.2 形式

引号的形式有双引号""""和单引号"''"两种。左侧的为前引号，右侧的为后引号。

4.8.3 基本用法

4.8.3.1 标示语段中直接引用的内容。

示例：李白诗中就有"白发三千丈"这样极尽夸张的语句。

4.8.3.2 标示需要着重论述或强调的内容。

示例：这里所谓的"文"，并不是指文字，而是指文采。

4.8.3.3 标示语段中具有特殊含义而需要特别指出的成分，如别称、简称、反语等。

示例1：电视被称作"第九艺术"。

示例2：人类学上常把古人化石统称为尼安德特人，简称"尼人"。

示例3：有几个"慈祥"的老板把捡来的菜叶用盐浸浸就算作工友的菜肴。

4.8.3.4 当引号中还需要使用引号时，外面一层用双引号，里面一层用单引号。

示例：他问："老师，'七月流火'是什么意思？"

4.8.3.5 独立成段的引文如果只有一段，段首和段尾都用引号；不止一段时，每段开头仅用前引号，只在最后一段末尾用后引号。

示例：我曾在报纸上看到有人这样谈幸福：

"幸福是知道自己喜欢什么和不喜欢什么。……

"幸福是知道自己擅长什么和不擅长什么。……

"幸福是在正确的时间做了正确的选择。……"

4.8.3.6 在书写带月、日的事件、节日或其他特定意义的短语（含简称）时，通常只标引其中的月和日；需要突出和强调该事件或节日本身时，也可连同事件或节日一起标引。

示例1："5·12"汶川大地震

示例2："五四"以来的话剧，是我国戏剧中的新形式。

示例3：纪念"五四运动"90周年

4.9 括号

4.9.1 定义

标号的一种，标示语段中的注释内容、补充说明或其他特定意义的语句。

4.9.2 形式

括号的主要形式是圆括号"（　）"，其他形式还有方括号"［　］"、六角括号"〔　〕"和方头括号"【　】"等。

4.9.3 基本用法

4.9.3.1 标示下列各种情况，均用圆括号：

a) 标示注释内容或补充说明。

示例1：我校拥有特级教师（含已退休的）17人。

示例2：我们不但善于破坏一个旧世界，我们还将善于建设一个新世界！（热烈鼓掌）

b) 标示订正或补加的文字。

示例3：信纸上用稚嫩的字体写着："阿夷（姨），你好！"。

示例4：该建筑公司负责的建设工程全部达到优良工程（的标准）。

c) 标示序次语。

示例5：语言有三个要素：(1)声音；(2)结构；(3)意义。

示例6：思想有三个条件：（一）事理；（二）心理；（三）伦理。

d) 标示引语的出处。

示例7：他说得好："未画之前，不立一格；既画之后，不留一格。"《板桥集·题画》

e) 标示汉语拼音注音。

示例8："的(de)"这个字在现代汉语中最常用。

4.9.3.2 标示作者国籍或所属朝代时，可用方括号或六角括号。

示例1：[英]赫胥黎《进化论与伦理学》

示例2：〔唐〕杜甫著

4.9.3.3 报刊标示电讯、报道的开头，可用方头括号。

示例：【新华社南京消息】

4.9.3.4 标示公文发文字号中的发文年份时，可用六角括号。

示例：国发〔2011〕3号文件

4.9.3.5 标示被注释的词语时，可用六角括号或方头括号。

示例1：〔奇观〕奇伟的景象。

示例2：【爱因斯坦】物理学家。生于德国，1933年因受纳粹政权迫害，移居美国。

4.9.3.6 除科技书刊中的数学、逻辑公式外，所有括号（特别是同一形式的括号）应尽量避免套用。必须套用括号时，宜采用不同的括号形式配合使用。

示例：〔茸(róng)毛〕很细很细的毛。

4.10 破折号

4.10.1 定义

标号的一种，标示语段中某些成分的注释、补充说明或语音、意义的变化。

4.10.2 形式

破折号的形式是"——"。

4.10.3 基本用法

4.10.3.1 标示注释内容或补充说明（也可用括号，见4.9.3.1；二者的区别另见B.1.7）。

示例1：一个矮小而结实的日本中年人——内山老板走了过来。

示例2：我一直坚持读书，想借此唤起弟妹对生活的希望——无论环境多么困难。

4.10.3.2 标示插入语（也可用逗号，见4.4.3.3）。

示例：这简直就是——说得不客气点——无耻的勾当！

4.10.3.3 标示总结上文或提示下文（也可用冒号，见4.7.3.1、4.7.3.2）。

示例1：坚强，纯洁，严于律己，客观公正——这一切都难得地集中在一个人身上。

示例2：画家开始娓娓道来——

数年前的一个寒冬，……

4.10.3.4 标示话题的转换。

示例:"好香的干菜,——听到风声了吗?"赵七爷低声说道。

4.10.3.5 标示声音的延长。

示例:"嘎——"传过来一声水禽被惊动的鸣叫。

4.10.3.6 标示话语的中断或间隔。

示例1:"班长他牺——"小马话没说完就大哭起来。

示例2:"亲爱的妈妈,你不知道我多爱您。——还有你,我的孩子!"

4.10.3.7 标示引出对话。

示例:——你长大后想成为科学家吗?
　　　——当然想了!

4.10.3.8 标示事项列举分承。

示例:根据研究对象的不同,环境物理学分为以下五个分支学科:
　　　——环境声学;
　　　——环境光学;
　　　——环境热学;
　　　——环境电磁学;
　　　——环境空气动力学。

4.10.3.9 用于副标题之前。

示例:飞向太平洋
　　　——我国新型号运载火箭发射目击记

4.10.3.10 用于引文、注文后,标示作者、出处或注释者。

示例1:先天下之忧而忧,后天下之乐而乐。

　　　　　　　　　　　　　　　　　　　　　　　　——范仲淹

示例2:乐浪海中有倭人,分为百余国。

　　　　　　　　　　　　　　　　　　　　　　　　——《汉书》

示例3:很多人写好信后把信笺折成方胜形,我看大可不必。(方胜,指古代妇女戴的方形首饰,用彩绸等制作,由两个斜方部分叠合而成。——编者注)

4.11　省略号

4.11.1　定义

标号的一种,标示语段中某些内容的省略及意义的断续等。

4.11.2　形式

省略号的形式是"……"。

4.11.3　基本用法

4.11.3.1 标示引文的省略。

示例:我们齐声朗诵起来:"……俱往矣,数风流人物,还看今朝。"

4.11.3.2 标示列举或重复词语的省略。

示例1:对政治的敏感,对生活的敏感,对性格的敏感,……这都是作家必须要有的素质。

示例2:他气得连声说:"好,好……算我没说。"

4.11.3.3 标示语意未尽。

示例1：在人迹罕至的深山密林里,假如突然看见一缕炊烟,……

示例2：你这样干,未免太……！

4.11.3.4 标示说话时断断续续。

示例：她磕磕巴巴地说:"可是……太太……我不知道……你一定是认错了。"

4.11.3.5 标示对话中的沉默不语。

示例："还没结婚吧?"

"……"他飞红了脸,更加忸怩起来。

4.11.3.6 标示特定的成分虚缺。

示例：只要……就……

4.11.3.7 在标示诗行、段落的省略时,可连用两个省略号(即相当于十二连点)。

示例1：从隔壁房间传来缓缓而抑扬顿挫的吟咏声——

床前明月光,疑是地上霜。

……

示例2：该刊根据工作质量、上稿数量、参与程度等方面的表现,评选出了高校十佳记者站。还根据发稿数量、提供新闻线索情况以及对刊物的关注度等,评选出了十佳通讯员。

……

4.12 着重号

4.12.1 定义

标号的一种,标示语段中某些重要的或需要指明的文字。

4.12.2 形式

着重号的形式是"．"标注在相应文字的下方。

4.12.3 基本用法

4.12.3.1 标示语段中重要的文字。

示例1：诗人需要表现,而不是证明。

示例2：下面对本文的理解,不正确的一项是:……

4.12.3.2 标示语段中需要指明的文字。

示例：下边加点的字,除了在词中的读法外,还有哪些读法？

着急　子弹　强调

4.13 连接号

4.13.1 定义

标号的一种,标示某些相关联成分之间的连接。

4.13.2 形式

连接号的形式有短横线"-"、一字线"—"和浪纹线"～"三种。

4.13.3 基本用法

4.13.3.1 标示下列各种情况,均用短横线：

a) 化合物的名称或表格、插图的编号。

示例1：3-戊酮为无色液体,对眼及皮肤有强烈刺激性。

示例2：参见下页表2-8、表2-9。

b) 连接号码,包括门牌号码、电话号码,以及用阿拉伯数字表示年月日等。

示例 3:安宁里东路 26 号院 3-2-11 室

示例 4:联系电话:010-88842603

示例 5:2011-02-15

c) 在复合名词中起连接作用。

示例 6:吐鲁番-哈密盆地

d) 某些产品的名称和型号。

示例 7:WZ-10 直升机具有复杂天气和夜间作战的能力。

e) 汉语拼音、外来语内部的分合。

示例 8:shuōshuō-xiàoxiào(说说笑笑)

示例 9:盎格鲁-撒克逊人

示例 10:让-雅克·卢梭("让-雅克"为双名)

示例 11:皮埃尔·孟戴斯-弗朗斯("孟戴斯-弗朗斯"为复姓)

4.13.3.2 标示下列各种情况,一般用一字线,有时也可用浪纹线:

a) 标示相关项目(如时间、地域等)的起止。

示例 1:沈括(1031—1095),宋朝人。

示例 2:2011 年 2 月 3 日—10 日

示例 3:北京—上海特别旅客快车

b) 标示数值范围(由阿拉伯数字或汉字数字构成)的起止。

示例 4:25～30 g

示例 5:第五～八课

4.14 间隔号

4.14.1 定义

标号的一种,标示某些相关联成分之间的分界。

4.14.2 形式

间隔号的形式是"·"。

4.14.3 基本用法

4.14.3.1 标示外国人名或少数民族人名内部的分界。

示例 1:克里丝蒂娜·罗塞蒂

示例 2:阿依古丽·买买提

4.14.3.2 标示书名与篇(章、卷)名之间的分界。

示例:《淮南子·本经训》

4.14.3.3 标示词牌、曲牌、诗体名等和题名之间的分界。

示例 1:《沁园春·雪》

示例 2:《天净沙·秋思》

示例 3:《七律·冬云》

4.14.3.4 用在构成标题或栏目名称的并列词语之间。

示例:《天·地·人》

4.14.3.5 以月、日为标志的事件或节日,用汉字数字表示时,只在一、十一和十二月后用间隔号；当直接用阿拉伯数字表示时，月、日之间均用间隔号(半角字符)。

  示例1："九一八"事变 "五四"运动

  示例2："一·二八"事变 "一二·九"运动

  示例3："3·15"消费者权益日 "9·11"恐怖袭击事件

4.15 书名号

4.15.1 定义

  标号的一种，标示语段中出现的各种作品的名称。

4.15.2 形式

  书名号的形式有双书名号"《 》"和单书名号"〈 〉"两种。

4.15.3 基本用法

4.15.3.1 标示书名、卷名、篇名、刊物名、报纸名、文件名等。

  示例1：《红楼梦》(书名)

  示例2：《史记·项羽本记》(卷名)

  示例3：《论雷峰塔的倒掉》(篇名)

  示例4：《每周关注》(刊物名)

  示例5：《人民日报》(报纸名)

  示例6：《全国农村工作会议纪要》(文件名)

4.15.3.2 标示电影、电视、音乐、诗歌、雕塑等各类用文字、声音、图像等表现的作品的名称。

  示例1：《渔光曲》(电影名)

  示例2：《追梦录》(电视剧名)

  示例3：《勿忘我》(歌曲名)

  示例4：《沁园春·雪》(诗词名)

  示例5：《东方欲晓》(雕塑名)

  示例6：《光与影》(电视节目名)

  示例7：《社会广角镜》(栏目名)

  示例8：《庄子研究文献数据库》(光盘名)

  示例9：《植物生理学系列挂图》(图片名)

4.15.3.3 标示全中文或中文在名称中占主导地位的软件名。

  示例：科研人员正在研制《电脑卫士》杀毒软件。

4.15.3.4 标示作品名的简称。

  示例：我读了《念青唐古拉山脉纪行》一文(以下简称《念》)，收获很大。

4.15.3.5 当书名号中还需要书名号时，里面一层用单书名号，外面一层用双书名号。

  示例：《教育部关于提请审议〈高等教育自学考试试行办法〉的报告》

4.16 专名号

4.16.1 定义

  标号的一种，标示古籍和某些文史类著作中出现的特定类专有名词。

4.16.2 形式

  专名号的形式是一条直线，标注在相应文字的下方。

4.16.3 基本用法

4.16.3.1 标示古籍、古籍引文或某些文史类著作中出现的专有名词,主要包括人名、地名、国名、民族名、朝代名、年号、宗教名、官署名、组织名等。

示例1:孙坚人马被刘表率军围得水泄不通。(人名)

示例2:于是聚集冀、青、幽、并四州兵马七十多万准备决一死战。(地名)

示例3:当时乌孙及西域各国都向汉派遣了使节。(国名、朝代名)

示例4:从咸宁二年到太康十年,匈奴、鲜卑、乌桓等族人徙居塞内。(年号、民族名)

4.16.3.2 现代汉语文本中的上述专有名词,以及古籍和现代文本中的单位名、官职名、事件名、会议名、书名等不应使用专名号。必须使用标号标示时,宜使用其他相应标号(如引号、书名号等)。

4.17 分隔号

4.17.1 定义

标号的一种,标示诗行、节拍及某些相关文字的分隔。

4.17.2 形式

分隔号的形式是"/"。

4.17.3 基本用法

4.17.3.1 诗歌接排时分隔诗行(也可使用逗号和分号,见4.4.3.1/4.6.3.1)。

示例:春眠不觉晓/处处闻啼鸟/夜来风雨声/花落知多少。

4.17.3.2 标示诗文中的音节节拍。

示例:横眉/冷对/千夫指,俯首/甘为/孺子牛。

4.17.3.3 分隔供选择或可转换的两项,表示"或"。

示例:动词短语中除了作为主体成分的述语动词之外,还包括述语动词所带的宾语和/或补语。

4.17.3.4 分隔组成一对的两项,表示"和"。

示例1:13/14次特别快车

示例2:羽毛球女双决赛中国组合杜婧/于洋两局完胜韩国名将李孝贞/李敬元。

4.17.3.5 分隔层级或类别。

示例:我国的行政区划分为:省(直辖市、自治区)/省辖市(地级市)/县(县级市、区、自治州)/乡(镇)/村(居委会)。

5 标点符号的位置和书写形式

5.1 横排文稿标点符号的位置和书写形式

5.1.1 句号、逗号、顿号、分号、冒号均置于相应文字之后,占一个字位置,居左下,不出现在一行之首。

5.1.2 问号、叹号均置于相应文字之后,占一个字位置,居左,不出现在一行之首。两个问号(或叹号)叠用时,占一个字位置;三个问号(或叹号)叠用时,占两个字位置;问号和叹号连用时,占一个字位置。

5.1.3 引号、括号、书名号中的两部分标在相应项目的两端,各占一个字位置。其中前一半不出现在一行之末,后一半不出现在一行之首。

5.1.4 破折号标在相应项目之间,占两个字位置,上下居中,不能中间断开分处上行之末和下行之首。

5.1.5 省略号占两个字位置,两个省略号连用时占四个字位置并须单独占一行。省略号不能中间断开分处上行之末和下行之首。

5.1.6 连接号中的短横线比汉字"一"略短,占半个字位置;一字线比汉字"一"略长,占一个字位置;浪纹线占一个字位置。连接号上下居中,不出现在一行之首。

5.1.7 间隔号标在需要隔开的项目之间,占半个字位置,上下居中,不出现在一行之首。

5.1.8 着重号和专名号标在相应文字的下边。

5.1.9 分隔号占半个字位置,不出现在一行之首或一行之末。

5.1.10 标点符号排在一行末尾时,若为全角字符则应占半角字符的宽度(即半个字位置),以使视觉效果更美观。

5.1.11 在实际编辑出版工作中,为排版美观、方便阅读等需要,或为避免某一小节最后一个汉字转行或出现在另外一页开头等情况(浪费版面及视觉效果差),可适当压缩标点符号所占用的空间。

5.2 竖排文稿标点符号的位置和书写形式

5.2.1 句号、问号、叹号、逗号、顿号、分号和冒号均置于相应文字之下偏右。

5.2.2 破折号、省略号、连接号、间隔号和分隔号置于相应文字之下居中,上下方向排列。

5.2.3 引号改用双引号"﹃""﹄"和单引号"﹁""﹂",括号改用"︵""︶",标在相应项目的上下。

5.2.4 竖排文稿中使用浪线式书名号"～",标在相应文字的左侧。

5.2.5 着重号标在相应文字的右侧,专名号标在相应文字的左侧。

5.2.6 横排文稿中关于某些标点不能居行首或行末的要求,同样适用于竖排文稿。

附录 A
(规范性附录)
标点符号用法的补充规则

A.1 句号用法补充规则

图或表的短语式说明文字,中间可用逗号,但末尾不用句号。即使有时说明文字较长,前面的语段已出现句号,最后结尾处仍不用句号。

示例1:行进中的学生方队

示例2:经过治理,本市市容市貌焕然一新。这是某区街道一景

A.2 问号用法补充规则

使用问号应以句子表示疑问语气为依据,而并不根据句子中包含有疑问词。当含有疑问词的语段充当某种句子成分,而句子并不表示疑问语气时,句末不用问号。

示例1:他们的行为举止、审美趣味,甚至读什么书,坐什么车,都在媒体掌握之中。

示例2:谁也不见,什么也不吃,哪儿也不去。

示例3:我也不知道他究竟躲到什么地方去了。

A.3 逗号用法补充规则

用顿号表示较长、较多或较复杂的并列成分之间的停顿时,最后一个成分前可用"以及(及)"进行连接,"以及(及)"之前应用逗号。

示例:压力过大、工作时间过长、作息不规律,以及忽视营养均衡等,均会导致健康状况的下降。

A.4 顿号用法补充规则

A.4.1 表示含有顺序关系的并列各项间的停顿,用顿号,不用逗号。下例解释"对于"一词用法,"人""事物""行为"之间有顺序关系(即人和人、人和事物、人和行为、事物和事物、事物和行为、行为和行为等六种对待关系),各项之间应用顿号。

示例:〔对于〕表示人,事物,行为之间的相互对待关系。(误)
　　　〔对于〕表示人、事物、行为之间的相互对待关系。(正)

A.4.2 用阿拉伯数字表示年月日的简写形式时,用短横线连接号,不用顿号。

示例:2010、03、02(误)
　　　2010-03-02(正)

A.5 分号用法补充规则

分项列举的各项有一项或多项已包含句号时,各项的末尾不能再用分号。

示例:本市先后建立起三大农业生产体系:一是建立甘蔗生产服务体系。成立糖业服务公司,主要给农民提供机耕等服务;二是建立蚕桑生产服务体系。……;三是建立热作服务体系。……。(误)

本市先后建立起三大农业生产体系:一是建立甘蔗生产服务体系。成立糖业服务公司,主要给农民提供机耕等服务。二是建立蚕桑生产服务体系。……。三是建立热作服务体系。……。(正)

A.6 冒号用法补充规则

A.6.1 冒号用在提示性话语之后引起下文。表面上类似但实际不是提示性话语的,其后用逗号。

示例1:郦道元《水经注》记载:"沼西际山枕水,有唐叔虞祠。"(提示性话语)
示例2:据《苏州府志》载,苏州城内大小园林约有150多座,可算名副其实的园林之城。(非提示性话语)

A.6.2 冒号提示范围无论大小(一句话、几句话甚至几段话),都应与提示性话语保持一致(即在该范围的末尾要用句号点断)。应避免冒号涵盖范围过窄或过宽。

示例:艾滋病有三个传播途径:血液传播,性传播和母婴传播,日常接触是不会传播艾滋病的。(误)

艾滋病有三个传播途径:血液传播,性传播和母婴传播。日常接触是不会传播艾滋病的。(正)

A.6.3 冒号应用在有停顿处,无停顿处不应用冒号。

示例1:他头也不抬,冷冷地问:"你叫什么名字?"(有停顿)
示例2:这事你得拿主意,光说"不知道"怎么行?(无停顿)

A.7 引号用法补充规则

"丛刊""文库""系列""书系"等作为系列著作的选题名,宜用引号标引。当"丛刊"等为选题名的一部分时,放在引号之内,反之则放在引号之外。

示例1:"汉译世界学术名著丛书"
示例2:"中国哲学典籍文库"

示例3:"20世纪心理学通览"丛书

A.8　括号用法补充规则

括号可分为句内括号和句外括号。句内括号用于注释句子里的某些词语,即本身就是句子的一部分,应紧跟在被注释的词语之后。句外括号则用于注释句子、句群或段落,即本身结构独立,不属于前面的句子、句群或段落,应位于所注释语段的句末点号之后。

示例:标点符号是辅助文字记录语言的符号,是书面语的有机组成部分,用来表示语句的停顿、语气以及标示某些成分(主要是词语)的特定性质和作用。(数学符号、货币符号、校勘符号等特殊领域的专门符号不属于标点符号。)

A.9　省略号用法补充规则

A.9.1　不能用多于两个省略号(多于12点)连在一起表示省略。省略号须与多点连续的连珠号相区别(后者主要是用于表示目录中标题和页码对应和连接的专门符号)。

A.9.2　省略号和"等""等等""什么的"等词语不能同时使用。在需要读出来的地方用"等""等等""什么的"等词语,不用省略号。

示例:含有铁质的食物有猪肝、大豆、油菜、菠菜……等。(误)
含有铁质的食物有猪肝、大豆、油菜、菠菜等。(正)

A.10　着重号用法补充规则

不应使用文字下加直线或波浪线等形式表示着重。文字下加直线为专名号形式(4.16);文字下加浪纹线是特殊书名号(A.13.6)。着重号的形式统一为相应项目下加小圆点。

示例:下面对本文的理解,不正确的一项是(误)
下面对本文的理解,不正确的一项是(正)

A.11　连接号用法补充规则

浪纹线连接号用于标示数值范围时,在不引起歧义的情况下,前一数值附加符号或计量单位可省略。

示例:5公斤~100公斤(正)
　　　5~100公斤(正)

A.12　间隔号用法补充规则

当并列短语构成的标题中已用间隔号隔开时,不应再用"和"类连词。

示例:《水星·火星和金星》(误)
　　　《水星·火星·金星》(正)

A.13　书名号用法补充规则

A.13.1　不能视为作品的课程、课题、奖品奖状、商标、证照、组织机构、会议、活动等名称,不应用书名号。下面均为书名号误用的示例:

示例1:下学期本中心将开设《现代企业财务管理》《市场营销》两门课程。

示例2:明天将召开《关于"两保两挂"的多视觉理论思考》课题立项会。

示例3:本市将向70岁以上(含70岁)老年人颁发《敬老证》。

示例4:本校共获得《最佳印象》《自我审美》《卡拉OK》等六个奖杯。

示例5:《闪光》牌电池经久耐用。

示例6:《文史杂志社》编辑力量比较雄厚。

示例 7:本市将召开《全国食用天然色素应用研讨会》。

示例 8:本报将于今年暑假举行《墨宝杯》书法大赛。

A.13.2 有的名称应根据指称意义的不同确定是否用书名号。如文艺晚会指一项活动时，不用书名号；而特指一种节目名称时，可用书名号。再如展览作为一种文化传播的组织形式时，不用书名号；特定情况下将某项展览作为一种创作的作品时，可用书名号。

示例 1:2008 年重阳联欢晚会受到观众的称赞和好评。

示例 2:本台将重播《2008 年重阳联欢晚会》。

示例 3:"雪域明珠——中国西藏文化展"今天隆重开幕。

示例 4:《大地飞歌艺术展》是一部大型现代艺术作品。

A.13.3 书名后面表示该作品所属类别的普通名词不标在书名号内。

示例:《我们》杂志

A.13.4 书名有时带有括注。如果括注是书名、篇名等的一部分，应放在书名号之内，反之则应放在书名号之外。

示例 1:《琵琶行(并序)》

示例 2:《中华人民共和国民事诉讼法(试行)》

示例 3:《新政治协商会议筹备会组织条例(草案)》

示例 4:《百科知识》(彩图本)

示例 5:《人民日报》(海外版)

A.13.5 书名、篇名末尾如有叹号或问号，应放在书名号之内。

示例 1:《日记何罪!》

示例 2:《如何做到同工又同酬?》

A.13.6 在古籍或某些文史类著作中，为与专名号配合，书名号也可改用浪线式"﹏﹏"，标注在书名下方。这可以看作是特殊的专名号或特殊的书名号。

A.14 分隔号用法补充规则

分隔号又称正斜线号，须与反斜线号"\"相区别(后者主要是用于编写计算机程序的专门符号)。使用分隔号时，紧贴着分隔号的前后通常不用点号。

附录 B
(资料性附录)
标点符号若干用法的说明

B.1 易混标点符号用法比较

B.1.1 逗号、顿号表示并列词语之间停顿的区别

逗号和顿号都表示停顿，但逗号表示的停顿长，顿号表示的停顿短。并列词语之间的停顿一般用顿号，但当并列词语较长或其后有语气词时，为了表示稍长一点的停顿，也可用逗号。

示例 1:我喜欢吃的水果有苹果、桃子、香蕉和菠萝。

示例 2:我们需要了解全局和局部的统一，必然和偶然的统一，本质和现象的统一。

示例 3:看游记最难弄清位置和方向，前啊，后啊，左啊，右啊，看了半天，还是不明白。

B.1.2 逗号、顿号在表列举省略的"等""等等"之类词语前的使用

并列成分之间用顿号，末尾的并列成分之后用"等""等等"之类词语时，"等"类词语前不用

顿号或其他点号;并列成分之间用逗号,末尾的并列成分之后用"等"类词时,"等"类词前应用逗号。

示例 1:现代生物学、物理学、化学、数学等基础科学的发展,带动了医学科学的进步。

示例 2:写文章前要想好,文章主题是什么,用哪些材料,哪些详写,哪些略写,等等。

B.1.3 逗号、分号表示分句间停顿的区别

当复句的表述不复杂、层次不多,相连的分句语气比较紧凑、分句内部也没有使用逗号表示停顿时,分句间的停顿多用逗号。当用逗号不易分清多重复句内部的层次(如分句内部已有逗号),而用句号又可能割裂前后关系的地方,应用分号表示停顿。

示例 1:她拿起钥匙,开了箱上的锁,又开了首饰盒上的锁,往老地方放钱。

示例 2:纵比,即以一事物的各个发展阶段作比;横比,则以此事物与彼事物相比。

B.1.4 顿号、逗号、分号在标示层次关系时的区别

句内点号中,顿号表示的停顿最短、层次最低,通常只能表示并列词语之间的停顿;分号表示的停顿最长、层次最高,可以用来表示复句的第一层分句之间的停顿;逗号介于两者之间,既可表示并列词语之间的停顿,也可表示复句中分句之间的停顿。若分句内部已用逗号,分句之间就应用分号(见 B.1.3 示例 2)。用分号隔开的几个并列分句不能由逗号统领或总结。

示例 1:有的学会烤烟,自己做挺讲究的纸烟和雪茄;有的学会蔬菜加工,做的番茄酱能吃到冬天;有的学会蔬菜腌渍、窖藏,使秋菜接上春菜。

示例 2:动物吃植物的方式多种多样,有的是把整个植物吃掉,如原生动物;有的是把植物的大部分吃掉,如鼠类;有的是吃掉植物的要害部位,如鸟类吃掉植物的嫩芽。(误)

动物吃植物的方式多种多样:有的是把整个植物吃掉,如原生动物;有的是把植物的大部分吃掉,如鼠类;有的是吃掉植物的要害部位,如鸟类吃掉植物的嫩芽。(正)

B.1.5 冒号、逗号用于"说""道"之类词语后的区别

位于引文之前的"说""道"后用冒号。位于引文之后的"说""道"分两种情况:处于句末时,其后用句号;"说""道"后还有其他成分时,其后用逗号。插在话语中间的"说""道"类词语后只能用逗号表示停顿。

示例 1:他说:"晚上就来家里吃饭吧。"

示例 2:"我真的很期待。"他说。

示例 3:"我有件事忘了说……"他说,表情有点为难。

示例 4:"现在请皇上脱下衣服,"两个骗子说,"好让我们为您换上新衣。"

B.1.6 不同点号表示停顿长短的排序

各种点号都表示说话时的停顿。句号、问号、叹号都表示句子完结,停顿最长。分号用于复句的分句之间,停顿长度介于句末点号和逗号之间,而短于冒号。逗号表示一句话中间的停顿,又短于分号。顿号用于并列词语之间,停顿最短。通常情况下,各种点号表示的停顿由长到短为:句号=问号=叹号>冒号(指涵盖范围为一句话的冒号)>分号>逗号>顿号。

B.1.7 破折号与括号表示注释或补充说明时的区别

破折号用于表示比较重要的解释说明,这种补充是正文的一部分,可与前后文连读;而括号表示比较一般的解释说明,只是注释而非正文,可不与前后文连读。

示例1：在今年——农历虎年，必须取得比去年更大的成绩。

示例2：哈雷在牛顿思想的启发下，终于认出了他所关注的彗星（该星后人称为哈雷彗星）。

B.1.8　书名号、引号在"题为……""以……为题"格式中的使用

"题为……""以……为题"中的"题"，如果是诗文、图书、报告或其他作品可作为篇名、书名看待时，可用书名号；如果是写作、科研、辩论、谈话的主题，非特定作品的标题，应用引号。即"题为……""以……为题"中的"题"应根据其类别分别按书名号和引号的用法处理。

示例1：有篇题为《柳宗元的诗》的文章，全文才2 000字，引文不实却达11处之多。

示例2：今天一个以"地球・人口・资源・环境"为题的大型宣传活动在此间举行。

示例3：《我的老师》写于1956年9月，是作者应《教师报》之约而写的。

示例4："我的老师"这类题目，同学们也许都写过。

B.2　两个标点符号连用的说明

B.2.1　行文中表示引用的引号内外的标点用法

当引文完整且独立使用，或虽不独立使用但带有问号或叹号时，引号内句末点号应保留。除此之外，引号内不用句末点号。当引文处于句子停顿处（包括句子末尾）且引号内未使用点号时，引号外应使用点号；当引文位于非停顿处或者引号内已使用句末点号时，引号外不用点号。

示例1："沉舟侧畔千帆过，病树前头万木春。"他最喜欢这两句诗。

示例2：书价上涨令许多读者难以接受，有些甚至发出"还买得起书吗？"的疑问。

示例3：他以"条件还不成熟，准备还不充分"为由，否决了我们的提议。

示例4：你这样"明日复明日"地要拖到什么时候？

示例5：司马迁为了完成《史记》的写作，使之"藏之名山"，忍受了人间最大的侮辱。

示例6：在施工中要始终坚持"把质量当生命"。

示例7："言之无文，行而不远"这句话，说明了文采的重要。

示例8：俗话说："墙头一根草，风吹两边倒。"用这句话来形容此辈再恰当不过。

B.2.2　行文中括号内外的标点用法

括号内行文末尾需要时可用问号、叹号和省略号。除此之外，句内括号行文末尾通常不用标点符号。句外括号行文末尾是否用句号由括号内的语段结构决定：若语段较长、内容复杂，应用句号。句内括号外是否用点号取决于括号所处位置：若句内括号处于句子停顿处，应用点号。句外括号外通常不用点号。

示例1：如果不采取（但应如何采取呢？）十分具体的控制措施，事态将进一步扩大。

示例2：3分钟过去了（仅仅才3分钟！），从眼前穿梭而过的出租车竟达32辆！

示例3：她介绍时用了一连串比喻（有的状如树枝，有的貌似星海……），非常形象。

示例4：科技协作合同（包括科研、试制、成果推广等）根据上级主管部门或有关部门的计划签订。

示例5：应把夏朝看作原始公社向奴隶制国家过渡时期。（龙山文化遗址里，也有俯身葬。俯身者很可能就是奴隶。）

示例6：问：你对你不喜欢的上司是什么态度？

　　答：感情上疏远，组织上服从。（掌声，笑声）

示例7:古汉语(特别是上古汉语),对于我来说,有着常人无法想象的吸引力。

示例8:由于这种推断尚未经过实践的考验,我们只能把它作为假设(或假说)提出来。

示例9:人际交往过程就是使用语词传达意义的过程。(严格说,这里的"语词"应为语词指号。)

B.2.3 破折号前后的标点用法

破折号之前通常不用点号;但根据句子结构和行文需要,有时也可分别使用句内点号或句末点号。破折号之后通常不会紧跟着使用其他点号;但当破折号表示语音的停顿或延长时,根据语气表达的需要,其后可紧接问号或叹号。

示例1:小妹说:"我现在工作得挺好,老板对我不错,工资也挺高。——我能抽支烟吗?"(表示话题的转折)

示例2:我不是自然主义者,我主张文学高于现实,能够稍稍居高临下地去看现实,因为文学的任务不仅在于反映现实。光描写现存的事物还不够,还必须记住我们所希望的和可能产生的事物。必须使现象典型化。应该把微小而有代表性的事物写成重大的和典型的事物。——这就是文学的任务。(表示对前几句话的总结)

示例3:"是他——?"石一川简直不敢相信自己的耳朵。

示例4:"我终于考上大学啦!我终于考上啦——!"金石开兴奋得快要晕过去了。

B.2.4 省略号前后的标点用法

省略号之前通常不用点号。以下两种情况例外:省略号前的句子表示强烈语气、句末使用问号或叹号时;省略号前不用点号就无法标示停顿或表明结构关系时。省略号之后通常也不用点号,但当句末表达出强烈的语气或感情时,可在省略号后用问号或叹号;当省略号后还有别的话、省略的文字和后面的话不连续且有停顿时,应在省略号后用点号;当表示特定格式的成分虚缺时,省略号后可用点号。

示例1:想起这些,我就觉得一辈子都对不起你。你对梁家的好,我感激不尽!……

示例2:他进来了,……一身军装,一张朴实的脸,站在我们面前显得很高大,很年轻。

示例3:这,这是……?

示例4:动物界的规矩比人类还多,野骆驼、野猪、黄羊……,直至塔里木兔、跳鼠,都是各行其路,决不混淆。

示例5:大火被渐渐扑灭,但一片片油污又旋即出现在遇难船旁……。清污船迅速赶来,并施放围栏以控制油污。

示例6:如果……,那么……。

B.3 序次语之后的标点用法

B.3.1 "第""其"字头序次语,或"首先""其次""最后"等做序次语时,后用逗号(见4.4.3.3)。

B.3.2 不带括号的汉字数字或"天干地支"做序次语时,后用顿号(见4.5.3.2)。

B.3.3 不带括号的阿拉伯数字、拉丁字母或罗马数字做序次语时,后面用下脚点(该符号属于外文的标点符号)。

示例1:总之,语言的社会功能有三点:1.传递信息,交流思想;2.确定关系,调节关系;3.组织生活,组织生产。

示例2:本课一共讲解三个要点:A.生理停顿;B.逻辑停顿;C.语法停顿。

B.3.4 加括号的序次语后面不用任何点号。

示例1:受教育者应履行以下义务:(一)遵守法律、法规;(二)努力学习,完成规定的学习任务;(三)遵守所在学校或其他教育机构的制度。

示例2:科学家很重视下面几种才能:(1)想象力;(2)直觉的理解力;(3)数学能力。

B.3.5 阿拉伯数字与下脚点结合表示章节关系的序次语末尾不用任何点号。

示例:3　停顿

　　3.1　生理停顿

　　3.2　逻辑停顿

B.3.6 用于章节、条款的序次语后宜用空格表示停顿。

示例:第一课　春天来了

B.3.7 序次简单、叙述性较强的序次语后不用标点符号。

示例:语言的社会功能共有三点:一是传递信息;二是确定关系;三是组织生活。

B.3.8 同类数字形式的序次语,带括号的通常位于不带括号的下一层。通常第一层是带有顿号的汉字数字;第二层是带括号的汉字数字;第三层是带下脚点的阿拉伯数字;第四层是带括号的阿拉伯数字;再往下可以是带圈的阿拉伯数字或小写拉丁字母。一般可根据文章特点选择从某一层序次语开始行文,选定之后应顺着序次语的层次向下行文,但使用层次较低的序次语之后不宜反过来再使用层次更高的序次语。

示例:一、……

　　　(一)……

　　　　1.……

　　　　(1)……

　　　　①/a.……

B.4　文章标题的标点用法

文章标题的末尾通常不用标点符号,但有时根据需要可用问号、叹号或省略号。

示例1:看看电脑会有多聪明,让它下盘围棋吧

示例2:猛龙过江:本店特色名菜

示例3:严防"电脑黄毒"危害少年

示例4:回家的感觉真好
　　　　——访大赛归来的本市运动员

示例5:里海是湖,还是海?

示例6:人体也是污染源!

示例7:和平协议签署之后……